市场的双边结构仿真

郑　文　李亚鹏　著

本书由国家自然科学基金面上项目"抑制不当得利的价格
监管模型与价格监管体系设计研究"（No.71473032）资助

科学出版社
北　京

内 容 简 介

本书以平台交易为研究对象，以双边市场作为理论基础，采用仿真分析工具，为中国市场研究提供一个新的内涵。平台交易的出现带来全新的市场结构问题，双边市场理论为本问题的解决提供了一个理论框架，更核心的技术解决来源于仿真工具的实现。本书将仿真分析方法工具纳入双边市场理论框架，系统化仿真分析平台交易结构的变化趋势与走向问题。平台交易结构表现为网络化、双边性、交叉性、外部性。平台的交易成本，平台收益分配，平台中消费者和销售者的双边价格、成本、交易量、参与者数量等，成为平台交易结构系统的信息组合，并建构成为仿真模型的基本变量。对于具体的实验技术实现，本书提供了程序代码。

本书为平台交易结构提供了新的研究框架。为未来智慧交易的发展，提供了理论与方法研究的新视角。本书可以作为高等院校信息工程、系统工程、计算机、管理科学与工程等专业高年级本科生和研究生的教材，也可为从事市场管理和平台建设的应用技术人员提供参考。

图书在版编目 (CIP) 数据

市场的双边结构仿真/郑文，李亚鹏著. —北京：科学出版社，2018.8
ISBN 978-7-03-058270-6

Ⅰ. ①市⋯ Ⅱ. ①郑⋯ ②李⋯ Ⅲ. ①市场交易-系统仿真 Ⅳ. ①F713.50

中国版本图书馆 CIP 数据核字 (2018) 第 159032 号

责任编辑：王 哲 / 责任校对：郭瑞芝
责任印制：徐晓晨 / 封面设计：迷底书装

科 学 出 版 社 出版
北京东黄城根北街 16 号
邮政编码：100717
http://www.sciencep.com

北京建宏印刷有限公司 印刷
科学出版社发行 各地新华书店经销
*
2018 年 8 月第 一 版 开本：720×1000 1/16
2019 年 8 月第二次印刷 印张：13 1/2 插页：8
字数：270 000

定价：99.00 元
（如有印装质量问题，我社负责调换）

前　　言

传统市场，包括卖方与买方两类市场参与主体。市场在资源调配过程中，形成供需关系，产生价格。买卖双方的供求意愿，以及商品本身的价值等要素共同作用，产生围绕价值波动且反映供需关系的成交价格。在参与交易的买卖双方间，以成交价格达成交易意愿，形成交易结果。在被高度抽象化的市场运作机制下，依据不同的市场价格形成方式，基本的市场结构包括完全竞争、垄断竞争、寡头垄断、完全垄断。在这些基本的市场结构中，市场本身作为交易场所存在，是产生交易的外部环境与条件，不具备主体特征，且只客观反映市场参与者的信息，不主动产生成本，且不参与利益分配。

在新型的双边市场条件下的平台交易结构中，平台既是交易场所，又是交易主体。平台作为交易场所，是人为建构的电子交易场所，拥有后台维护和前台交易两个基本要素，具备实时推送、信息采集、用户检索等功能，这些功能需要成本。同时，在交易过程中，通过结构设计、功能设计等方面，创造价值。在理论研究层面上来说，这种平台交易结构，有别于传统的 B2B、B2C、C2C，甚至不是一般意义上的 P2P。平台交易结构是以交易为目标，以中介平台的存在为结构基础，以双边市场的形式为结构要素，由电子化交易形式达成的新型市场。以交易的瞬时性、交易可追溯性、交易双边交叉网络化为结构特征，具有双边市场的交叉网络外部性特征。

平台交易结构，淡化买方与卖方的边界条件，强化平台作为一个市场主体的特征，也强化平台的双边市场特征，即交叉网络外部性特征。而对于市场而言，不同的市场结构对应着不同的市场利益分配关系。在市场的平台交易条件下，这个问题会更加突出。对于平台运营者而言，通过平台运营，将交易信息分布在交易双方，获得额外价值，并参与利益分配。简言之，相比于传统市场的买卖两方参与者，新型的平台交易结构存在第三方利益和第三方成本(平台收益和交易成本)，这种平台收益与交易成本对参与交易的买卖双方都产生影响。探讨这种交叉影响程度对平台交易结构的作用原理，将有助于更深层次地理解中国市场变革的趋势和走向。从现实的市场运作来看，这种平台交易结构对于目前中国市场的结构变化已经产生作用，并将持续产生影响。

平台交易形式，给消费者带来极大的便利，同时也引发的一系列问题。这些问题有待于从理论上加以深入探讨。这种探讨将契合平台交易的这种市场结构变革的现状，具有理论上的必要性和实践上的应用价值。平台交易结构研究，既是一个大选题，又是一个新选题。对于现实的中国市场化进程来说，是一个回避不了的问题。本书在已有的双边市场理论的基础上，考虑交叉网络外部性强度不同，探究平台交易结构的演化，对于如何改进平台交易结果、状态，具有一定的应用价值。在深入剖析交叉网络外部性强度对平台交易结果异化的作用机理基础上，运用仿真方法，分析与验证调控策略组合，丰富了双边市场的理论研究视角，实现了平台交易结构的系统化仿真和实验代码设计的具体工作。本书的研究论域，对于解决中国社会主义市场经济建设的具体问题和进行理论研究，提供了新的研究范式和研究范畴。

本书共 14 章，分为上篇、中篇、下篇三个部分。上篇是总论部分，介绍平台交易结构的相关基本理论，主要阐释研究中的问题背景、基本理论、基本方法、仿真工具等。中篇是技术实现部分，为平台交易结构的仿真实现。下篇是系统设计与程序实现部分，为平台交易结构的实验设计。

上篇，包括第 1～3 章。第 1 章，阐述研究背景，提出研究问题，明确研究目的和研究意义，并确定研究内容、研究方法和具体章节内容。第 2 章，相关文献综述，对文献检索情况进行概述，给出相关研究的学术趋势，分别从交叉交易结构、平台交易模型、双边市场调控三个方面展开。第 3 章，介绍相关概念、基本理论与方法。阐释双边市场、平台交易结构、交叉网络外部性强度等相关概念；提出平台交易结构理论；分析复杂适应系统、复杂网络、交易主体关系的博弈相关基础理论以及Agent 建模方法、系统仿真工具应用等。

中篇，包括第 4～7 章。第 4 章，给出平台交易结构的一般模型。在消费函数、供给函数条件下，引入第三方成本函数(交易成本)，求解均衡状态下的双边供给、需求关系。第 5 章，在平台交易结构的基础上，引入交叉网络外部性强度，建构双边交叉交易模型。从平台交易结构的机理分析、Agent 交互、考虑交叉网络外部性强度，展开分析。第 6 章，双边交叉交易模型仿真。考虑双边市场的不同交叉网络外部性强度组合，对比分析双边强度对称性与非对称性影响。第 7 章，双边交叉交易模型的调控仿真。从选取调控变量、调控机理分析、单变量(消费者成本、销售者成本、销售者折扣系数)与变量组合条件，进行调控仿真。

下篇，包括第 8～13 章。第 8 章，介绍平台交易结构的仿真程序层级结构，分别给出源文件结构、源文件的层次结构、源文件的运行顺序三个方面的仿真程序层次结构，同时给出主程序代码和附属程序代码。第 9 章，介绍平台交易结构的ObserverSwarm 类，定义 ObserverSwarm 函数、公共信息、调用 ModelSwarm 的条件，建立 ObserverSwarm 的输出信息，仿真执行激活，建立调控者 Regulator.java 子类。第 10 章，介绍平台交易结构的 ModelSwarm 类，定义 ModelSwarm 函数，定义主体、行为与执行，及 ModelSwarm 的公共信息，创建 ModelSwarm 的选择器，以及定义平台介入的双边交易信息。第 11 章，平台 Agent 的程序代码设计，将平台

Agent 主体类写入 AgentMarketInformation.java 类中,给出平台 Agent 的基本假设(平台主体 Agent 与市场信息结合)、平台 Agent 的属性信息与规则设计、平台 Agent 的代码设计、平台交易决策等。第 12 章,消费者 Agent 的程序代码设计,给出消费者 Agent 的属性信息和行为规则,消费者 Agent 的 Consumer.java 主体类的代码设计等。第 13 章,销售者 Agent 的程序代码设计,给出销售者 Agent 的属性信息和行为规则,销售者 Agent 的 Seller.java 主体类的代码设计等。

第 14 章为结论与展望。

本书是国家自然科学基金面上项目“抑制不当得利的价格监管模型与价格监管体系设计研究”(No.71473032)的部分研究成果。感谢国家自然科学基金委对本书提供的资金支持。在项目执行的过程中,同时得到国家留学基金委的经费支持,在此表示诚挚的谢意。东北大学秦皇岛分校对本项目提供配套经费的支持,在此也表示深深的谢意。同时,衷心感谢科学出版社的责任编辑王哲老师。正是王哲老师的督促与指正,使我们收获颇丰,本书才得以最终成稿、出版。最后,对东北大学秦皇岛分校宏观管理研究所许红丽同学的部分工作,表示谢意。

由于作者的水平有限,书中难免存在不妥之处,恳请读者批评、指正。

郑　文　李亚鹏

2018 年 5 月 30 日

目　　录

前言

上篇　平台交易结构的基本理论

第1章　绪论 ……………………………………………………………………… 3
1.1　研究背景 ……………………………………………………………… 3
1.1.1　平台交易结果研究备受关注 ……………………………… 3
1.1.2　交易结构与交易结果的关系研究得到重视 ……………… 3
1.1.3　平台交易异化问题突出 …………………………………… 4
1.1.4　交易结果调控仿真研究的必要性 ………………………… 5
1.2　问题提出 ……………………………………………………………… 6
1.2.1　平台交易结构的关系问题 ………………………………… 6
1.2.2　交叉网络外部性强度与平台交易结构的关系问题 ……… 6
1.2.3　交叉网络外部性强度对交易结果的调控问题 …………… 6
1.2.4　交易调控的效果判断问题 ………………………………… 7
1.3　研究目的 ……………………………………………………………… 7
1.4　研究意义 ……………………………………………………………… 7
1.4.1　理论意义 …………………………………………………… 7
1.4.2　实际应用价值 ……………………………………………… 8
1.5　研究内容 ……………………………………………………………… 8
1.5.1　平台交易结构的一般模型 ………………………………… 8
1.5.2　平台交易结构的双边交叉交易模型 ……………………… 8
1.5.3　平台交易结构的双边交叉交易模型仿真 ………………… 8
1.5.4　双边市场(平台)的调控仿真研究 ………………………… 9
1.5.5　平台交易结构的仿真实验设计 …………………………… 9
1.6　研究方法 ……………………………………………………………… 9
1.6.1　规范研究法 ………………………………………………… 10
1.6.2　模型建构法 ………………………………………………… 10

　　　1.6.3　仿真分析法 ···10

　1.7　技术路线 ···10

第 2 章　相关文献综述 ··13

　2.1　文献检索概述 ···13

　　　2.1.1　文献检索范围 ···13

　　　2.1.2　相关文献情况分析 ···13

　　　2.1.3　学术趋势分析 ···15

　2.2　交叉交易的相关研究 ···17

　　　2.2.1　双边市场的相关研究 ··17

　　　2.2.2　平台结构的相关研究 ··18

　2.3　平台交易模型的相关研究 ···20

　　　2.3.1　交易模型的相关研究 ··20

　　　2.3.2　考虑参与者的交易模型相关研究 ···21

　　　2.3.3　考虑成本的交易模型相关研究 ···22

　　　2.3.4　考虑结构的交易模型相关研究 ···23

　2.4　双边市场（平台）调控的相关研究 ···23

　2.5　已有研究的贡献与不足 ··25

　　　2.5.1　主要贡献 ··25

　　　2.5.2　不足之处 ··26

　　　2.5.3　研究启示 ··26

第 3 章　相关概念、基本理论与方法 ···27

　3.1　相关概念阐释 ···27

　　　3.1.1　双边市场的概念阐释 ··27

　　　3.1.2　平台交易结构的概念阐释 ··28

　　　3.1.3　交叉网络外部性强度的概念阐释 ···29

　3.2　基本理论 ···29

　　　3.2.1　平台交易结构理论 ···30

　　　3.2.2　复杂网络的基本理论 ··31

　　　3.2.3　复杂适应系统的基本理论 ··32

　　　3.2.4　交易关系的博弈论基础 ···36

　3.3　基本方法 ···37

　　　3.3.1　基于 ABS 的建模方法 ···37

　　　3.3.2　仿真工具应用 ···39

中篇　平台交易结构的仿真实现

第4章　平台交易结构的一般模型·······················43

4.1　概述·····································43

4.1.1　基本变量·······························43

4.1.2　基本假设·······························43

4.2　一般模型的基本函数·····························44

4.2.1　消费函数·······························44

4.2.2　供给函数·······························45

4.2.3　交易成本·······························45

4.3　一般模型的建立与特征值模拟·······················46

4.3.1　变量设定·······························46

4.3.2　成交量与交易成本··························47

4.3.3　成交量与销售者数量························48

4.3.4　交易成本、成交量与销售者数量···················49

4.3.5　买方价格与成交量··························50

4.3.6　替代品价格与成交量························53

4.3.7　买方价格、替代品价格与成交量···················54

4.3.8　居民收入与成交量··························55

4.3.9　居民收入、交易成本与成交量····················57

4.3.10　居民收入、买方价格与成交量···················57

4.4　数值模拟的结果分析····························58

第5章　双边交叉交易模型·························59

5.1　概述·····································59

5.1.1　双边交叉交易的概念模型·······················59

5.1.2　平台交易结构的模型变量描述····················59

5.2　平台交易结构的机理分析··························63

5.2.1　参与者主体关系的交易机理·····················63

5.2.2　系统结构关系的交易机理······················64

5.2.3　基于主体博弈关系的交易机理····················65

5.3　平台交易结构的 Agent 交互·······················66

5.4　考虑交叉网络外部性强度的平台交易结构··················68

第 6 章　双边交叉交易模型仿真 ···70

6.1　仿真概述 ···70

6.2　双边交叉外部性强度的仿真结果与分析 ·····························70

6.2.1　$a^c = 0.1$，$a^s = 0.1$ ···70

6.2.2　$a^c = 0.1$，$a^s = 0.5$ ···72

6.2.3　$a^c = 0.1$，$a^s = 0.9$ ···73

6.2.4　$a^c = 0.5$，$a^s = 0.1$ ···75

6.2.5　$a^c = 0.5$，$a^s = 0.5$ ···76

6.2.6　$a^c = 0.5$，$a^s = 0.9$ ···78

6.2.7　$a^c = 0.9$，$a^s = 0.1$ ···79

6.2.8　$a^c = 0.9$，$a^s = 0.5$ ···81

6.2.9　$a^c = 0.9$，$a^s = 0.9$ ···82

6.3　仿真结果的对比分析 ··84

6.3.1　$a^c = 0.1$ 的仿真结果对比分析 ···································84

6.3.2　$a^c = 0.5$ 的仿真结果对比分析 ···································85

6.3.3　$a^c = 0.9$ 的仿真结果对比分析 ···································85

6.4　仿真结果总体分析 ··85

第 7 章　双边交叉交易模型的调控仿真 ···87

7.1　调控变量的选取 ··87

7.2　调控机理分析 ··87

7.3　单变量的调控仿真 ··88

7.3.1　选取变量 x_9 的调控仿真 ··88

7.3.2　选取变量 y_9 的调控仿真 ··90

7.3.3　选取变量 y_5 的调控仿真 ··91

7.4　选取双变量组合的调控仿真 ···92

7.4.1　选取变量 (x_9, y_9) 组合的调控仿真 ·······················92

7.4.2　选取变量 (x_9, y_5) 组合的调控仿真 ·······················93

7.4.3　选取变量 (y_9, y_5) 组合的调控仿真 ·······················95

7.5　选取多变量 (x_9, y_9, y_5) 组合的调控仿真 ······················96

7.6　调控仿真分析 ··97

7.6.1　单变量的调控仿真分析 ···97

7.6.2　双变量与多变量的调控仿真分析 ·······························98

7.7　仿真对比分析 ··98

下篇　平台交易结构的仿真实验设计

第8章　平台交易结构的仿真程序层次结构 103

8.1　仿真运行程序源文件的结构 103

8.2　仿真运行程序源文件的层次关系 103

8.3　仿真程序源文件的运行顺序 104

8.4　平台交易结构的主程序代码 105

　　8.4.1　主程序基本函数 105

　　8.4.2　定义主程序层次结构 106

8.5　平台交易结构的附属程序代码 106

　　8.5.1　附属程序基本函数 106

　　8.5.2　选择器的实例 107

　　8.5.3　交易例外条件 108

第9章　平台交易结构的 ObserverSwarm 类 109

9.1　定义 ObserverSwarm 函数 109

9.2　定义 ObserverSwarm 公共信息 110

9.3　调用 ModelSwarm 111

9.4　建立 ObserverSwarm 输出信息 111

　　9.4.1　基本信息 112

　　9.4.2　双边参与者数量变化的输出 114

　　9.4.3　交易规模的输出 114

　　9.4.4　双边交叉效应的输出 115

　　9.4.5　双边满意度的输出 115

　　9.4.6　交易折扣的输出 116

　　9.4.7　平均交易折扣曲线 116

9.5　调控者的 Java 类 118

9.6　仿真执行顺序 120

　　9.6.1　仿真时序激活 120

　　9.6.2　仿真终止 121

第10章　平台交易结构的 ModelSwarm 类 123

10.1　定义 ModelSwarm 函数 123

10.2　ModelSwarm 的主体、行为与执行 123

10.3　ModelSwarm 的公共信息 ···124

10.4　创建选择器 ···129

10.5　平台介入的双边交易信息 ···132

　　10.5.1　调整交易接入费用 ··132

　　10.5.2　平台的交易折扣 ··133

　　10.5.3　交易分成收益 ··134

　　10.5.4　平台达成的交易数量 ··134

　　10.5.5　平台的平均消费者满意度 ····································135

　　10.5.6　平台的高成交折扣 ··136

　　10.5.7　平台的平均折扣 ··137

　　10.5.8　平台成交的平均价格 ··138

　　10.5.9　平台的无监管条件 ··140

第 11 章　平台 Agent 的程序代码设计 ·································143

11.1　平台 Agent 的基本假设 ···143

11.2　平台 Agent 的规则设计 ···144

11.3　平台 Agent 的属性信息 ···145

11.4　平台 Agent 的 AgentMarketInformation.java 类 ················146

　　11.4.1　公共信息类 ··146

　　11.4.2　交易成本分布 ··147

　　11.4.3　交易成本调整 a ··148

　　11.4.4　交易者数量 ··149

　　11.4.5　交易成本调整 b ··150

　　11.4.6　交易减少 ··152

　　11.4.7　交易增加 ··154

　　11.4.8　交易折扣调整 ··155

11.5　平台交易决策 ···159

　　11.5.1　平台交易达成 ··164

　　11.5.2　平台交易达成数量 ··166

第 12 章　消费者 Agent 的程序代码设计 ·······························168

12.1　消费者 Agent 的属性信息 ···168

12.2　消费者 Agent 的行为规则 ···168

12.3　消费者 Agent 的 Consumer.java 类 ·······························169

　　12.3.1　消费者 Agent 的公共信息 ····································171

12.3.2　构造消费者函数 ·· 171

12.3.3　消费者 Agent 的交易成本 ···································· 172

12.3.4　消费者 Agent 的交易选择 ···································· 173

12.3.5　消费者 Agent 的交易转换 ···································· 174

12.3.6　消费者 Agent 的交易空间 ···································· 174

第 13 章　销售者 Agent 的程序代码设计 ························· 179

13.1　销售者 Agent 的属性信息 ·· 179

13.2　销售者 Agent 的行为规则 ·· 179

13.3　销售者 Agent 的 Seller.java 类 ································· 180

13.3.1　构造销售者 Agent 函数 ·· 182

13.3.2　销售者 Agent 的交易成本 ···································· 183

13.3.3　销售者 Agent 的交易空间 ···································· 185

13.3.4　销售者 Agent 的交易转换 ···································· 186

第 14 章　结论 ··· 192

14.1　主要工作 ··· 192

14.2　工作展望 ··· 193

参考文献 ·· 194

彩图

上篇　平台交易结构的基本理论

第 1 章 绪 论

1.1 研 究 背 景

1.1.1 平台交易结果研究备受关注

平台交易是一种新的双边市场交易方式[1]。由于平台的存在，以及涉及两类不同的参与者，这种交易方式有别于传统的交易方式。也就是说，平台交易涉及的主体既包括消费者与销售者，还包括为双边用户提供交易匹配对象域的平台[1]。这种新的交易的形成机制之一，是交易平台通过跨越消费者与销售者的直接作用关系，以实现需求与供给的高效匹配，促进交易达成为前提，从而获得双边用户分别带来的价值[2]。平台交易结果的相关分析，不仅涉及消费者与销售者之间的作用关系，还涉及消费者与平台、销售者与平台、销售者之间以及在双边参与者间引入竞争的平台之间的作用关系。

作为平台交易结构的双边市场交易结果分析这一研究课题，已经受到国内外很多学者的关注。其中，在 *The Rand Journal of Economics*、*Yale Journal on Regulation*、*International Journal of Industrial Organization*、*Journal of Economic Perspectives* 等国际期刊中均可以找到国外学者从不同角度对双边市场交易结果的分析；相关问题的国内研究在《管理科学学报》、《系统工程理论与实践》、《科技管理研究》、《上海交通大学学报》、《系统仿真学报》等核心中文期刊均有所涉及。近年来，无论是对于平台交易结构问题，还是对于双边市场交易结果的相关研究，都是备受关注的重点研究论域。

1.1.2 交易结构与交易结果的关系研究得到重视

双边市场交易的经济形式存在一定的共性，即存在一个平台媒介，通过需求-供给的匹配关系，使得消费者与销售者之间形成交易关系，同时在不同的消费者与不同的销售者之间建立网络关系[3]。由此可见，在平台交易中，存在明显的一分为二的交易主体，交易关系的形成基于一个共同的交易平台，从而形成双边市场独特的交易结构。消费者寻求到与自身需求匹配的销售者的概率受到另一边销售者规模的影响，销售者寻求到与自身供给匹配的消费者的概率受到另一边消费者规模的影响，使得交易平台一边用户的效用受到另一边用户规模的影响，由此消费者群体与销售者群体之间便形成影响彼此效用的交叉网络外部性[4]。

在效用最大化的驱使下，消费者与销售者更倾向于另一边用户规模较大的交易平台。因此，优先获得用户规模优势的交易平台更容易拥有用户垄断优先交易权，进而影响双边市场交易结果。

相关学者在不同角度对交易结构与交易结果的关系研究进行了相关分析，其中，包括从银行卡定价、双边市场的排他性定价竞争、交易平台的定价等角度对上述问题开展研究[5-8]。可以看出，近年来对于交易结构与交易结果的关系研究得到了学者的普遍重视。

1.1.3　平台交易异化问题突出

在实际生活中，交易平台的双边参与者规模是构成交易规模的基础。因此，交叉网络外部性的不同强度与差异对称性会致使双边市场条件下的平台交易结构出现特定的交易形态。更为重要的是，双边市场交易结果在中国的市场条件下表现尤为突出。具体表现如下。

(1)平台交易的消费集中化趋势明显。在平台交易方面，根据中国电子商务研究中心 2016 年 5 月 16 日发布的《2015 年度中国网络零售市场数据监测报告》，2015 年中国网络零售市场交易规模达 38285 亿元，相比 2014 年的 28211 亿元，同比增长 35.7%；2015 年中国 B2C 网络零售市场(包括开放平台式与自营销售式，不包含品牌电商)，天猫排名第一，占 57.4%份额；京东名列第二，占据 23.4%份额；搜索引擎方面，就全国范围来讲，谷歌搜索引擎占据全球市场的 70%，就中国国内区域来讲，百度几乎占据国内全部市场。

(2)平台利用自身的市场控制力，实现交易异化的现象更为突出。根据中国电子商务研究中心的分析数据可以看出，大型购物商场、电子商务平台(淘宝、天猫、京东、唯品会等)等已经广泛进入大众视野，形成事实上的、具有排他性的寡头垄断经营格局，并迅速被消费者和厂商所接受。与此同时，各个平台的竞争依然激烈，因此逐渐引发影响正常市场秩序的问题，例如，网上商品质量问题、质价不符等投诉，连年递增。

(3)更为严重的是，平台交易造成的事实上的利益损害。随着移动电子商务爆发式的增长，移动电子商务除了给消费者带来便利、实惠外，也带来实际交易中的不少困扰。其中最为明显的副作用就是，消费者网络消费的客户体验差。中国电子商务研究中心 2016 年 8 月 17 日发布的《2016 年(上)中国电子商务用户体验与投诉监测报告》显示，2016 年上半年通过在线递交、电话、邮件、微信、微博等多种投诉渠道，共接到的全国网络消费用户涉及平台交易运营商的投诉数量同比去年同期增长 4.16%。

根据以上情况数据可以看出，平台交易结果的异化方面包括：平台的交易规模呈几何级数增长；平台交易的集中度明显增加，且有取代传统市场交易的趋势；而且，原有传统市场理论中的高集中度阐释，并不能解释具有交叉网络外部性的双边市场(平台)的高集中度趋势与特征[9]；交易集中度增加引起平台利益分配关系发生变化；双边市场(平台)交易形式，标志着一种新的市场形态的诞生，平台作为一个交易主体参与交易的过程中，不可避免地造成其他参与者的利益损害[10]，这种损害程度如何界定，需要有新的研究方法进行探讨。

1.1.4　交易结果调控仿真研究的必要性

考虑交叉网络外部性强度的双边交叉模型，对进一步分析双边市场的交易异化问题具有指导意义，为调控策略的选择奠定基础，在规范平台交易结构的层面上，开展考虑交叉网络外部性强度的双边交叉模型、模型仿真及调控仿真研究是一个具有实际意义的课题。

以交叉网络外部性强度作为切入点，对双边交叉交易模型及调控仿真开展研究的必要性如下。

(1)对双边市场的现有研究局限于对其本身特征进行分析，例如，银行卡发行业、航空业、金融业等个案分析，尚未从微观角度入手构建系统化的平台双边交叉交易模型。另外，对于平台交易调控的相关研究尚处于发展阶段。因此，本书研究对于完善和发展双边市场理论具有重要价值。

(2)平台交易给消费者带来便利，也会引发一系列潜在问题，这些问题有待于从理论上加以深入探讨。同时，在理论探讨的过程中，虽然相关研究已经在定性分析方面取得成果，却不足以直观易懂地解释平台交易相关参与者之间的复杂关系，以及由于这种复杂关系所造成的平台交易异化和交易各方利益相关者的协调问题。因此，从考虑交叉网络外部性的角度出发，分析不同强度下的交叉网络外部性对平台交易带来的影响，并应用仿真分析方法，开展相关研究。为双边市场交易相关理论研究引入新的研究内涵。

以上分析可以看出，考虑交叉网络外部性强度的平台双边交叉交易模型及调控仿真研究，可以为双边市场理论的完善、发展提供相应支撑，同时也为新的研究方法引入双边市场理论中，提供可资参考的研究结论。因此，考虑交叉网络外部性强度的双边交叉交易模型及调控仿真研究，是非常有必要的。

1.2 问题提出

1.2.1 平台交易结构的关系问题

双边市场的结构之一,是独立于交易双方主体的交易平台。一方面,平台通过交易成本、价格结构、交易折扣费用等,动态地影响消费者与销售者的属性信息和行为规则、消费者与销售者之间的交易达成率以及销售者与销售者之间的竞争深度等关系;另一方面,平台之间为了奠定交易量的基础,在双边用户资源方面展开竞争。因此,有必要通过抽象现实的平台交易特征,进行模拟,用以了解平台的交易成本、消费者的价格偏好、销售者的产品成本、双方的行为规则的交互作用,系统分析平台交易的结构关系。

1.2.2 交叉网络外部性强度与平台交易结构的关系问题

交叉网络外部性是影响平台交易结果的重要结构性特征之一。从复杂适应系统角度考虑,在平台交易结构中,一边参与者是寻找需求,并具有不同属性信息的消费者;另一边参与者是提供需求,并具有不同属性信息的销售者。属性信息的差异化,导致需求与供给的差异化。消费者群体的效用会受到另一边销售者规模的影响;销售者群体的效用会受到另一边消费者规模的影响。不同的影响程度,即不同的交叉网络外部性强度,会影响消费者与销售者的交易决策。例如,在平台的另一边用户规模既定的条件下,选择哪一个交易平台来进行交易的问题。与此同时,消费者与销售者的交易选择决策反过来又作用于市场,影响平台交易结构的演化方向。因此,通过对平台交易结构与交叉网络外部性强度的关系进行分析,有助于深刻地认识交叉网络外部性强度在双平台交易结构的演化过程中所起的作用。

1.2.3 交叉网络外部性强度对交易结果的调控问题

交叉网络外部性强度在平台交易结构的形成过程中,具有重要作用。平台交易涉及的主体具有主动性,通过不同的需求与供给匹配形成系统关系。对考虑交叉网络外部性强度的平台双边交叉交易模型进行仿真,观察 Swarm 仿真平台的输出界面,使得平台交易结果的异化问题得到转化,从复杂化转换为系统化、简单化。有利于深入理解平台交易结果的异化问题,也便于在微观层面探索影响交易参与者行为的主要驱动因素,了解消费者属性及其行为规则与销售者属性及其行为规则之间的相互影响,以及两者对平台的影响。因此,有必要对交叉网络外部性强度对交易结果的调节、控制问题进行研究。

1.2.4 交易调控的效果判断问题

基于以上提出的问题,在开展交叉网络外部性强度对平台交易参与者主体(消费者、销售者、交易平台)的属性信息与行为规则的影响分析的前提下,对考虑交叉网络外部性强度的双边市场交易模型仿真结果进行分析,然后从不同的调控组合进行仿真,对于探究解决双边市场交易结果异化问题的调控方法具有重要作用。因此,有必要对考虑交易结果调控效果问题进行研究。

1.3 研 究 目 的

由于双边市场相关理论均是基于数理分析得出的理论结果,可操作性和工具性特征并不明显,从方法上还有待改进。具体研究目标为:①建构平台交易结构的一般模型;②建构双边交叉交易模型;③在复杂适应系统仿真 Swarm 平台的加载程序中,对平台交易结构运行状态进行仿真;④在仿真平台中,得到系统运行效果并进行多次实验筛选;⑤通过多次实验,选取调控组合变量,并进行调控仿真与分析。

从理论上来说,从复杂网络结合参与者主体、复杂适应系统结合系统结构、博弈论结合主体博弈关系的三个角度,对平台交易机理进行分析,为平台交易结构化改进研究提供理论依据。

从方法上来说,一是,通过结合 Java 程序设计,对双边交叉交易模型进行仿真,对于直接观察交叉网络外部性强度,并结合其对称性对双边市场交易结构影响进行的分析具有实用性;二是,将 Swarm 仿真方法应用到平台交易的调控研究中,为今后双边市场交易调控研究提供新思路,对其他相关研究具有借鉴意义。

1.4 研 究 意 义

1.4.1 理论意义

本书研究的理论意义在于将双边市场理论和复杂适应系统理论、复杂网络理论、博弈论、基于主体建模方法以及 Swarm 复杂适应系统仿真方法的相关理论与研究方法相结合,从微观角度建立双边市场交易参与者主体属性和行为规则,分析交叉网络外部性强度对双边市场交易结构的宏观作用,并通过构建双边市场交易概念模型及双边市场交易 Swarm 模型,丰富已有的双边市场理论以及交易研究方法,对双边市场交易理论的应用研究有着一定的启示意义。

1.4.2　实际应用价值

本书研究的实际应用价值包括如下两个方面。

(1)对交叉网络外部性强度因素影响下的双边市场交易状态进行分析,对深入理解双边市场交易结构异化问题、双边市场交易运行机制具有重要价值。

(2)构建双边市场交易模型,并对不同强度的交叉网络外部性条件下的交易模型进行仿真的前提下,从不同调控变量角度对双边市场交易调控机理进行分析,对于优化双边市场交易结构的调控方法确定具有实际指导意义。

1.5　研 究 内 容

1.5.1　平台交易结构的一般模型

从双边市场的两类参与者:消费者和销售者两方,提取变量条件,分析在考虑交易成本的情况下,交易成交量、参与者数量、价格、居民收入等变量之间的关系,并进行数值模拟。从一般性特征上,给出平台交易结构的数理分析。

1.5.2　平台交易结构的双边交叉交易模型

平台交易是在传统单边市场的基础之上,嵌入一个能够高速处理大量交易信息的信息交互平台,是形成实现商品信息、交易信息实时共享的新型交易组织的基础,进而形成双边市场,由供方市场、交易平台以及需方市场三部分组成。在建立交叉网络外部性的双边市场交易概念模型的基础上,根据复杂适应系统理论,确定双边市场交易参与者主体属性信息的前提下,分析主体之间的交互作用以及这种交互作用对市场环境的影响,定义主体在市场中的行为规则,建立 ObserveSwarm 文件、ModelSwarm文件、Consumer 文件、Seller 文件、AgentMarketInformation 文件。

1.5.3　平台交易结构的双边交叉交易模型仿真

通过对考虑交叉网络外部性强度的双边市场交易模型进行仿真,确定销售者、消费者以及主体市场环境在仿真程序中对应的变量和执行方法,市场环境属性对应的变量和交易匹配条件。在不同的交叉网络外部性强度下,进行双边市场交易模型仿真,观察 Swarm 仿真平台的输出界面,使得双边市场交易异化问题的原因从复杂化转换为系统化和简单化,不仅有利于进一步理解双边市场交易异化问题,而且有利于在微观层面确定影响交易参与者的行为的主要因素,了解消费者属性及其行为规则和销售者属性及其行为规则之间的相互影响,以及对市场环境中交易平台的影响。

1.5.4 双边市场(平台)的调控仿真研究

在以上研究内容的基础上,确定引起双边市场交易异化,影响交易结构的主要因素,结合 Java 程序设计,建立包含系统调控方法的仿真程序,然后通过 Swarm 仿真平台的输出界面,观察不同调控组合的调控方法对双边市场交易的作用及其仿真结果,最终得出有效解决双边市场交易结果异化,使得平台交易结构有效改进的调控方法。

1.5.5 平台交易结构的仿真实验设计

主程序 StartMarket.java 类是程序的开始所要使用的文件,包含唯一的主程序 main()方法,主要通过构造函数建立 MarketObserverSwarm.java 的对象,用来触发所有的仿真程序;附属文件 SwarmUtils.java 类是通过对 Swarm 类库 Selector 类的使用,封装仿真程序所需要的每个程序文件中主体行为对应的方法,以备时间调度 Schedule 来使用;观察者 MarketObserverSwarm.java 类主要通过 buildObjects() 方法结合 Swarm 自带的 EZGraphImpl 类文件,构造函数构建生成图像的主体,通过 MarketModelSwarm.java 类文件中的构造函数建立 MarketModelSwarm.java 的对象,以及通过 buildActions()方法 Swarm 自带 ActionGroupImpl 类和 ActionGroupImpl 类,确定仿真程序加载主体方法及其执行时间;MarketModelSwarm.java 类主要通过 buildObjects()方法与 buildActions()方法,利用链表函数建立交易模型仿真对象并执行支持主体行为运行的方法,包括协助 MarketObserverSwarm.java 文件生成图像的方法, 统计来自 Seller.java 类、Consumer.java 类、平台主体类的 AgentMarketInformation. java 类的相关数据信息;交易主体行为文件,包含销售者主体 Seller.java 类和消费者 Consumer.java 类,文件的功能是定义消费者与销售者的相关属性信息对应的变量及行为规则对应的方法,并支持其他文件的使用; AgentMarketInformation. java 文件里设定平台的相关属性信息,对应的变量,以及行为规则对应的方法,并统计 Seller.java 类、Consumer.java 类的相关数据信息,并进一步将数据信息传递给 Seller.java 类、Consumer.java 类以及 MarketModel-Swarm.java 类。

1.6 研 究 方 法

研究采用的方法主要有规范研究法、模型建构法、仿真分析法等。

1.6.1　规范研究法

收集国内外关于双边市场、交叉网络外部性、交叉网络外部性强度、交易模型与交易结果、双边市场交易结构以及调控的相关文献，以准确把握交叉网络外部性强度与双边市场交易的关系，对已有文献研究成果的理论及方法进行借鉴。

1.6.2　模型建构法

对双边市场交易研究的现有成果进行全面总结和分析，在考虑交叉网络外部性强度的基础上，形成考虑交叉网络外部性强度的双边市场交易模型及调控仿真 Swarm 模型。通过定性分析法，将现实中的双边市场交易抽象为概念模型，把复杂的问题系统化和简单化，进而建立考虑交叉网络外部性强度的双边市场交易 Swarm 模型。

1.6.3　仿真分析法

建立代表主体属性和行为规则设计的程序文件，运用 Swarm 仿真平台，对考虑交叉网络外部性强度的双边市场交易模型进行实时仿真，并根据仿真的结果，结合已有的理论分析，通过不同的调控变量的组合，对双边市场交易调控进行仿真，为双边市场交易的结构优化提供合理、科学的调控方法。

1.7　技　术　路　线

首先，分析研究背景，从中提炼出研究问题，并且对研究该问题的相关文献进行综述；其次，总结理论基础，建立考虑交叉网络外部性强度的双边市场交易模型，确定双边市场交易主体的属性信息和行为规则以及交易匹配条件，建立对应的主体 Java 程序文件；然后，从不同强度下的交叉网络外部性进行双边市场交易模型仿真；最后，根据对双边市场交易模型仿真结果的分析，通过仿真实验得到有效调控解决双边市场交易结果异化以及优化双边市场交易结构的调控组合。具体的研究工作将按照如图 1.1 所示的技术路线进行。

(1)通过对双边市场交易存在的问题进行分析，结合双边市场理论，确定研究问题。

(2)通过与实际平台运行现状结合，确定研究目的与研究意义。

(3)考虑双边市场交易涉及的主体-销售者与消费者均具有主动性，并且二者之间的需求与供给关系使得双边市场交易平台的产生，交易平台作为交易发生的聚集地，不同交易平台的交易匹配效率存在差异，每个主体都追求自身利益最大化，形成动态的、发展的、差异化的双边交叉交易。

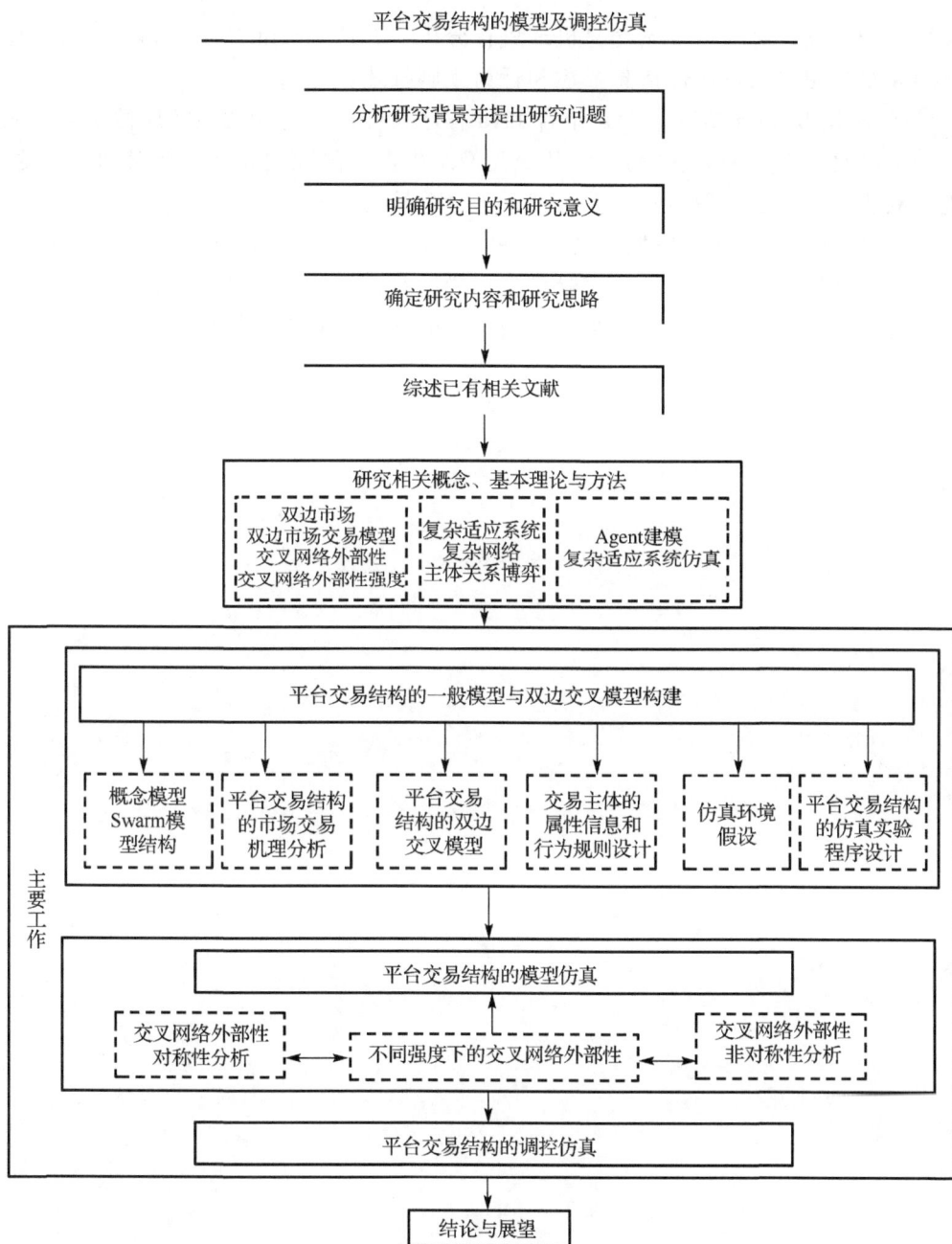

平台交易结构的模型及调控仿真

分析研究背景并提出研究问题

明确研究目的和研究意义

确定研究内容和研究思路

综述已有相关文献

研究相关概念、基本理论与方法

双边市场 双边市场交易模型 交叉网络外部性 交叉网络外部性强度	复杂适应系统 复杂网络 主体关系博弈	Agent建模 复杂适应系统仿真

平台交易结构的一般模型与双边交叉模型构建

概念模型 Swarm模 型结构	平台交易结构 的市场交易 机理分析	平台交易 结构的双边 交叉模型	交易主体的 属性信息和 行为规则设计	仿真环境 假设	平台交易结构 的仿真实验 程序设计

主要工作

平台交易结构的模型仿真

交叉网络外部性 对称性分析	不同强度下的交叉网络外部性	交叉网络外部性 非对称性分析

平台交易结构的调控仿真

结论与展望

图 1.1 技术路线

(4)考虑交叉网络外部性的双边交叉交易概念模型与 Swarm 模型，然后从复杂网络结合参与者主体关系、复杂适应系统结合系统结构、博弈论结合主体博弈关系三个角度，对双边市场交易机理进行分析，并从 Agent 角度，确定双边市场交易涉及的相关主体属性信息描述和行为规则描述。

(5)利用 Swarm 仿真平台，结合 Java 程序设计，确定相关主体属性信息对应的变量以及行为规则对应的方法，从交叉网络外部性的强度属性以及对称性角度，进行双边市场交易模型仿真，并对结果进行总结对比分析。

(6)从双边交叉交易模型仿真的结果出发，结合理论基础以及相关研究内容，通过不同调控变量的组合进行实验仿真，最终有效解决平台交易异化问题，优化平台交易的调控变量组合，对平台调控方法的确定具有参考性价值。

第 2 章　相关文献综述

2.1　文献检索概述

2.1.1　文献检索范围

伴随着交易形式的多样化,以需求–供给高效匹配为特征的交易平台出现。交易平台在占有双边用户(消费者与销售者)交易属性的前提下,为市场提供了一种新的交易形式。这种新的交易形式改变了市场交易结构。市场交易结构改变,市场的交易异化问题随之涌现。如何分析双边市场交易参与者之间的利益分配关系及双边市场交易机制,以及如何确定优化双边市场交易结构的方法已经引起一些学者的关注。对于双边市场以及其特征交叉网络外部性的研究较多,但是考虑交叉网络外部性强度的双边市场交易模型及调控仿真的研究所见甚少。从以下两个方面展开文献检索与分析工作。

(1)双边市场的相关研究,检索双边市场、交叉网络外部性的相关研究成果。

通过已有研究文献,确定双边市场形成的基本要素和特征,确定交叉网络外部性在双边市场中的作用,为后续章节分析双边市场交易主体之间的关系,确定双边市场交易参与者主体属性信息和行为规则以及双边市场交易模型的建立提供借鉴基础。

(2)交易模型及交易调控的相关研究,检索交易模型、交易调控的相关研究成果。

分析已有研究中交易模型的建立和交易调控的基础和假设条件等,为建立双边市场交易模型进一步提供思路,并为双边市场调控方法的选择提供借鉴基础。

根据以上两个方面的文献综述,分析把握已有研究成果的贡献与不足,全面了解目前关于双边市场、交叉网络外部性、交叉网络外部性强度以及双边市场交易的相关文献,以准确把握交叉网络外部性强度与双边市场交易的关系。

2.1.2　相关文献情况分析

以“双边市场”、“交叉网络外部性”、“双边市场交易”、“交易模型”、“交易调控”作为中文检索词,以“two-sided market”、“cross network externality”、“two-sided market transaction”、“transaction model”、“transaction regulation”作为英文检索词,以 *Elsevier* 全文学术期刊、*Wiley Online Library* 全文数据库、*Emerald*

全文数据库作为英文数据库检索源、中国学术期刊网全文数据库作为中文数据库检索源，通过主题/关键词、title/keywords 等作为检索项，分别对国内外中英文文献的相关文献检索。根据文献数据库，详细的检索情况如表 2.1 所示。

表 2.1　　相关文献的检索情况

检索源	检索词	检索项	篇数	有效篇数	时间
中国学术期刊网全文数据库	双边市场	主题/关键词	1643/1500	109	1997～2017.9
	交叉网络外部性		10284/256	80	1997～2017.9
	双边市场交易		3343/2013	69	1997～2017.9
	交易模型		253/17	72	1997～2017.9
	交易调控		110/56	68	1997～2017.9
Elsevier	two-sided market	title/keywords	87/141	105	1995～2017.9
	cross network externality		10/13	20	1995～2017.9
	two-sided market transaction		307/296	205	1995～2017.9
	transaction model		84/ 91	65	1995～2017.9
	transaction regualtion		208/109	68	1995～2017.9
Wiley Online Library	two-sided market	article title/keywords	31/37	50	1990～2017.9
	cross network externality		8/47	35	1990～2017.9
	two-sided market transaction		159/95	201	1990～2017.9
	transaction model		77/61	16	1990～2017.9
	transaction regulation		90/56	35	1990～2017.9
Emerald	two-sided market	content item title/keywords	58/92	89	1995～2017.9
	cross network externality		32/25	24	1995～2017.9
	two-sided market transaction		21/23	12	1995～2017.9
	transaction model		11/6	8	1995～2017.9
	transaction regulation		132/90	32	1995～2017.9

对上面检索到的文献分析发现，双边市场作为一种市场环境所衍生的新的交易形式在平台经营模式的条件下有泛化的趋势，由此引发平台交易的出现。学术界对双边市场的研究主要集中在从单边市场到双边市场的市场形态演进的动因和条件分析、双边市场的概念界定和特征及其对传统单边市场理论的挑战、双边市场视角下的产业效率和福利分析及其双边市场中平台企业的定价、竞争以及规制等问题；对于双边市场交易的演化规律，已有的理论研究尚较少涉及。至于对双边市场交易问题的调控方面的研究，则多是从立法的角度进行的。

2.1.3　学术趋势分析

运用 CNKI 中的"学术趋势搜索"工具,以"双边市场"、"交叉网络外部性"、"交叉网络外部性强度"、"双边市场交易"、"交易模型"、"交易调控"为检索词,对学术研究趋势进行了分析,结果如图 2.1~图 2.6 所示。

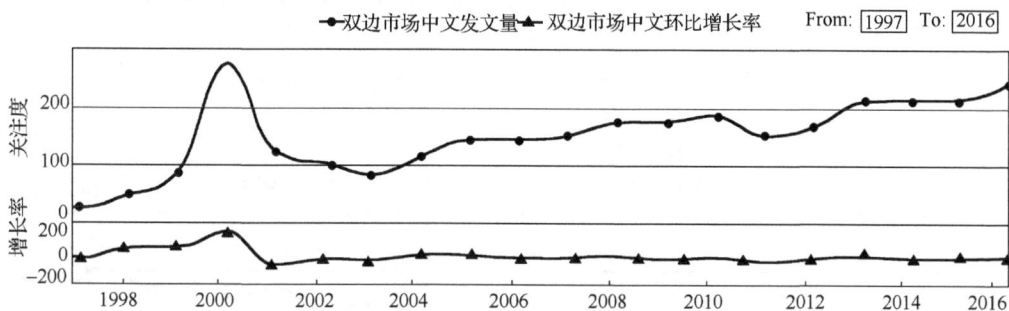

图 2.1　CNKI 对"双边市场"研究的学术趋势分析

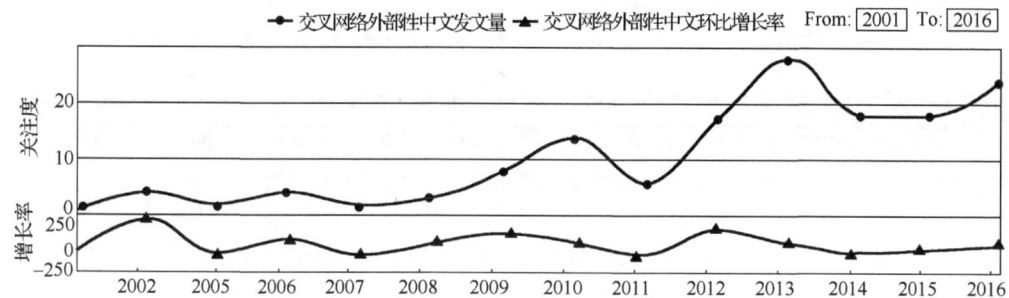

图 2.2　CNKI 对"交叉网络外部性"研究的学术趋势分析

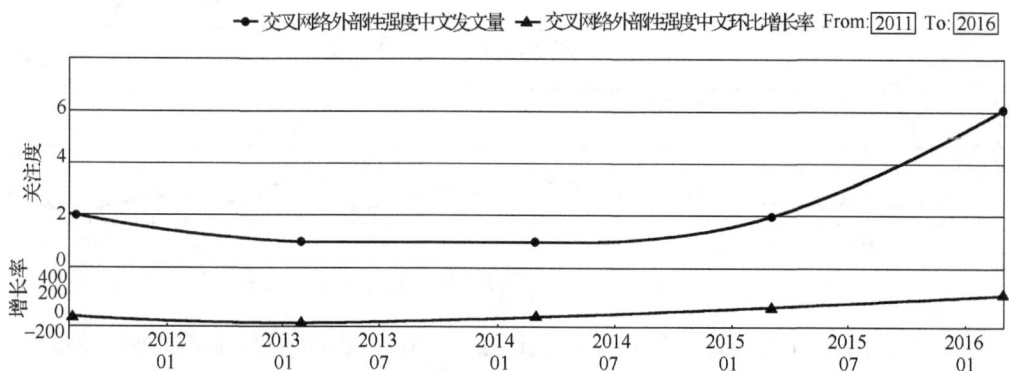

图 2.3　CNKI 对"交叉网络外部性强度"研究的学术趋势分析

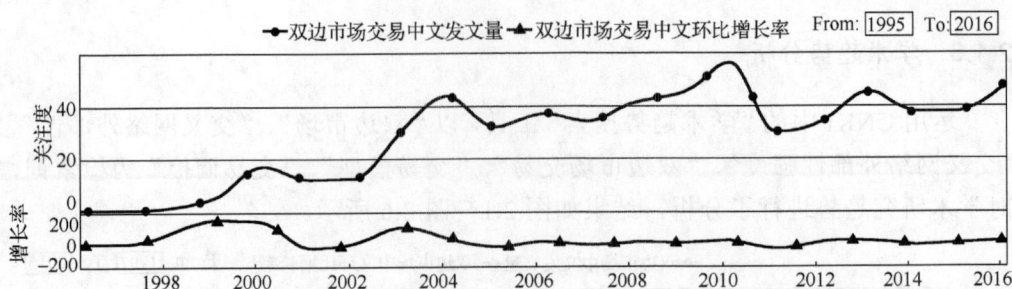

图 2.4　CNKI 对"双边市场交易"研究的学术趋势分析

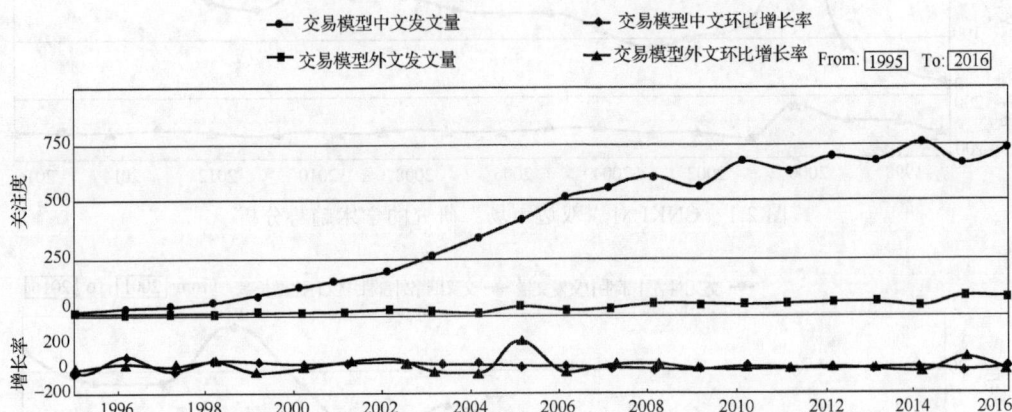

图 2.5　CNKI 对"交易模型"研究的学术趋势分析

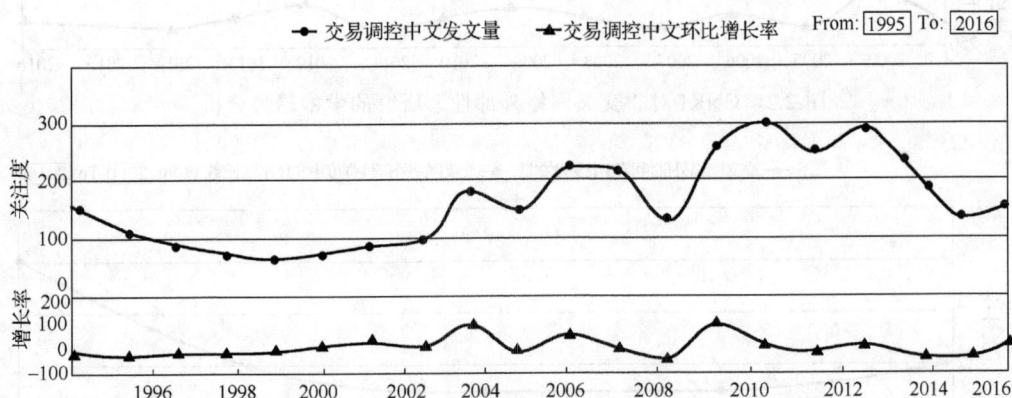

图 2.6　CNKI 对"交易调控"研究的学术趋势分析

　　可以看出，双边市场研究的学术关注度从 20 世纪 90 年代中期开始，但是受到学术界关注的时间是 2005 年以后，双边市场的研究正逐渐受到学术界的关注，成为近十年来经济学和战略管理领域最为活跃的研究主题之一；对交易平台研究的学术关注度整体呈上升趋势,并且从 2006 年起明显上升,其上升趋势明显增加,但是文献发行数量不多,仍处于探索发展阶段;对于"交叉网络外部性"的相关研究从 2002 年以来整体呈现上升趋势,说明此方面的研究已经引起学术界关注,已经积累了一定数量的文献,但是对于"交叉网络外部性强度"的相关研究大约从 2012 年起步,发文数量不多,说明此方面有待进一步深入研究;对于"双边市场交易"的研究自 2000 年以来学术关注度整体上呈上升趋势,也积累了一定的文献数量;对于"交易模型"的研究每年都有大量的文献发表,积累大量的文献数量,说明"交易模型"的研究已经受到学术界的特别关注;对于"交易调控"的研究每年都有一定量的文献发表,说明"交易调控"的研究已经受到学术界连续的关注。

双边市场交易的研究已经获得学术界关注的问题,基于"交叉网络外部性"的基础研究,从交叉网络外部性强度角度建立双边市场交易模型进行研究正逐渐受到学术界的关注。此外,从已有的研究可以看出,采用仿真方法是实现对双边市场交易问题有效调控的可行方法,对双边市场交易的研究具有实际价值和意义。

2.2　交叉交易的相关研究

交叉交易是销售者和消费者在交易过程中的边界模糊的一种表达。交叉交易建立在平台交易的基础上,是伴随双边市场理论而出现的平台交易形式。交易中存在交叉的原因在于第三方平台。交叉交易在理论渊源上与双边市场、平台结构存在一致性。

2.2.1　双边市场的相关研究

双边市场理论是源于实践,并从实践中抽象、演化出的理论。其在具体行业中的应用十分广泛。尤其是在分析市场机制方面,其指导意义是不容忽视的。双边市场的相关理论冲破了传统单边市场的视角局限。

Rochet 和 Tirole[11]在 2003 年首次提出双边市场的定义,并将双边市场定义为"当平台向需求双方索取的价格总水平'P = PB + PS'不变时(PB 为用户 B 的价格,PS 为用户 S 的价格),任何用户方价格的变化都会对平台的总需求和交易量产生直接的影响,这个平台市场被称为双边市场"。Rochet 和 Tirole 认为在价格结构上的任何变动都将影响到双方对平台的需求及其参与规模,并影响到交易总量。因此,他们在界定双边市场时,仅仅考虑价格结构在平衡双边用户需求时的作用,而忽视双边市场的交叉网络外部性特征。

Rysman 在 2009 年[12]指出,双边市场必须符合以下两个条件:①市场的两边在同一个平台上进行交易；②一边的决策会对另一边的决策结果产生影响，特别是通过交叉网络外部性的作用，并指出双边市场交易是基于交易平台匹配双边用户的需求与供给关系的交易，一边的决策通过交叉网络外部性对另一边的决策结果起推动或抑制作用。

Kumar 等在 2010 年[13]提出，当两种不同类型的用户通过一个或多个平台或中介相互作用而实现收益时，就会出现双边市场，并研究这种市场的演变，基于另一方不同基数的条件下，对另一方市场价值进行实证分析。

Rochet 和 Jeon[14]在 2010 年的研究中，提出从双边市场的角度，研究学术期刊有效定价的问题，以及开放存取政策对学报质量标准的影响。当期刊的目标是使社会福利最大化时，只有当其扩散所产生的正外部性超过分配的边际成本时，开放存取才是最优的。这种情况尤其适用于电子期刊，如果期刊是由一个非营利的组织，有不同的目的(如最大化其读者的效用或影响的期刊)，从传统的移动支付模式对读者开放存取模式可能会导致在质量标准低于社会有效率的水平降低。在某些情况下，它甚至可能导致读者数量的减少。

Filistrucchi 等[15]在 2014 年研究中，从平台价值创造的角度，分析双边市场是以某种至少能为其中一组客户产生价值的方式连接两组不同但相互依赖的群体的平台，并且离开该平台，这些客户群体无法获得这样的价值，或者至少无法获得如此之多。

Hagiu 和 Wright[16]在 2015 年的研究中，从双边市场用户价值的角度，从侧面阐述双边用户的"交叉网络外部性"的作用，指出双边市场是能够使两类(多类)归属于交易平台的不同用户通过直接互动创造价值的组织。

Muzellec 等在 2015 年[17]指出，双边市场是指平台通过聚合两个不同的用户群，利用双边用户之间的交叉网络外部性，通过向不同的用户群体提供网络效益而获得利益的市场。

2.2.2　平台结构的相关研究

Armstrong[18]在 2006 年研究中提出，平台通过一定的价格策略向交易双方提供产品或服务，并且一边所获得的效用取决于另一边参与者的数量，通过建立双边市场的基准模型，分析相应的价格结构，认为均衡定价的大小受到交叉网络外部性强度大小影响。

Ambrus 和 Argenziano[19]在 2009 年的研究中，提出具有网络外部性的双边市场的定价决策和网络选择问题，无论是在运营商垄断的情况下，还是网络运营商竞争条件下，都存在多个非对称网络共存的平衡。

胥莉等[20]在 2009 年的研究中指出，具有双边市场特征的产业不仅涵盖传统产业，如房产中介，还包括新兴产业，如电子支付产业，以一类具有双边市场特征的企业为研究对象，它提供的产品不能被消费者独立消费，必须寄生于商品交易中。通过两阶段模型对平台企业的间接定价策略展开研究，研究表明，在双边市场同时具有初始规模优势，并且在双边市场同时具有较高品牌价值评价的平台企业将设定更加倾斜的价格结构(交换费)，并且通过这种倾斜价格结构的强化机制削弱竞争对手。但是，当双边市场的交叉网络外部性比较弱的时候，弱势平台企业可以不断提高双边市场用户的价值评价，来获得更多的市场。

Li 等[21]在 2010 年的研究中，提出任何在线平台都表现出两个主体买家和卖家聚集在一起，通过平台相互作用的特性，双边主体获得效益取决于对方主体的数量以及卖方之间对买方的竞争程度，基于主体间的相互作用，建立无差异化平台竞争模型，分析了交叉网络外部性的作用。

Cennamo 和 Santalo[22]在 2013 年的研究中，从优化社会电子商务平台竞争战略的角度出发，研究了竞争策略下两组用户之间的交叉网络外部性对于平台收费的影响，研究发现，平台对消费者的收费与零售商对顾客的交叉群体外部性和顾客产生的 UGC(User Generated Content)概率呈负相关，对零售商的最优价格与零售商对顾客的交叉群外部性成负相关。

孙武军和陆璐[23]在 2013 年的研究中，构建包含交叉网络外部性强度、具有对数非凹性特征的需求函数，研究垄断平台倾斜式定价的机制所在。结论表明，垄断平台的最优定价在角点处取得，而非内点解，因此垄断平台采取了极端倾斜的定价方式，且倾斜方向为对交叉网络外部性强度较大的一方采取了高定价，对交叉网络外部性强度较小的一方采取极低定价。

Volodymyr 和 Nicholas[24]在 2014 年的研究中指出，双边市场交易平台为买方或卖方提供补贴，以充分利用双边市场行业固有的交叉网络外部性优势，从旅客以及旅行社(航空公司)之间的关系进行角度入手，对在线旅游交易平台的运营竞争模式进行分析，结果表明，旅行社(航空公司)在执行低价格保证政策时，可以增加航空公司的参与程度。

Lai[25]在 2015 年的研究中，针对网络业务展览会所带来的网络效应进行有限的实证研究，探讨交叉网络外部性对会展业的影响，研究交叉网络化外部性对服务质量和关系质量的影响，及其对顾客忠诚的影响，展览会市场呈现交叉网络外部性，商业网络规模对服务质量、参展商满意度和参展商的信任具有影响。

Evans[26]在 2003 年的研究中指出，双边市场中平台能协调具有显著区别同时又以某种方式彼此依赖的几组顾客之间的需求，在制定价格和投资策略时，平台必须考虑各组客户需求间的相互作用，并且从理论上来说，平台对某一边用户的服务定价既不遵循成本加成公式(如勒纳指数)，也不遵循边际成本，明确了平台两端客户需求与供给之间的相互依赖性，并指出这种依存关系会对交易平台产生重要影响，是交易平台制定价格投资等重大策略的重要参考因素。

Rochet 和 Tirole[27]在 2006 年的研究中，借鉴"终端用户间存在非内部化的外部性"的观点以及多产品定价理论的"价格结构"概念，认为平台交易量不仅取决于平台向两端用户收取的价格总水平，还取决于价格结构，即交易量随着平台向两端用户收取价格结构的变化而变化，是双边市场的独特性价格机制。

Armstrong 和 Wright[7]在 2007 年的研究中，根据平台两端客户之间以及交易平台与两端客户之间的关系对上述定义予以补充，认为双边市场由两组不同的代理人组成，每组代理人从与另一组代理人的互动中获得收益；在这些市场中，交易平台通过双边代理人影响对方享有交叉网络外部性的方式，协调两者之间的交易关系。

Hagiu[28]在 2009 年的研究中，提供一种新的建模框架来分析连接生产者和消费者的双边平台，即由消费者偏好和生产者竞争的决定间接网络效应的前提下，导出影响平台定价结构决定双边用户交易决策以及交易量的三个新方面。

Koh 和 Fichman[29]在 2014 年的研究中，在双边市场中消费者属于多归属属性的前提下，研究消费者群体对相互竞争的平台交易中某个特定的偏好与交易量之间的关系。

阎冬媛和钱燕云[30]在 2015 年的研究中，以团购市场为例，提出销售者和消费者作为市场中两个重要的参与主体，其行为之间存在相互影响，基于双边市场理论，采用格兰杰因果检验方法，研究了团购市场的双边市场特征。结果表明，我国团购市场是具有明显交叉网络外部性的双边市场，并利用时间序列模型和面板数据，分析双边规模的影响因素；实证结果表明，我国团购市场商户规模与消费者规模的相关度较高。

2.3　平台交易模型的相关研究

2.3.1　交易模型的相关研究

张振华和汪定伟[31]在 2006 年的研究中，分析电子中介在二手住房市场中的应用，建立交易模型，模型具有如下特点：基于 Agent 的智能搜索，并按优先级降序排列返回推荐列表；引入标志 Agent 状态的看板技术，避免搜索的混乱；买卖双方的信息反馈，提高准确性；每一循环只推荐一个买方和卖方谈判，提高效率，避免无序；最大化中介收益和推荐成功率，在双边匹配中建立以双方总满意度及总成交额分别最大为目标的多目标指派模型，并用模糊加效率矩阵方法化为单目标求解。

Choi[32]在 2010 年的研究中，分析在双边市场中，当经济主体通过参与多个平台来获取最大的网络利益时，通过建立双边用户的交易模型分析搭售对于其对市场竞争和社会福利的影响；模型结果表明，搭售导致更多消费者的多归属属性，使特定于平台的独家内容提供给更多的消费者。

Christos 和 Valletti[33]在 2012 年的研究中，提出在建立双边市场交易模型时需要注意的是，在买卖双边用户群共同参与的条件下，交易平台的交易量、交易匹配效率、价格结构之间存在密切的关系。

宫汝凯等[34]在 2015 年的研究中，通过建立由固定或比例交易费以及支付上限两类参数刻画的中间商拍卖模型（Mediated Auction with Fee and Ceiling，MAFC），探讨由中间商主导的双边市场交易环境下的中间商拍卖机制设计问题，并证明 MAFC 机制具有买卖双方诚实报价、中间商期望预算平衡和防止卖方欺诈等良好的性质。

邱甲贤等[35]在 2016 年的研究中，以 Prosper 在线个人借贷平台为研究对象，实证考察了第三方电子交易市场中用户的交叉网络外部性和平台定价策略对双边用户效用和平台利润的影响。结果表明，受市场供小于求、平台运营模式和借贷双方交易行为的影响，新借入者规模对借出者收入、前期借出者总规模对借入者需求均产生了显著的正交叉网络外部性；借贷双方对平台交易费具有显著的负价格弹性，平台利润与借贷双方的交易费分别呈现二次线性关系；在市场供小于求的情况下，平台利润主要受到借出者规模及其费率的影响。

Pongou 和 Serrano[36]在 2016 年的研究中，定义双边的参与主体集及效用函数、双边网络连接的路径及连接度，用马尔科夫过程动态描述连接形成与断开原理，并指出参与主体之间的网络交易稳定的机制，在于不存在使得双边参与者断开现有连接的更好的新连接。

2.3.2　考虑参与者的交易模型相关研究

在 GARCH（Generalized Auto-Regressive Conditional Heteroskedasticity）模型的基础上，Nelson[37]在 1991 年的研究中，提出指数 GARCH 模型，EGARCH（Engle GARCH）模型改变 GARCH 模型中估计参数非负的约束，对收益率的非对称效应进行有效性描述。Zakoian[38]在 1994 年的研究中，提出的门限 GARCH 模型，经常被用于处理非对称效应。Sentana 和 Wadhwani[39]在 1992 年的研究中，构建基于异构代理的跨期资产定价模型，发现反馈交易使得证券收益率序列呈现自相关性。该模型将市场交易者分为两种类型，一类是理性套利者，在资产约束下以预期收入最大化为投资目标；另一类是反馈交易者，以证券价格和收益的变化，而非证券的内在价值为基础进行决策。

Iori 等[40]在 2015 年的研究中，引入异构市场参与者的集中银行同业，优先形成双边信贷关系的模式，将记忆机制引入到交易模型中，认为贷款人过去多次借给借款人，更有可能再借给借款人，而不是贷款人从未(或不频繁地)互动的其他借款人。模型核心是所有贷款人共同的两个参数：一个是借款人的吸引力 W，一个是贷款人评估借款人的记忆 Q，W 参数越强，贷款人和借款人之间的匹配结果越随机。Q 参数越强，交易关系越稳定。针对金融市场，Hideo 等[41]在 2002 年的研究中，引入三个机构组成的市场模型，分别是交易者、做市商和投资者，可以通过微观交易结构来准确地反映金融交易行为。三种不同的取向产生非线性和非平衡运动，恰当地描述了市场动态现象，并用遗传算法进行市场模拟。研究表明，该模型具有非线性、非稳定、非平衡现象。Hui 和 Chin[42]在 2010 年的研究中，考虑两种信息完整性模型，第一种模型涉及零售商关于客户需求状况的不完整信息；第二种模型涉及零售商掌握客户需求状况的全部信息，应用高斯函数来进行求解。

2.3.3　考虑成本的交易模型相关研究

在二氧化碳排放交易模型中，交易价格通常会被忽略，但价格对市场交易会产生重大影响，以往交易模型没有使用真正的交易价格，而使用均衡价格，但在交易中并不适用。Jarosław 等[43]在 2011 年的研究中，考虑二氧化碳排放许可证的价格的不确定性(谈判期间价格的变动和额外的交易成本)，构建更现实的交易模型，在标准模型中引入新的优化质量函数和谈判期间价格的变动性，考虑许可证价格和减排成本之间的关系对交易的影响。

刘圣欢[44]在 2001 年的研究中，以住宅一级市场为研究背景，采用张五常对交易成本的宽泛定义，将一切不直接发生在住宅生产过程中的生产和交易阶段的其他成本统称为住宅交易成本。分析不同类别住宅和不同交易模型的交易成本，解释交易者对住宅的选择。罗慧等[45]在 2006 年的研究中，构建水权交易市场设计模型，拓展 4 个重要的参变量函数：政府管制影响函数 $r(i)$、交易成本函数 $\theta_i(w(i)，d(i))$、水量权交易函数 $w(i)$ 和排污权交易函数 $d(i)$。他们认为，交易成本函数 $\theta_i(w(i)，d(i))$ 指所有影响交易实施的要素，水权交易成本主要体现在为减轻造成的负外部性而产生的成本与收益上，包括取水、输送水成本在内的直接经济成本，也包括协商和行政性审批监督，以及因为交易而发生的信息成本、谈判成本、合同订立签约和执行成本，还有水量与水质交易计量的制度成本。李晓军等[46]在 2010 年的研究中，提出发电侧电力市场交易模型，以效率优先为原则，考虑机组发电成本差异，包括基数电力合同、长期交易合同和现货市场交易。基数合同电价以同类机组平均成本定价，长期交易合同电价按照同类机组平均固定成本和最小变动成本定价。Erhan 等[47]在 2014 年的研究中，研究交易成本下双重模型的最优红利，设定交易成本为定常值，利用谱正 Lévy 过程，对模型进行求解。

2.3.4 考虑结构的交易模型相关研究

蒋丽丽等[48]在 2013 年的研究中，建立双边用户交易金额按比例收费的运营商双边市场模型，分析在三种不同市场结构(运营商垄断、运营商竞争且增值服务提供商单归属或多归属)的抽成比例对运营商定价策略的影响，研究表明，随着抽成比例的增加，垄断的运营商有动机压制移动通信服务和移动增值服务的价格，以较高的抽成比例来最大化利润，无论增值服务提供商单归属或多归属，竞争的运营商都倾向于降低移动通信服务的价格，提高移动增值服务的价格以从移动增值服务市场中攫取更多的收益，此时抽成比例的增加反而会减少运营商的收益。

孙洁和舒华英[49]在 2014 年研究中，提出 C2C 电子商务网站拥有巨大的交易规模和用户数量，C2C 电子商务网站具有双边市场的平台特征，现实中较为成熟的国外 C2C 电子商务网站，如 eBay 等，主要通过交易费来营利，以社会福利最大化为目标；研究 C2C 电子商务网站的交易费定价策略，推导出 C2C 电子商务网站向买卖双方收取交易费时网站的定价模型，推导社会福利最大化条件下的网站利润公式。吴诚等[50]在 2016 年的研究中，针对电力市场建立涉及多个发电商与多个大用户之间的双边合同交易的主从博弈模型，确定发电商最优合同报价以使其通过双边合同售电的利润最大，使大用户确定购电策略令其购电成本最小。

李华琛和刘维奇[51]在 2017 年的研究中，构建一个双寡头两期动态博弈模型，通过引入用户满意度，研究了双边平台在不同定价策略(统一定价策略和歧视定价策略)和不同战略(短期战略和长期战略)情形下的最优定价，比较策略间和战略间的差异性和有效性，歧视定价策略比统一定价策略更有利于平台获得较高利润，而不利于两边用户效用和社会福利水平的提升。

2.4 双边市场(平台)调控的相关研究

Genakos 和 Valletti[33]在 2012 年的研究中，将双边市场中的两类用户群的服务价格之间关系阐述为具有相互依赖性的"水床效应"，造成监管环境的复杂化原因，无论是对双边市场中任何一边的调控，都会引发双边市场的异常变动，因此全面的、系统化的交易调控方法是必要的。

李小玲和李新建[52]在 2013 年的研究中，以双边市场的重要性和发展为出发点，解释双边市场产业与传统市场产业在客户间交叉网络效应、倾斜性定价和多产品策略方面的差异，介绍了客户营销管理、竞争策略、市场监管者的管制等运作机制的研究进展，从客户、竞争对手、所有者、投资者和监管者及研究方法等方面提出未来的研究重点和领域。Nicholas 和 Joacim[53]在 2012 年的研究中，在双边市场模型的背景下，讨论互联网的网络中立性管制。平台向消费者出售宽带互联网接入服务，并向内容提供商和应用提供商收费。当消费者接入宽带的渠道被垄断时，利用交叉网络外部性作为网络中立调控的支撑依据是：相比完全垄断平台对内容提供商积极收取费用的情况，存在零收费内容提供商的条件下，在部分参数范围内，网络中立调控可以增加总剩余，通过宽带互联网双寡头模型的验证，指出即使在一些竞争中，网络中立性的调控也是必要的。蹇洁[54]在 2014 年的研究中，结合国内电子商务监管的实际情况，对监管部门与第三方网络交易平台之间的关系，构建进化博弈基础的委托-代理模型，研究在信息对称、信息不对称、信息不对称且考虑网络环境因素三种情况下政府部门如何对第三方网络交易平台进行监管和激励。

Wang[55]在 2015 年研究中，分析双边支付卡市场中价格上限管制的预期和非预期的结果，提出美国借记卡条例的目的是通过在发行人的费用中限制交换费来降低商户的信用卡接受成本，但对于小额票据交易，交换费用反而上升。通过构造双边市场模型，提供基于发行人成本交换规则的福利评估，并讨论其他监管办法，尽管对小票交易产生负面影响，但这项规定确实可以通过降低交换费来改善总用户盈余。Chang 等[56]在 2005 年的研究中，分析双边市场调控的影响，调查澳大利亚储备银行迄今为止决定将信用卡在澳大利亚的交易费用减少一半的影响，结果发现，在短期内，发行人已收回 30%~40%的交换费损失，商人们从较低的费用中获益，但是不确定的是是否已经大量转嫁到顾客身上，而且销售点的每笔交易价格没有显著变化，几乎没有证据表明干预影响澳大利亚的卡交易量。Filistrucchi[57]在 2008 年的研究中提出媒体市场作为一个双边市场，考虑间接网络外部性的存在，由于需要估计市场两侧的矩阵和交叉价格弹性矩阵以及网络效应矩阵，传统 SSNIP（Small but Significant Nontransitory Increase in Price）测试并不适用。宋申栋[58]在 2013 年的研究中，指出随着大型零售商在信息技术与组织创新的作用下，零售市场从原来的单边市场转变为双边市场，作为平台企业，大型零售商采取非对称定价策略，向供应商收取通道费以弥补运营成本，但这一行为并不违反公平的原则，依据双边市场理论，大型零售商的非对称定价策略是把供应商及稀缺的消费者吸引到交易平台的重要制度安排，其价格策略源自于双边市场的交叉网络外部性，因而不同于一般的垄断，不能按照常规的规制政策去管制。王镭等[59]在 2014 年的研究中，基于双边市场理论，分析金融超市在双寡头垄断情形下的竞争定价策略，即在一般定价模型的基础上，构建起加入金融超市双边用户交易次数为歧视标准的价格歧视竞争模型；围绕金融超市追求长期利益和短期利益两种不同动机，采取该策略均衡时最终用户的均衡进入价格、对金融超市利润和市场份额进行对比分析。

Canón[60]在 2009 年的研究中，利用双边市场框架，研究管制对平台定价方案、投资决策、网络用户参与网络决策和福利的影响。采取一个垄断平台，服务于纵向差异化的买方和卖方，在决定进入后，将开始交易。利润最大化平台只能向所有网络用户收取不同的接入费。如果不收取买方费用，网络效应会使卖方的贸易盈余和买方的贸易顺差接近。那么，网络用户将被排除在外，而且福利将高于利润最大化的平台。如果网络效应使卖方的剩余额高于买方剩余额，那么利润最大化平台的福利就更高。陆伟刚和张昕竹[61]在 2014 年的研究中，以双边市场理论为视角，从互补产品的角度就相邻市场对相关市场的影响进行区分，厘清在相关市场界定的相关性与替代性，将相关市场的界定限制在因价格变动的需求替代性上，提出 SSNIP 测试方法。考虑宽带专属性平台具有的交叉网络外部性，以及平台运营商不同边与同一边不同业务之间的总替代与总互补关系的非对称性与负反馈效应，容易导致的相关市场界定过窄与过高估计滥用市场支配势力问题，提供了双边市场中市场势力与滥用的基本测算思路与方法，为双边市场环境下的垄断行为的监管证据链，提供监管策略组合的框架建议。Song 等[62]在 2015 年的研究中，以电子平台为例，研究交叉网络效应(Cross-side Network Effects，CNES)对不同平台的两侧(应用侧和用户侧)的不对称性，以及政府治理政策对于交叉网络效应的影响。

2.5　已有研究的贡献与不足

2.5.1　主要贡献

已有双边市场、双边市场交易、交叉网络外部性的相关文献对双边市场内部结构(定价机制、均衡参与数量、价格结构)进行了深入研究，多数文献研究围绕中间商定价行为及其与买卖双方之间的三方博弈来进行。已有的研究已经形成了一些具有很高学术参考价值的成果，对研究提供了很有价值的参考，但仍存在一定的局限性。下面分别对已有研究的主要贡献、不足之处以及对本书研究的主要启示进行分析和总结。

(1)揭示考虑交叉网络外部性强度的双边市场交易模型及调控仿真的重要意义。通过文献分析不难发现，交叉网络外部性是双边市场的重要特征之一，也会引起双边市场另一特征"价格结构非中性"一个重要因素，而价格结构的确定是交易平台吸引销售者与消费者的一种定价策略，是影响交易平台的双边用户规模变化以及交易结构的重要因素之一，所以考虑交叉网络外部性强度的双边市场交易模型及调控仿真具有重要意义。

(2)为考虑交叉网络外部性强度的双边市场交易模型与调控仿真提供依据。已有文献为平台交易结构的一般模型和双边交叉模型的建立提供坚实的理论基础，也为平台交易结构的双边交叉模型的变量设计提供思路。

2.5.2 不足之处

(1)大量对双边市场的研究局限于其本身特征分析，以及发行业、航空业、金融业等个案分析，尚未完成从微观角度针对双边市场调控，构建系统化模型。

(2)已有研究对双边市场交易所出现的问题以及解决方案做过相当深入的工作，但尚未有工作从微观角度考虑参与者属性信息和行为的仿真角度进行研究。这种研究对于构建健康有序、公平竞争的双边市场以及优化双边市场交易结构，具有重大现实价值及理论意义。

(3)已有相关的双边市场交易及调控的相关研究中，尚未有使用基于 Agent 建模方法以及 Swarm 复杂适应系统仿真方法的应用工作。

2.5.3 研究启示

目前，有关双边市场理论的研究多在单期博弈模型中展开，并未在多期的情况下考虑平台的动态定价问题，显然，这与两边用户总是在平台中展开多次交易、平台总是面临动态定价的客观现实相违背。已有相关研究成果奠定研究基础，通过对已有研究成果的综述和分析，得到一些启示。

(1)基于对现实研究背景的分析，可以将双边市场交易异化涉及问题进行归纳和总结，提出研究考虑交叉网络外部性强度的双边市场交易模型及调控仿真的研究框架和方法。

(2)双边市场交易模型的构建中，考虑交叉网络外部性强度的影响，已有大量研究阐述了双边市场与交叉网络外部性之间的逻辑关系，交叉网络外部性作为双边市场的典型特征之一，在双边市场交易模型中占有举足轻重的地位，因此，需要考虑交叉网络外部性强度这一因素。

(3)运用 Swarm 复杂适应系统仿真方法对双边市场交易模型及调控进行仿真。从已有文献可以看出，双边市场交易涉及的主体都是具有主动性、能学习的个体，主体之间有存在博弈关系，共同形成复杂系统并促进整个市场环境的进化，可通过采用 Swarm 仿真方法实时有效地观测市场交易状态的变化趋势。

第3章 相关概念、基本理论与方法

3.1 相关概念阐释

双边市场理论，包括交叉网络外部性、直接网络外部性、网络外部性强度等理论范畴。考虑到交叉网络外部性作为双边市场内生要素对于对双边市场交易结构的重要影响。因此主要从双边市场、双边市场交易模型、交叉网络外部性以及交叉网络外部性强度进行相关概念的界定。

3.1.1 双边市场的概念阐释

一般来讲，一个或者几个平台促进终端用户相互作用，将双方都吸引到"甲板"上，同时向双边收取适当的费用，使得平台保证自己至少不损失资本，这样的市场便是双边市场[27]。双边市场中最终用户之间的交易量直接取决于价格结构，而不仅仅是关于平台收费的总体水平。另外，平台的使用或可变收费均影响双方在平台上交易的意愿，从而利用潜在的交易互动获取净盈余。反过来，平台成员或固定费用大小影响并制约终端用户在平台选择上的决策。因此只有双边用户不考虑彼此影响的外部性的前提下，平台的固定费用和可变费用之间的精细设计才会息息相关。从概念上讲，双边市场理论与网络外部性理论和（市场或管制）多产品定价理论有关[63-65]。

通过以上双边市场的相关理论，可以发现：

第一，双边市场的特征之一是平台将双边用户都吸引到自身经营范围内，这个特征是双边市场形成的必要条件，双边用户的规模是保证平台交易量、销售者交易量的基础以及平台效益的前提。

第二，双边市场通过价格结构影响与经济活动主体密切相关的交易量、交易利益的分配等的经济结果，因为在双边市场的价格水平一定的情况下，不同的价格结构导致不同属性信息的双边用户交易积极性的差异化。

第三，价格结构起作用的前提是双边终端用户之间具有一定强度的交叉网络外部性，一边用户群体是否使用平台的决策影响另一边群体的收益。因此，从交叉网络外部性强度的角度出发，研究双边市场交易，具有理论与实践的必要性。

3.1.2　平台交易结构的概念阐释

平台交易结构的概念内涵表现为交叉网络外部性特征。双边市场的交叉网络外部性，是双边用户之间的非线性的随机性变化关系。在双边市场交易中，若销售者的价格和质量等决策受到平台另一边消费者规模的影响，则意味着交易平台一边消费者规模对同一平台另一边的销售者产生交叉网络效应，同理，在消费者的消费信心受到平台另一边销售者规模的影响的情况下，销售者规模则对同一平台另一边的消费者产生交叉网络效应[66]。双边市场的交易主体销售者与消费者之间形成交叉网络外部性，一组群体中的成员能从与另一组群体成员间的互动中受益，即两组成员间存在交叉网络外部性，越多的销售者在交易平台提供产品或服务，交易平台越能够吸引另一边的消费者进行交易，另外，从商业角度来看，平台运营商负责说服一个市场的用户加入这个平台是不够的，因为市场双方的用户群体之间存在相互的交叉网络外部性关系，如果市场的另一面不够大，无论是买方还是卖方，都不能被吸引加入这个平台交易[67]。

交叉网络外部性，不仅是双边市场区别传统市场的显著特征之一，是平台交易结构形成的重要前提条件，同时也是判定某一平台结构是否属于双边市场的重要指标[67]。双边平台能协调具有显著区别，同时又以某种方式彼此依赖的几组顾客之间的需求，在制定价格和投资策略时，双边平台必须考虑各组客户需求间的相互作用，并且从理论上来说，由交易平台决定的双边用户的定价水平既不符合成本加成公式，也不符合边际成本，因此，平台交易结构中的两端客户需求之间存在的相互依赖性，不仅对平台交易结构产生重要的影响，而且是平台交易结构中制定价格、投资等重大策略的重要参考因素[68]。

在交叉网络外部性的作用下，随着平台交易结构中一边用户数量的增加，平台交易结构中另一边用户的收益会增加，因此，此端用户的需求函数是关于另一边用户数量的递增函数。在平台交易结构中只收取注册费的假定下，若一边用户的交叉网络外部性强度较强，这边的用户数量增加将提高另一边用户接入平台获得的收益，则平台交易中对其收费越低；在平台交易结构中，通过转移支付的方式吸引其加入。这种转移支付的数量就等于其对另一边用户产生的正的外部收益。平台交易结构为两组或多组用户提供互动的机会，并且每组用户群体中的成员加入该平台交易结构的收益取决于另一组用户群体的规模；此时，从交叉网络外部性的作用可以看出，某一组成员从平台交易结构中获得收益的大小，取决于平台交易结构能否有效吸引另一组用户[69]。

3.1.3　交叉网络外部性强度的概念阐释

双边市场存在的机理在于能通过扩大两边用户交易对象的范围来降低双方的交易成本。买卖双方借助交易平台为他们提供的服务来实现交易，而平台对这双边的用户通常采取不同的收费，目的是吸引两边的用户加入平台并进行交易，因此平台交易是由平台促成的建立双边终端用户之间需求与供给匹配关系的交易。与此同时，双边终端用户的收益均来自彼此对平台的使用，导致使用费是影响双边用户使用决策的重要影响因素[70]。另外，较强的交叉网络外部性可以将双边市场交易平台的用户变成该平台的关键资源，用户增加的过程即为资源积累的过程，这种独特的资源积累过程为大型双边平台维持其资源和竞争优势提供了一种保障机制，交叉网络外部性强度能起到类似于需求方规模经济的作用，并且能增加各方代理人从平台获取的价值[71]。

Amstrong 对双边用户效用的定义如下[18]：

$$U_1 = an_2 - p_1 \tag{3.1}$$

$$U_2 = bn_1 - p_2 \tag{3.2}$$

其中，$a \in (0,1), b \in (0,1)$，n_1 和 n_2 分别表示平台的双边用户的规模，p_1 和 p_2 作为双边市场价格结构的组成部分，分别代表平台对于双边用户收取的价格。

值得注意的是参数 a 和 b 的含义：a 表示每增加一个用户 2 给用户 1 带来的边际效用，b 表示每增加一个用户 1 给用户 2 带来的边际效用，从这个基础模型可以发现，双边用户的效用与双边用户的规模之间存在的相关关系是双边市场形成交叉网络外部性的内部机制，因此基础模型中，a 和 b 表示的即是双边用户之间的交叉网络外部性强度。

有关交叉网络外部性强度的准确描述如下：用 $a^c(\alpha)$ 表示消费者交叉网络外部性强度，$\alpha \in [0,1]$。$a^c(0.1)$ 表示，当交易平台 A/B 占有市场 10% 的另一边用户即销售者的条件下，消费者才会以更大的随机概率去选择交易平台 A/B，$a^c(\alpha) \to 0$, $a^c(\alpha) \to 1$。另外，$a^S(\alpha)$ 表示，销售者交叉网络外部性强度，$\alpha \in [0,1]$。$a^S(0.1)$ 表示，当交易平台 A 占有市场 10% 的另一边用户即销售者的条件下，销售者才会以更大的随机概率去选择交易平台 A，$a^S(0) \to 0$, $a^S(0) \to 1$。

3.2　基　本　理　论

双边市场作为平台交易结构的理论背景与环境，市场中参与交易的主体形成单独的节点，随着交易节点的形成，平台交易结构的双边市场呈现出复杂的交易网络关系，对整个市场的利益分布特征产生重要的影响。

3.2.1 平台交易结构理论

平台交易结构概念模型(图 3.1)的形成基础，是通过交易平台聚集不同的需求与供给，然后根据不同属性信息的双边参与进行匹配，使得双边参与者的信息在系统中实现实时反馈与对接，形成平台交易结构。交易模型中将反映主体属性信息的关键指标和主体的行为规则等影响市场演化的因素考虑在内，通过一定的有效的双边匹配机制，使不同主体的信息流交互对应 Swarm 实验系统中的消息传递，实现平台交易结构的可视化。

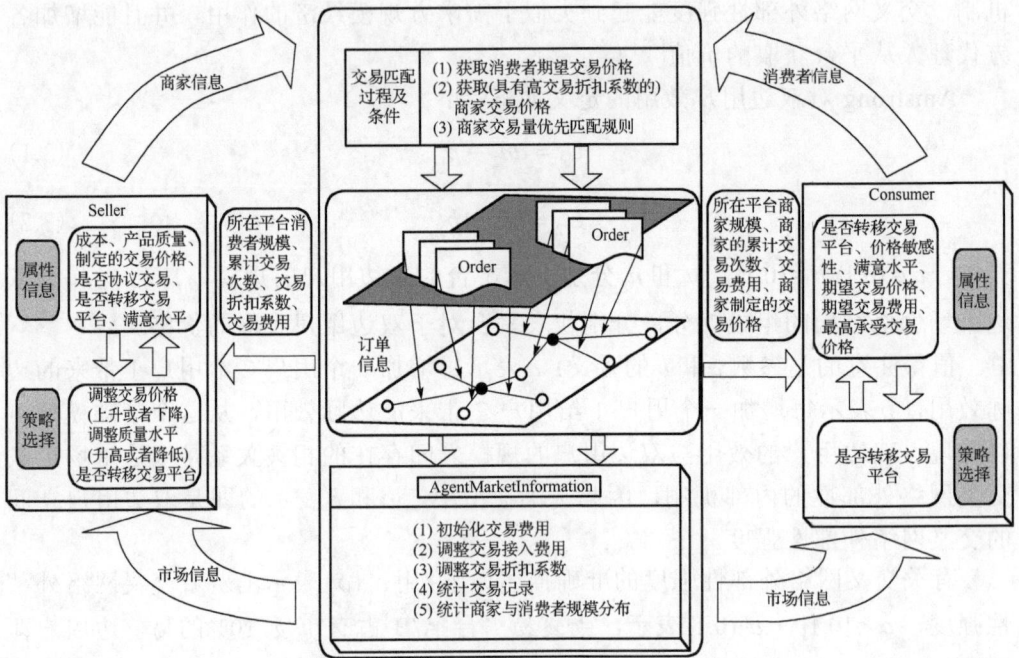

图 3.1 平台交易结构的概念模型

另外，过去和现在的价格、交易量涵盖过去和现在的市场行为。交易量、交易量分布，是交易者更容易观察到的信号，都可以传递市场信息，交易者通过对这些变量的历史数据的学习获得信息，并对未来市场形成预期且做出交易决策。

利用复杂适应系统理论，基于主体属性信息、行为规则以及交易平台的交易匹配规则建立基于多主体的交易模型，分析交叉网络外部性强度对交易量、交易量分布以及交易价格等变量的影响，并通过 Swarm 仿真结果，对平台交易结构模型的演化结果，进行系统化解释。

3.2.2　复杂网络的基本理论

高度复杂性是复杂网络的显著特征[80]，具体特征表现通常主要从以下几个方面进行阐述。

(1)复杂网络的结构复杂性。由于网络中涉及的节点数目不是简单的几个节点数目，导致网络结构呈现多种不同特征，对结构统计的计量方法的选择上提出了新挑战。

(2)复杂网络的网络进化特性。由于节点或节点与节点之间的连接状态并不是一成不变的，节点随时可能产生和消失，进而节点与节点之间的连接状态随时可能发生转变，使得网络不断变化发展。

(3)复杂网络的连接多样性。由于节点与节点之间属性差异化的存在，形成的连接具有不同的连接强度，使得节点之间的连接权重存在差异，并且在不同的条件下，节点之间可形成依赖粘性关系，连接可能存在方向性。

(4)复杂网络具有动力学复杂性。由于复杂网络中的节点具有自身的节点属性，随着系统时间的变化，节点属性状态会发生不断的变化，使得节点集属于非线性动力学系统成为可能。

(5)复杂网络中节点多样性。由于复杂网络是对现实世界的描述，所以现实中的任何事物都可以用节点来表示，现实世界事物的多样性，使得网络中节点也具有多样性特征。

(6)复杂网络的多重复杂性融合特征。由于以上多个复杂性特征之间具有的相互作用，使得对网络发展演绎的结果更加难以估计，呈现出复杂网络的多重复杂性融合特征。

基于以上复杂网络的表现特征，从以下交易连接的复杂网络关系、交易达成的复杂网络关系以及交易结构与复杂网络关系两个方面进行系统地分析。

1)平台交易连接的双边市场网络结构

基于以上复杂网络的高度复杂性分析，对平台交易研究具有重要意义。具体而言，首先在平台交易中，一般存在的销售者、消费者、平台交易方作为网络中的节点，明显的特征是双边市场的销售者和消费者。平台交易结构的参与者数目众多，连接关系的形态各异，呈现出结构复杂性。平台交易中的销售者、消费者和平台交易方抽象而成的节点之间，因为相互作用的存在以及节点存在与消失状态的改变，使得网络中形成种类繁多的交易连接关系，在多个时间阶段所进行的不同的交互作用，使得连接权重出现不同的等级，呈现网络进化特征和连接多样性特征等多重复杂性特征。

2）交易达成的复杂网络关系

在复杂网络中，节点的属性信息不同，节点对应的信息变化方式也会随之产生差异，其中伴随节点的消失与新节点的形成，因此，触动网络拓扑结构的不断变化；反过来，网络拓扑结构的变化影响网络节点之间的连接关系。在此基础关系之上，因为节点状态和节点之间的连接关系状态在网络中无时无刻不在发生微小的变化，导致网络的不断演化，上一时刻的网络状态总是被下一时刻的网络状态所取代，但是，总有某一时刻作为网络状态发生质变的临界点，出现复杂网络中难以预料的"涌现"结果，这种结果并不是单个节点或单个节点关系发生变化而促成的结果，而是众多的节点与节点不断交互作用的结果[81]。

在平台交易结构中，参与主体的属性和行为存在差异化，导致网络结构中各个节点的属性信息和行为策略不同，在局部范围内引起自身以及自身小范围区域的微小变化，但是，网络中各个节点与节点以及节点与连接的联合变化效应，呈现元胞自动机动力学特征，将进一步影响整体市场交易状态的形成，该交易状态是一种规模效应，更是随时间网络系统演绎而成的一种特殊"涌现"结果，比如社区型网络状态的群集行为和合作行为的形成等。

在平台交易中，交易结构涉及双边交易的参与者、市场交易环境以及其对应的属性信息、交易关系以及双边市场交易结构，属性信息对应的是复杂网络的节点信息，交易关系则构成复杂网络的节点之间的关系，由属性信息以及交易关系共同影响双边市场交易结构。节点信息是复杂网络的结构基础，复杂网络的结构往往决定了其功能，不同节点信息的复杂网络结构导致不同的市场交易环境，故综合考虑平台交易参与主体销售者、消费者、市场环境（包括交易平台）属性信息与行为规则引起的交互社区型网络特性，对平台交易结构的研究显得尤为重要。

3.2.3　复杂适应系统的基本理论

复杂性科学是用以研究复杂系统和复杂性的科学，已被很多学者誉为"21世纪的科学"。复杂性科学的出现，促进了多学科跨领域知识的融合，使人类对客观世界的认识由线性上升到非线性，由简单均衡上升到非均衡，由简单还原论进一步上升到整体复杂论[72]。复杂适应系统理论的产生与遗传算法密切联系，充分吸收了计算科学与技术的成果，特别是人工智能和计算模拟的成果，具有鲜明的操作性，为认识、理解和控制管理复杂系统提供全新的思路，是目前计算机仿真建模在研究复杂性系统时最为常用的理论[73]。为了对规则进行比较和选择，首先要把假设的信用程度定量化，为此我们给每一条规则一个特定的数值，称为强度，或者按照遗传算法的叫法，称为适应度，每次需要使用适应度的时候，系统按照一定的方法加以选择，即在系统中遵循一定的随机概率选择机制，具有较大强度或适应度的规则被选中的机会更大。

1) 交易主体的适应性

一般认为，系统是具有特定功能、相互间具有有机联系的许多要素所构成的整体。对于一般的复杂系统来说，我们通常用部分、子系统或元素来描述系统中的个体，通过个体间的相互作用和相互联系来解释系统形成的动态规律和行为特征。但在复杂适应系统中，作为系统组成的元素个体一旦被赋予一定的特性，它就是一个相对局部、被动的概念。使用这些知识来解释社会和自然界中一些复杂的现象时，发现他们常有其自身难以克服的局限性。而 Holland 则用"适应性主体"很好地解决了这一问题，使过去"不变"的元素被赋予了鲜活的特性。因此复杂系统形成的动态分析也变得更接近于复杂系统的原本了，即使它不太完善，却也相当独到[74]。

根据复杂适应系统系统理论，CAS 适应系统中的要素是具有自治性、预动主动性与适应性等特征的主体，主体可以感知环境的变化，根据自身的需求特性，可以在一定程度上调整自身的行为，以适应变化的环境。并且在这个适应过程中影响着环境的变化[75]。

双边市场的交易与调控过程中，涉及的系统主体销售者、交易平台商、消费者以及系统调控者，具有明显的适应性、并发性和随机性等主体特性，使得双边市场的交易与调控系统具有以下明显的特征。

(1) 适应性特征。因为自治性与预动主动性的存在，双边市场的交易参与主体具有识别环境的能力，并根据环境的动态变化，不断地进行经验学习，从而根据自身需求特性，不断地调整行为策略，及时地对环境中的变化做出反应，不仅使得自己适应环境，也在通过行为影响环境，使环境适应自己。

(2) 并发性特征。由于双边市场中参与交易的主体具有自治性，为了适应环境变化，采取行动策略选择的顺序并不是按部就班的顺序选择，在某一时刻，可能存在并发的行为策略选择。在双边市场中所表现出的并发性特征：销售者为了提高自己交易达成的可能性可能同时选择降价策略；交易连接的断开与形成也可能在同一时刻发生，并不存在先后的顺序。市场参与交易主体所采取的行为策略受过去和现在系统状态的影响。

(3) 随机性特征。由于主体的自治性、预动主动性以及适应性特征，主体可以呈现随机性特征，这种随机性不同于数学或者物理学中描述的随机性，它是市场中各个参与主体的不同属性信息与行为选择共同作用产生的特征，导致系统具有复杂适应性。

2）交易主体的复杂性

复杂适应系统是对系统概念的另一种更加详细的描述，涵盖了组成系统的要素，但是要素具有复杂适应主体特性的主体，并且主体以及主体之间的交互关系共同构成了复杂适应系统，相对独立的主体会根据环境的变化，不断地进行学习-适应-学习，不仅为了积累自己的经验知识，更是为了适应周围环境的变化，同时影响着环境[76]。图 3.2 为双边市场主体适应性概念框架结构图。

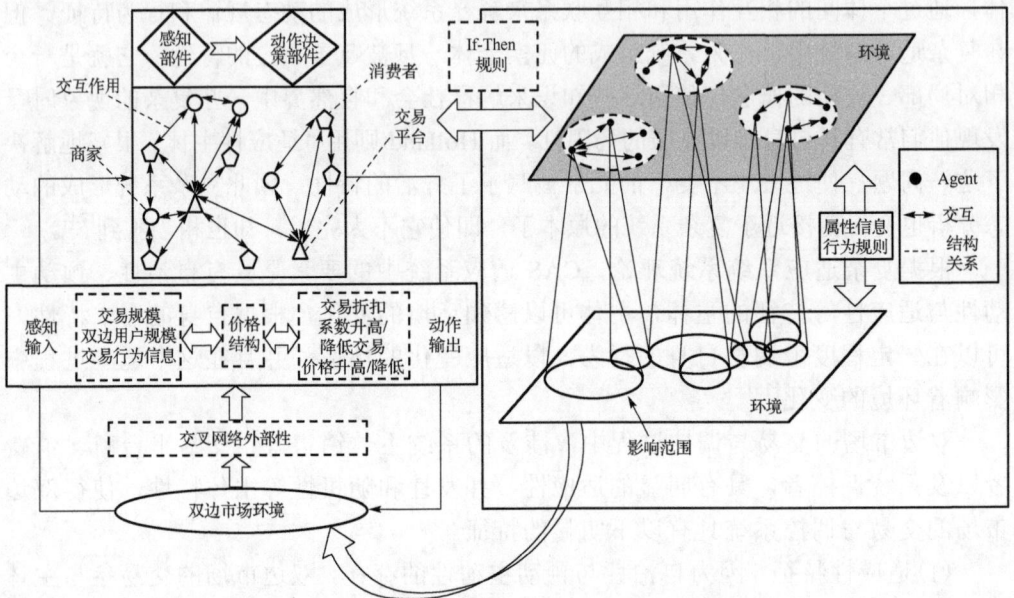

图 3.2　双边市场主体适应性概念框架结构图

在这样主体之间交互的环境中，随着时间的进行，多样性新主体或者主体集的不断出现，量变必将引起质变，微观变化引起宏观的变化。从微观角度分析，复杂适应系统中的主体与环境的交互作用通常是通过刺激-反应模式来表现，这种模式不仅体现了复杂适应主体的特性，而且体现适应性主体一直在追求自己在环境中的状态最优的过程与期望，其是度量一个适应性主体进化的标准之一[76]。从宏观角度进行分析，正是因为系统中的组成要素具有复杂适应主体的特性，从而使得系统呈现混沌、自组织、非线性、分化性、涌现、非周期性等复杂特征，这种宏观复杂特征，可以从微观个体的行为规律分析中找到原因所在，因此，适应性造就复杂性的思想被提出[77]。复杂适应系统具备如下特点。

　　(1)复杂适应系统组成的主体一般是具有主动性、适应性的实体。由于它们本身具备了学习与适应的能力，根据这些特征可引起各种各样的涌现，这样就让组合变得非常复杂。复杂适应系统的建模思想正是以此点为基础，弥补其他建模模型中的假设缺陷，使得 CAS 系统的建模方法可以广泛应用在经济、社会、生态等复杂系统的问题研究中。

　　(2)涌现的行为是在缺少一个中央执行者来实施控制的条件下产生的。霍兰以神经网络作为例子，来解释复杂适应系统的这种规律。

　　(3)动态主体互相影响、互相适应，不断修正互相作用的模式。伴随着主体之间互相作用的加强，灵活性也不断地提高，涌现的现象呈现的概率也不断地增大。

　　(4)复杂适应系统中的组成成分存在一种可以持续相互作用的模式，这种持续模式可以变成更加复杂环境下持续模式所需要的积木块，由前一层次所组合的模式决定着后一层次涌现的模式。复杂适应系统包含的元素都是具有一定思想和感知能力的智能体，智能体自然会与环境产生交互行为，但是这种交互行为往往具有并发性和随机性特征，以往建模倾向于研究主体的个体行为，而忽略主体与环境的交互作用。复杂适应系统建模方法是基于主体的建模方法，不仅考虑到主体的个体行为，还重点考虑主体与环境之间的交互作用，同时考虑到主体行为的并发性与随机性，是复杂适应系统建模的主要优势之一。

　　(5)从固定结构到可变结构的生成过程中，主要的变化就是使用条件与标识来代替"坐标系"，然后再增加一些允许主体使用条件和标识的规定。

　　复杂适应系统的基本思想是：复杂性源自于其主体本身的适应性，由于这些主体和环境以及其他主体之间的相互作用，不断改变着自身，同样也改变着其所处的环境，于是适应性造就了复杂性。适应性是最重要的特点，系统中的主体能够和环境以及其他主体进行交流，通过交流进行"积累经验"或"学习"，并且根据已学到的经验去改变自身的行为方式和结构。底层的个体之间通过相互的交流、作用，可以在整体的层次之上涌现新的现象、结构，甚至是更复杂的行为，比如分化和多样性的出现、新层次的产生、更大主体的出现、新聚合的形成等。CAS理论对于模拟生物、社会、经济、生态、军事等复杂系统奠定了坚实的理论基础[74,79]。

　　3)交易结构的复杂性

　　在平台交易中，销售者、消费者、交易平台是具有思想和感知意识的活的实体，共同构成双边市场的复杂适应性主体，在环境活动中，各个主体根据自身属性特性，通过刺激-反应模式，以学习-适应-学习的适应性机制，以达成自己期望目标的交易为目的，寻找交易对象。相应地，在宏观层面上，可能形成不同属性信息的交易节点，使得双边市场的交易呈现自组织、非线性、分化性等复杂适应性特征。

平台交易结果异化的出现，是参与主体的复杂性特征在系统中不断演化的结果，对于双边市场的交易仿真研究，不仅涵盖对参与主体行为演化的动因，而且涵盖了主体间的网络连接关系变化的机制，是提升对平台交易的有效认知途径。

4) 交易关系的复杂性

交易关系的建立基于一定的需求与供给的关系，不同消费者与销售者对应的自身的属性信息不同(如价格需求弹性的不同)，每个消费者在交易价格或者商品质量方面的需求各异。另一方面，销售者由于各自商品成本、交易费用、交易折扣系数等属性信息的差异，在制定交易价格以及确定提供商品质量水平的供给方面也形成差异，导致消费者选择在按照交易平台既定交易匹配规则所确定的销售者可行域的范围内，具体选择哪一个销售者作为交易对象的交易决策存在差异化，使得消费者与销售者之间的交易关系受到多方面因素的影响，形成交易关系的复杂性。

3.2.4　交易关系的博弈论基础

1) 演化博弈

传统博弈论的一个重要的前提条件是博弈人是完全理性的，它要求整个博弈过程中每个博弈方不能犯错误，这个要求限制了博弈论的应用范围，从某种意义上讲，完全理性的人根本不可能存在[82]。演化理论是一种生命科学理论，它以达尔文的生物进化论为思想基础。与传统博弈论不同的是，演化博弈理论从参与人群体出发，采用从群体到个人的局部动态方法来分析参与人的决策行为。演化博弈由有限理性的博弈方所组成，为了实现效用最大化，在采取行动之前会判断采取某种行为之后所带来的结果，某行为可能会带来好的效用，也有可能会和市场群体或者市场群体中的其他市场主体的行为产生冲突[83-84]。演化博弈分析框架与人们在现实决策活动中的实际行动模式是比较接近的，所以由此得出的结论也就能够更加准确地描述现实人的行为。

2) 合作博弈

合作博弈是指博弈双方至少有一方的利益有所增加，其研究的重点在于如何分配合作得到的收益，即收益分配问题[85-86]。

一般来讲，由于参与市场主体是有限理性的，所以在主体根据自身需求以及自身的属性信息，将会在采取行动之前判断采取某种行为之后所带来的结果，这种行为可能会给自身带来或多或少的正向效用，也有可能会对其他市场主体产生或多或少的负向效用。所以说，由于市场主体是有限理性的并且信息也是不完全的，预测所有的结果是不可能的，与其他市场主体的冲突也是不可避免的。但是，在不断的博弈过程中，市场主体又会根据这些博弈冲突不断改变自己的行为策略（如在交易中改变交易价格或者商品质量），以达到减少冲突的发生，实现效用最大化的目的。由于主体之间合作博弈的存在，使得市场演化的过程中不可避免的产生合作博弈的收益，市场环境呈现简单性与复杂性、规律性与随机性、有序与无序的混合性改变市场状态，导致市场出现差异化的演化方向。

3) 博弈与适应性

在平台交易的经济活动中，市场主体由于交互的博弈而产生收益，该收益决定其在市场环境下的适应度。市场参与主体偏好和需求存在差异的同时也可能具有相似性，市场参与主体通常通过综合对比分析过去不同阶段的环境信息，根据现阶段的环境状态选择不同的行为策略。由于主体是有限理性的，并且都会受到市场环境的影响，使得市场的发展趋势的可估性难度较大，故为了获得自己的最大期望值，在与其他主体交互的过程中，参与主体又会根据交互作用带给自己影响，不断改变自己的行为策略，以降低不利因素的影响。也就是说，在类似自然选择的机制下，适应度高的市场主体会倾向于改变自己的行为策略以适应市场环境。博弈理论的应用，对于研究平台交易中的利益分配极端化等交易结果异化问题，奠定了理论基础。

3.3　基　本　方　法

3.3.1　基于 ABS 的建模方法

Agent 是指针对所研究的问题，从现实的系统中抽象出来的、具有环境感知能力和学习能力的研究对象。每一个现实对象，对应研究问题系统中的 Agent，每一个 Agent 都有一定的属性信息和行为规则，直接影响系统的演化。从微观层面看，Agent 是具有意义的微观个体或个体集。可将 Agent 作为系统基本的抽象单位，然后赋予 Agent 一定的功能，然后将多个 Agent 设置具体的交互模式，得到相应的应用系统模型[87]。但是迄今为止还没有完全形成一个针对 Agent 的确定的、统一的定义，最为经典的是弱定义与强定义之间的探讨。其中弱定义应该具备自治性、社会性、应激性、主动性四种主要特性[88]。

自治性：运行的时候能够独立采取行动来达成自身的目标，不需要人工干预或其他主体介入，这是传统的对象所不具备的。

社会性：能够使用一些通信语言，和其他主体进行交互，以达成自身的目标。

应激性：能够感知到它们周围环境的变化，同时通过自身的行为来改变环境，针对环境加以控制与影响，也能对环境的刺激做出反应。

主动性：Agent 的行为应该是自发的，或者说是主动的，能感知周围环境变化，同时做出反应。

在弱定义概念的基础上，如果加上信念、愿望、意图、能力、责任、承诺等心智方面的属性，就成为对 Agent 的强定义[89]。

开展复杂系统多 Agent 建模，首先需要对研究对象及研究目标进行界定和描述，然后根据需求将组成系统的实体抽象成个体 Agent，并对这些个体 Agent 进行同质化区分，划分成类，形成系统的 Agent 类图。在抽象和划分过程中，Agent 粒度和系统层次应遵从原则，即尽量简明。在确定实体 Agent 后，还要根据研究目标，将 Agent 群体中多个的共同状态和行为抽象设计出集中服务 Agent，用以提供共同服务；建立 Agent 类图后，需要建立每个 Agent 的模型。模型结构一般包括内部状态、感知器和效应器等基本组成部分。其中，内部状态用于保证 Agent 自身的结构状态，感知器用于根据环境状态控制自身结构和状态的变化，效应器发出自身的行为，用以作用和改变环境状态；建立 Agent 模型后，需要建立系统的宏观模型，包括确定系统中的 Agent 个数，建立交互方式和协调机制，以及多个 Agent 间的拓扑结构等[90]。

基于 ABS 的建模，是一种自下向上的综合建模方式，其基本的流程如下：它以 Agent 为系统基本的抽象单位，首先建立起每个个体的模型，并且赋予个体一定的智能，接着采用多主体系统相应的体系结构组装个体，设置多个 Agent 之间交互的方式，最终建立起整个系统的模型。基于复杂适应系统的建模，一般都具有以下的特点。

(1)涉及的数量较多，而且具备一定程度的智能性，各主体之间也存在着局部性的连接规则。

(2)系统之中发生于主体之间相交互的作用和行为，复杂系统作为整体带来的涌现性作为宏观系统特性的变化，体现出了其作用的结果。

(3)宏观结合微观的"非还原性"研究方法。复杂系统是一种通过对子系统的了解，但不能对系统的性质做出完全解释的系统，正基于此，通过从微观角度模拟主体以及主体与环境的交互作用，采用自上而下的"非还原性"复杂性研究方法，这是一个跨层次、从微观再到宏观、从宏观剖析系统的研究思路，导致建立数学模型非常困难，所以复杂适应系统基于主体建模方法的优势更加明显。

ABS(Agent-Based Simulation)方法具有自然描述复杂系统的能力，因此对复杂系统进行建模将会更加方便，同时具有描述复杂适应系统的微观行为以及高度的自由度与灵活性。和传统的建模方式相比，该方法不仅提供了反映层次之间的相互联系，突破了只从统计规律的视角去理解的范畴，开辟了认识与理解"突变"、"涌现"等情况的新领域，而且提供了理解演化与发展的可能性，从而改变了线性外推的、只考虑量变的、简单化的预测方式，引入了更加接近于客观现实、量变和质变相互联系的思维[91]。

通过抽象交易主体特征，并系统化为对应的属性信息和交易主体之间的交互作用关系系统的行为规则，建立基于 Agent 建模方法的交易模型，系统分析主体属性信息和行为规则的变化机制，从微观角度分析宏观现象。

3.3.2　仿真工具应用

仿真方法特别适合于复杂系统研究，虽然构建模型是求解复杂系统的通用方法，传统的简化线性模型和数学方法求解模式往往难以有效描述复杂系统，因此采用仿真技术建立复杂系统模型，通过对仿真模型运行结果的分析来求解复杂系统，成为复杂系统研究的有效方法[92-93]。

ABM(Agent-Based Modelling)方法与计算机技术内在的、先天的联系，而且具有很好的可操作性，因此为研究人员创造更方便的软件平台与研究工具，从而提高模型的可重用性，目前基于的建模方法已经具备相当好的操作性，而且开发出很多的软件仿真平台，比较著名的有 Swarm 平台[94-95]。Swarm 平台是一个集开放、高效、可信、可重复使用等优点于一体的软件实验平台，便于观测系统的演化过程及规律，是复杂适应系统分析与建模的一个标准实用工具；Swarm 中最核心的部分是 Swarm 仿真程序，一般包括模型 Swarm(ModelSwarm)、观察员 Swarm(ObserverSwarm)、模拟主体(Agent)和环境(Environment)，但是最主要的还是 ModelSwarm 与 ObserverSwarm[97]。

ModelSwarm 作为 Swarm 的一个子类，是由多个个体构成的群体，这些个体拥有同一个行为时间表和内存池，是介于 ObserverSwarm 子类和行为主体 Agent 之间的类库。ModelSwarm 有两个主要的组成部分：一系列对象(Object)和这些对象的行为时间表(Action)。ModelSwarm 中的对象对应于模型环境中的对象，是一个可以产生行为并影响其他个体和自身的实体；行为时间表就好像是一个索引，主要负责每个对象的事件发生的独立流程，即事件发生的执行顺序，通过合理的确定时间调度的机制，会让用户在无并行环境的条件下也能够继续研究工作。

　　基于 ABS 的仿真，其实是研究者建立一个人工的市场环境，并设计出一系列的规则来支配这个市场，进而来模拟市场的运作。由于计算机模仿的世界本身是虚拟的，所以一般实验步骤和在虚拟环境下所实施的仿真实验也不同，不能简单地复制。在真实世界中不需要考虑的时间、空间等客观条件，在虚拟的世界中则需要重新定义时间、空间等概念，并且还要考虑事件的先后顺序。

中篇　平台交易结构的仿真实现

第4章　平台交易结构的一般模型

4.1　概　　述

4.1.1　基本变量

平台交易结构的一般模型，是对交易进行数学量化的过程。存在第三方成本（即交易成本）的情况下，考虑平台交易结构中的供给、需求关系，形成交易模型。平台交易结构的一般模型以交易量为因变量，对交易量产生影响的自变量，包括交易成本、卖家价格、买家价格、替代品价格、居民收入等。采用分布滞后的消费函数和供给函数，构造出市场均衡条件下的平台交易结构的变量关系，构成交易模型。根据 Stoll 提出的交易成本的描述对第三方成本进行量化，并将其代入到初始模型中，形成一般模型，该模型考虑卖方因素和买方因素以及第三方成本对交易的影响。

4.1.2　基本假设

(1)在平台交易结构的一般模型中，假设平台交易处于均衡状态，即消费者需求量等于卖家供给量，$DQ_t = Q$。

(2)在平台交易结构的一般模型中，交易成本为市场总交易成本(平台成本或第三方成本)，仅与成交量和买卖价差有关，不考虑其他因素的影响。

(3)在平台交易结构的一般模型中，各个卖家所提供的商品同质且价格相同，市场中不同买家的买价也相同，即所有卖家价格都为 p_j，所有买家价格都为 p_t，假设其为 0～100 的实数。

(4)在平台交易结构的一般模型中，在求解时，假设前期消费量 DQ_{t-1} 为固定值 500，使其在计算中产生循环。

(5)在平台交易结构的一般模型中，该商品的替代品有且仅有一个，其价格为 p_t'，$p_t' \in [0,100]$。

(6)在平台交易结构的一般模型中，居民收入 Y_t 为平均收入，是 0～10000 的整数。

4.2　一般模型的基本函数

4.2.1　消费函数

由 Nerlove 的分布滞后函数推导出消费函数。

分布滞后函数一般形式为

$$y_t = \alpha + \beta \sum_{i=1}^{\infty} (1-\lambda)\lambda^i x_{t-i} + \varepsilon_t = \alpha + \beta B(L)x_t + \varepsilon_t \tag{4.1}$$

其中

$$B(L) = (1-\lambda)(1 + \lambda L + \lambda^2 L^2 + \lambda^3 L^3 + L) = \frac{1-\lambda}{1-\lambda L} \tag{4.2}$$

局部调整函数描述 y_t 的理想水平为

$$y_t^* = \alpha + \beta x_t + \delta \omega_t + \varepsilon_t \tag{4.3}$$

调整方程为

$$y_t - y_{t-1} = (1+\lambda)(y_t^* - y_{t-1}) \tag{4.4}$$

如果将方程中的 y_t 解出并带入 y_t^* 方程中，便可以得到

$$\begin{aligned} y_t &= \alpha(1-\lambda) + \beta(1-\lambda)x_t + \delta(1-\lambda)\omega_t + \lambda y_{t-1} + (1-\lambda)\varepsilon_t \\ &= \alpha' + \beta' x_{t-1} + \delta' \omega_t + \lambda y_{t-1} + \varepsilon_t' \end{aligned} \tag{4.5}$$

在这个修订的表达式中，x_t 和 ω_t 的短期乘数为 β' 和 δ'。长期效应为 $\beta = \beta'/(1-\lambda)$ 和 $\delta = \delta'/(1-\lambda)$。若采用对数形式，则这些效应分别是短期和长期弹性。消费函数可以表述为

$$\log(DQ_t) = a_0 b + a_1 b \log(p_t) + (1-b)\log(DQ_{t-1}) + a_2 b \log(p_t') + a_3 b \log(Y_t) \tag{4.6}$$

其中，DQ_t 为当期消费量；DQ_{t-1} 为前期消费量；p_t 为当期买价；p_t' 为当期替代品价格；Y_t 为当期城乡居民收入。b 为消费量的调整弹性，$a_1 b$ 为短期价格弹性，a_1 为长期价格弹性。$a_2 b$ 为替代品的短期价格弹性，$a_3 b$ 为收入弹性。

将式(4.6)去对数得

$$DQ_t = X^{a_0 b} \cdot p_t^{a_1 b} \cdot DQ_{t-1}^{1-b} \cdot p_t'^{a_2 b} \cdot Y_t^{a_3 b} \tag{4.7}$$

其中，X 为大于 1 的无关常数，设定其为 1。由式(4.7)可知，当短期价格弹性大于等于 1 时，消费量随着商品买价的增大而增大，当短期价格弹性小于 1 时，消费量随着商品买价的增大而减小；当消费量的调整弹性大于 2 时，消费量随着前

期消费量的增大而增大，反之，消费量随着前期消费量的增大而减小(因前期消费量与当期消费量在函数中构成了循环，把前期消费量设定为固定值)；当替代品的短期价格弹性大于 1 时，消费量随着替代品价格的增大而增大，反之则随着替代品价格的增大而减小；当居民收入弹性大于 1 时，消费量随着居民收入的增大而增大，反之则随着居民收入的增大而减小。

4.2.2　供给函数

采用 Menezes 和 Quiggin[88]提出的公式，假设各个卖家销售的都是其市场所需求的同质商品。

$$p = a - Q \tag{4.8}$$

其中，p 为市场价格，$a>0$ 为衡量市场规模的参数，行业产出 Q 是所有个体产出 q_i 的总和，则 $Q = \sum_{i=1}^{n} q_i$。

卖家 i 的成本函数为

$$C_i = cq_i, \quad c \in (0, a) \tag{4.9}$$

单个卖家的供给函数为

$$q_i = \alpha_i - \frac{c}{n} + \beta(p - c) \tag{4.10}$$

其中，$\alpha_i > 0$ 是战略变量，$\beta \geq 0$ 是适用于所有卖家的恒定斜率。

则市场供给量函数为

$$
\begin{aligned}
Q = \sum_{i=1}^{n} q_i &= \sum_{i=1}^{n} \left[\alpha_i - \frac{c}{n} + \beta(p - c) \right] \\
&= \sum_{i=1}^{n} \alpha_i - c + n\beta(p - c)
\end{aligned}
\tag{4.11}
$$

由上述公式可知，市场供给量与卖家数量、价格等变量有关，卖家数量越多，价格越大时，供给量越大。

4.2.3　交易成本

Stoll 认为，成交量和买卖价差是衡量交易成本的两个广泛使用的变量。买卖价差是根据卖价和买价之间的差异除以两个价格的中点计算得出的。

根据上述定义，假设：

$$c_j = \frac{2S \, |P_t - P_j|}{P_t + P_j} \tag{4.12}$$

其中，c_j 为交易成本；P_t 为买价；P_j 为卖价；S 为成交量。

当成交量越大时，交易成本也越大；当买卖价差越大时，交易成本越大。

4.3　一般模型的建立与特征值模拟

设定市场处于均衡状态，即消费量等于供给量，得到

$$X^{a_0 b} \cdot p_t^{a_1 b} \cdot DQ_{t-1}^{1-b} \cdot p_t'^{a_2 b} \cdot Y_t^{a_3 b} = \sum_{i=1}^{n} \left[\alpha_i - \frac{c}{n} + \beta(p_j - c) \right] \tag{4.13}$$

将交易成本函数进行变换，可以得到

$$\begin{cases} p_j = \dfrac{(2S - c_j)p_t}{2S + c_j}, & p_t \geqslant p_j \\[4mm] p_j = \dfrac{(2S + c_j)p_t}{2S - c_j}, & p_t < p_j \end{cases} \tag{4.14}$$

将 p_j 变量代入式 (4.13) 中，得到下述交易模型：

$$\begin{cases} S = \dfrac{A+1}{2(1-A)} c_j, & p_t \geqslant p_j \\[4mm] S = \dfrac{A+1}{2(A-1)} c_j, & p_t < p_j \end{cases} \tag{4.15}$$

其中

$$A = \frac{X^{a_0 b} \cdot p_t^{a_1 b} \cdot DQ_{t-1}^{1-b} \cdot p_t'^{a_2 b} \cdot Y_t^{a_3 b} + (n\beta + 1)c - \sum\limits_{i=1}^{n} \alpha_i}{n\beta p_t} \tag{4.16}$$

当其他变量不变时，成交量是一个与交易成本成线性正相关的函数，成交量随着交易成本的增大而增大。成交量与其他变量的关系较为复杂。

在求解过程中，发现当 $p_t \geqslant p_j$ 时，成交量 S 为负数，不符合实际情况，故在下述讨论中，不讨论这种情况。重点研究 $p_t < p_j$ 时的情形。

4.3.1　变量设定

使用 MATLAB 对模型进行数值模拟并绘图，在程序代码中，变量设定如表 4.1 所示。

表 4.1 模型变量设定表

变量名称	变量意义	属性
b	消费量的调整弹性	$0 \leqslant b \leqslant 2$
a_1	长期价格弹性	$0 \leqslant a_1 \leqslant 2$
a_2	替代品的长期价格弹性	$0 \leqslant a_2 \leqslant 2$
a_3	居民收入弹性	$0 \leqslant a_3 \leqslant 2$
X	无关常数	1
p_t	买方价格	$0 \leqslant p_t \leqslant 100$
DQ_{t-1}	前期消费量	500
p_t'	替代品价格	$0 \leqslant p_t' \leqslant 100$
Y_t	居民收入	$0 \leqslant Y_t \leqslant 10000$
α_i	卖家 i 的供给量参数	$0 \leqslant \alpha_i \leqslant 1000$
n	卖家数量	$1 \leqslant n \leqslant 10$，$n$ 为整数
c	卖家 i 的成本参数	$0 \leqslant c \leqslant 100$
β	卖方恒定斜率	$0 \leqslant \beta \leqslant 10$
p_j	卖方价格	$0 \leqslant p_j \leqslant 100$
c_j	交易成本	$0 \leqslant c_j \leqslant 100$

在模型中，b 为消费量的调整弹性，设定 $b \in [0,2]$；a_1 为该商品的长期价格弹性，$a_1 \in [0,2]$；a_2 为该商品替代品的长期价格弹性，$a_2 \in [0,2]$；a_3 为居民收入弹性，$a_2 \in [0,2]$。以上弹性变量在模型中均为指数，若数值过大，会使计算过程中数值过大而导致计算缓慢甚至崩溃，故在基础模型中将其定义为 0～2 的随机数。X 为简化消费函数过程中产生的无关变量，在此设定其值为 1，不影响函数数值。p_t 为该商品的买方价格，$p_t \in [0,100]$；p_j 为卖方价格，$p_t \in [0,100]$；p_t' 为该商品的替代品价格，$p_t' \in [0,100]$。以上为价格变量，在基础模型中设定其为 0～100 的随机数。DQ_{t-1} 为前一期消费量，若其为变量，会使模型在运算中产生循环，故在模型中设定其为固定值 500。Y_t 为居民收入，$Y_t \in [0,10000]$，是 0～10000 的随机整数。α_i 为卖家 i 的供给量参数，影响卖家供给量，$\alpha_i \in [0,1000]$，是 0～1000 的随机整数。n 为卖家数量，$n \in [1,10]$，是 1～10 的随机整数。c 为卖家 i 的成本参数，影响卖家的成本和供给量，$c \in [0,100]$，是 0～100 的随机数。β 为卖方恒定斜率，影响供给量，$\beta \in [0,10]$，是 0～10 的随机数。c_j 为交易过程中产生的交易成本，$c_j \in [0,100]$，是 0～100 的随机数。

4.3.2 成交量与交易成本

由式 (4.9) 和式 (4.12) 都可看出交易成本与成交量成正相关，此处的交易成本为总交易成本，则当成交量越大时，交易成本越大。用 MATLAB 对函数进行定义并绘图，如图 4.1 所示。

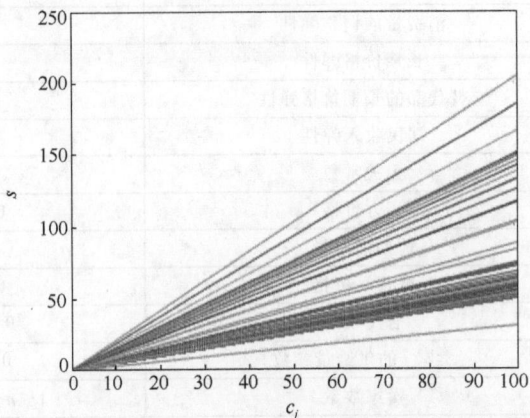

图 4.1　成交量与交易成本的关系图（见彩图）

图 4.1 是成交量与交易成本的关系图，可以证实交易成本是随成交量的增大而增大的变量。在模型中，将买卖价格、价格弹性、卖家数量、收入弹性等设定为大于 0 的随机变量，随机选取 50 组不同变量，其他变量对交易量的影响表现为斜率的大小，其单个变量对成交量的影响在下文讨论中将继续进行探索。

4.3.3　成交量与销售者数量

如图 4.2～图 4.3 所示，销售者数量为自变量，成交量为因变量，其他变量为随机变量，影响其变化趋势。随机选取了 30 组数据，得到以下结论：成交量有两种变化趋势，一是随卖家数量的增大而增大，二是随销售者数量的增大而减小。

经过对数据的分析得到，当 $X^{a_0 b} \cdot p_t^{a_1 b} \cdot DQ_{t-1}^{1-b} \cdot p_t'^{a_2 b} \cdot Y_t^{a_3 b} > \sum_{i=1}^{n} \left(\alpha_i - \dfrac{c}{n} - \beta c \right)$ 时，图形呈上升趋势，当 $X^{a_0 b} \cdot p_t^{a_1 b} \cdot DQ_{t-1}^{1-b} \cdot p_t'^{a_2 b} \cdot Y_t^{a_3 b} < \sum_{i=1}^{n} \left(\alpha_i - \dfrac{c}{n} - \beta c \right)$ 时，图形呈下降趋势。

由式 (4.13) 可得，当 $X^{a_0 b} \cdot p_t^{a_1 b} \cdot DQ_{t-1}^{1-b} \cdot p_t'^{a_2 b} \cdot Y_t^{a_3 b} > \sum_{i=1}^{n} \left(\alpha_i - \dfrac{c}{n} - \beta c \right)$ 时，市场处于均衡或需求过剩状态，消费量大于等于供给量，当更多的卖家进入时，成交量上升。当 $X^{a_0 b} \cdot p_t^{a_1 b} \cdot DQ_{t-1}^{1-b} \cdot p_t'^{a_2 b} \cdot Y_t^{a_3 b} < \sum_{i=1}^{n} \left(\alpha_i - \dfrac{c}{n} - \beta c \right)$ 时，市场处于供给过剩状态，消费量小于供给量，当更多的卖家进入时，会引起成交量下降。

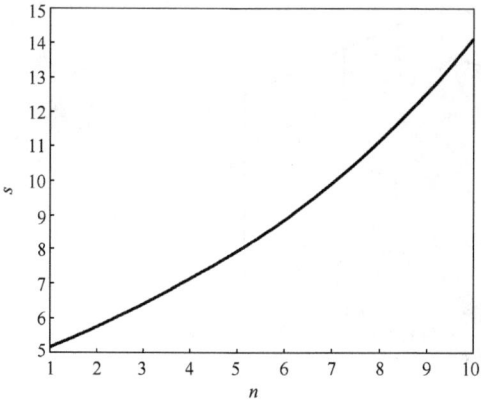

图 4.2　成交量随销售者数量增大而增大

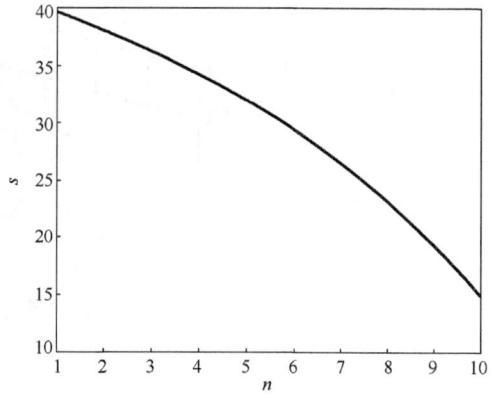

图 4.3　成交量随销售者数量增大而下降

4.3.4　交易成本、成交量与销售者数量

将交易成本和卖家数量作为自变量，绘制出成交量与交易成本和卖家数量的三维图，如图 4.4～图 4.7 所示。

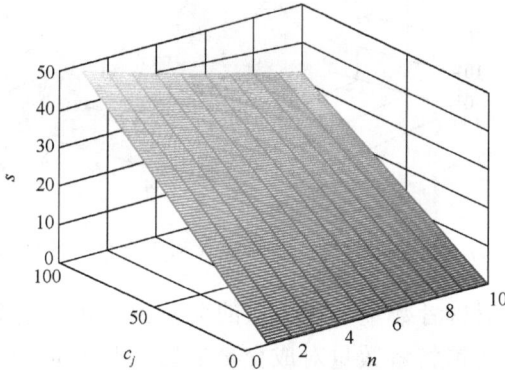

图 4.4　销售者数量、交易成本和成交量三维图(1)

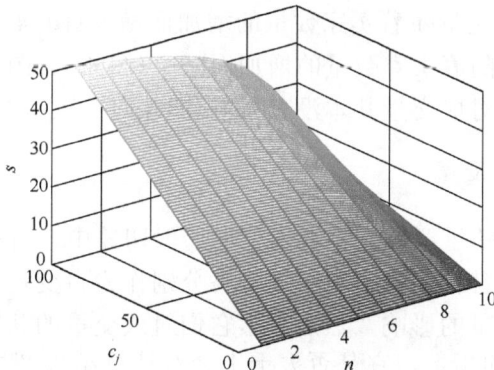

图 4.5　销售者数量、交易成本和成交量三维图(2)

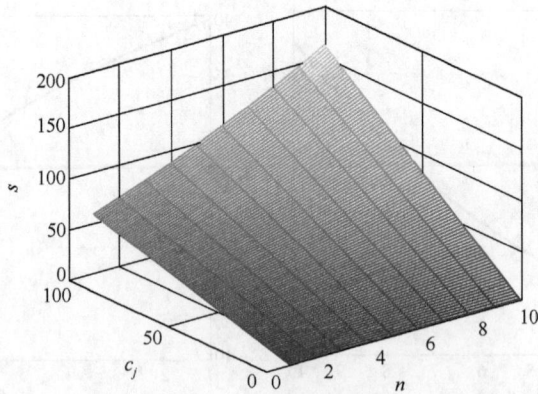

图 4.6　销售者数量、交易成本和成交量三维图(3)

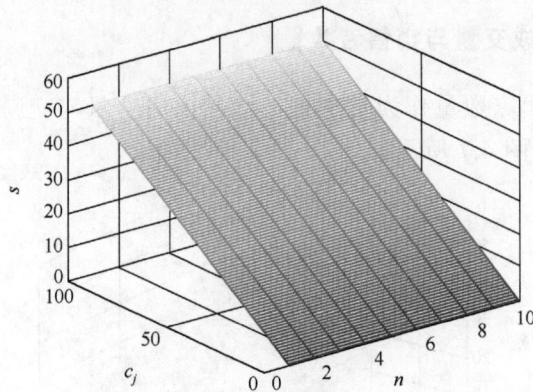

图 4.7　销售者数量、交易成本和成交量三维图(4)

选取交易成本和销售者数量与成交量的关系图，可以看到，成交量随着交易成本的增大而增大，而销售者数量对成交量的影响是不定的，一定条件下随着销售者数量的增大而增大，一定条件下随着销售者数量的增大而减小。当市场处于需求过剩状态时，成交量随着卖家数量的增加而增大(图 4.6)；当市场处于供给过剩状态时，成交量随着卖家数量的增加而减小(图 4.4、图 4.5)；当市场处于均衡状态时，卖家数量对成交量基本没有影响(图 4.7)。

4.3.5　买方价格与成交量

价格是影响交易的重要因素，在人们的一般印象中，价格的增加会导致交易量的下降。在此，将替代品价格和买方价格分别作为自变量，探索买方价格和替代品价格分别对成交量的影响，然后探索它们对成交量的共同作用。

$a_i b$ 是买方价格的指数，它是否大于 1 会对计算结果产生影响。将 p_i 设定为

1～100 的整数，当 $a_1b < 1$ 时，$p_t^{a_1b}$ 的斜率逐渐增大；当 $a_1b > 1$ 时，$p_t^{a_1b}$ 的斜率逐渐减小。在下面的研究中，选取了 $a_1b > 1$ 和 $a_1b < 1$ 时的几个特征值，分别为 0.5、0.8、1.5 和 1.8，来研究买方价格与成交量的关系，结果分别如图 4.8～图 4.11 所示。

(1) $a_1b = 0.5$。

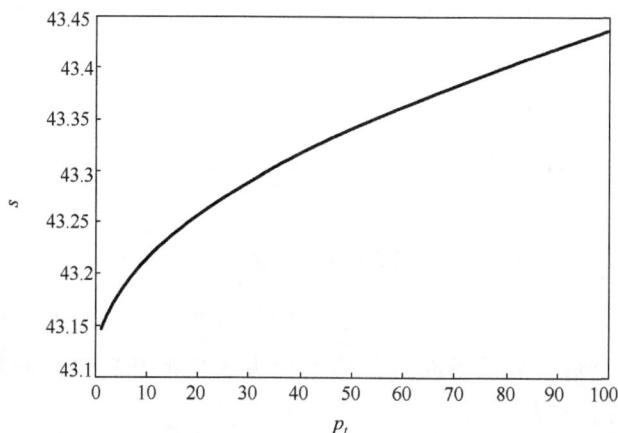

图 4.8　　$a_1b = 0.5$ 时买方价格和成交量的关系图

由图 4.8 可知，当 $a_1b = 0.5$ 时，成交量随买方价格的增大而增大。

(2) $a_1b = 0.8$。

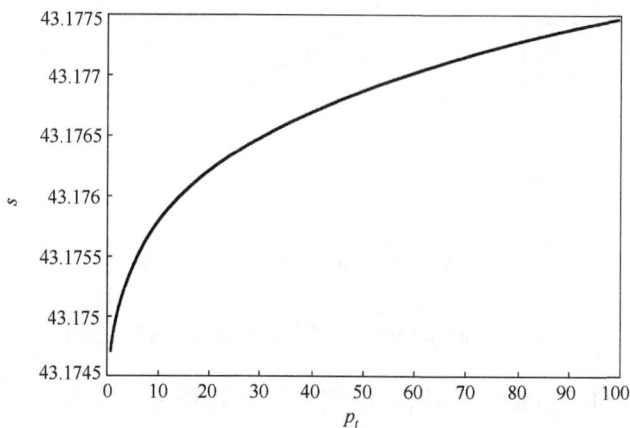

图 4.9　　$a_1b = 0.8$ 时买方价格和成交量的关系图

由图 4.9 可知，当 $a_1b = 0.8$ 时，成交量也随着买方价格的增大而增大。

(3) $a_1b = 1.5$。

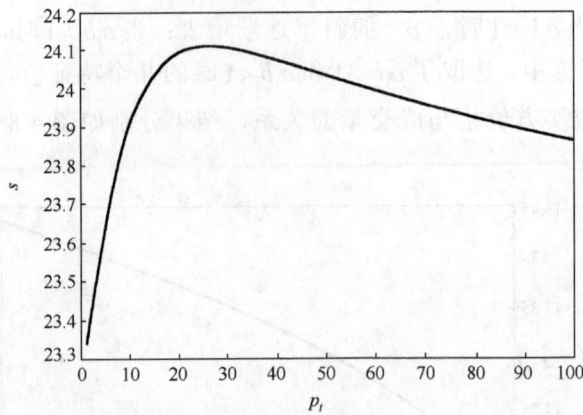

图 4.10　$a_1b = 1.5$ 时买方价格和成交量的关系

　　由图 4.10 可知，当 $a_1b = 1.5$ 时，成交量随着买方价格的增大而增大，虽然在一定条件下，成交量会先随着买方价格的增大而呈上升趋势，但随后还是会随着买方价格的增大而下降。

　　(4) $a_1b = 1.8$。

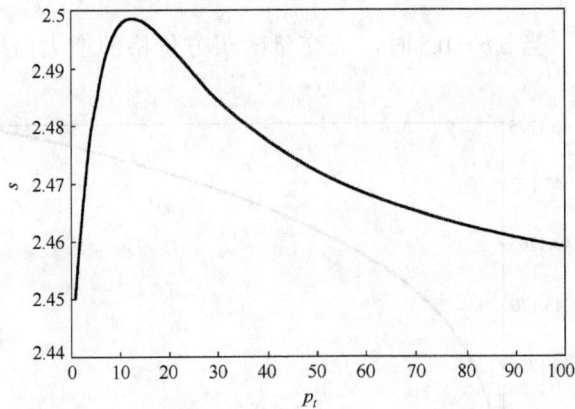

图 4.11　$a_1b = 1.8$ 时买方价格和成交量的关系图

　　由图 4.11 可知，当 $a_1b = 1.8$ 时，成交量的变化趋势基本与 $a_1b = 1.5$ 时的趋势相同，随着买方价格的上升，成交量大致呈下降趋势。在特定条件下，成交量会先随买方价格上升而上升的趋势，随后下降。

　　由上述研究可知，当商品的短期价格弹性小于 1 时，成交量会随着买方价格的上升而上升；当商品的短期价格弹性大于 1 时，成交量会随着买方价格的上升而下降(在特定条件下，成交量会先随买方价格的上升而上升，到达最大值后随着买方价格的上升而下降)。

4.3.6 替代品价格与成交量

与买方价格相同，研究替代品价格对成交量的影响时，也将分成其短期价格弹性大于 1 和小于 1 两种情况。设定 $p'_t \in [1,100]$，在 $0 \sim 2$ 中，选取特征值 0.5、0.8 和 1.5，结果分别如图 4.12～图 4.14 所示。

(1) $a_2 b = 0.5$。

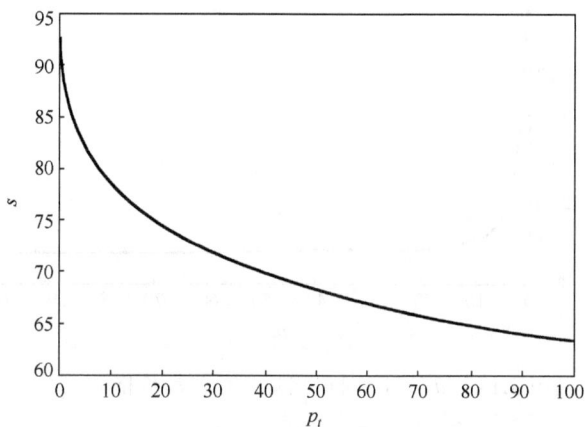

图 4.12　$a_2 b = 0.5$ 时成交量与替代品价格的关系

由图 4.12 可知，当 $a_2 b = 0.5$ 时成交量会随着替代品价格的上升而下降，且都为凹曲线，当替代品价格较小时，替代品价格上升，成交量下降幅度越大，随着替代品价格的上升，成交量下降幅度逐渐减小，趋于平稳。

(2) $a_2 b = 0.8$。

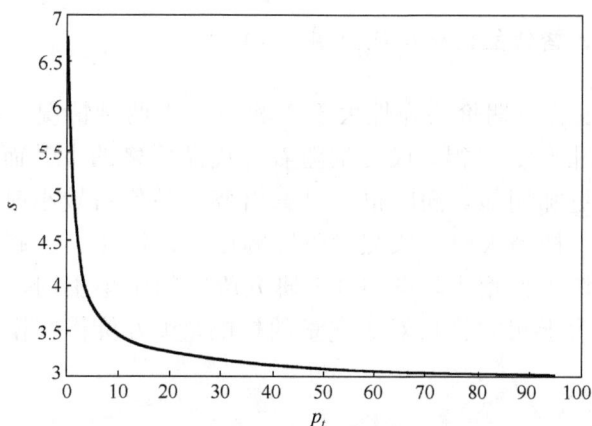

图 4.13　$a_2 b = 0.8$ 时成交量与替代品价格的关系

由图 4.13 可知，$a_2b = 0.8$ 时成交量随着替代品价格的上升而下降，前期下降幅度比 $a_2b = 0.5$ 时更大，后期更加平稳。

（3）$a_2b = 1.5$。

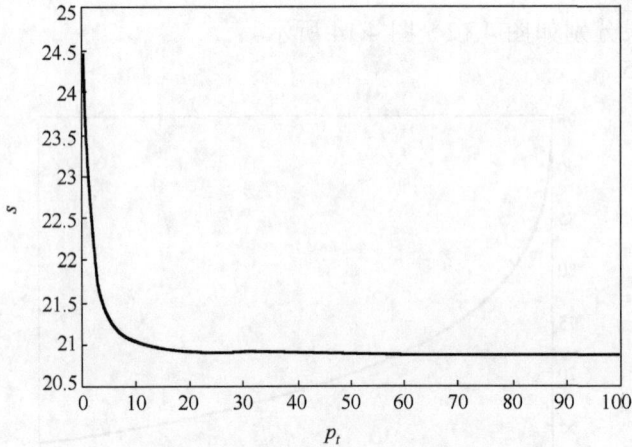

图 4.14　$a_2b = 1.5$ 时成交量与替代品价格的关系

由图 4.14 可知，当 $a_2b = 1.5$ 时成交量随着替代品价格的上升而下降，替代品价格越小，下降趋势越陡，替代品价格越大，下降趋势越缓，甚至趋于与横坐标轴平行，即成交量不变。

由上述研究可知，无论替代品价格的短期价格弹性大于 1 还是小于 1，成交量都随着替代品价格的上升而下降，随着短期价格弹性的上升，成交量前期下降幅度越大，后期越平稳。

4.3.7　买方价格、替代品价格与成交量

考虑买方价格的短期价格弹性大于 1 和小于 1 两种情况，两种情况下生成的趋势相同。由图 4.15 可得，成交量随着替代品价格的上升而下降，其趋势在买方价格较大时更加明显。同时也可以看出替代品价格较小时，成交量下降幅度更大，替代品价格增大时，成交量下降幅度逐渐减小，并趋于平稳。成交量随着买方价格的增大而增大，与 4.3.5 研究所得的结果不同，可知替代品价格对成交量的影响大于买方价格对成交量的影响，买方价格在模型中的作用显现不明显。

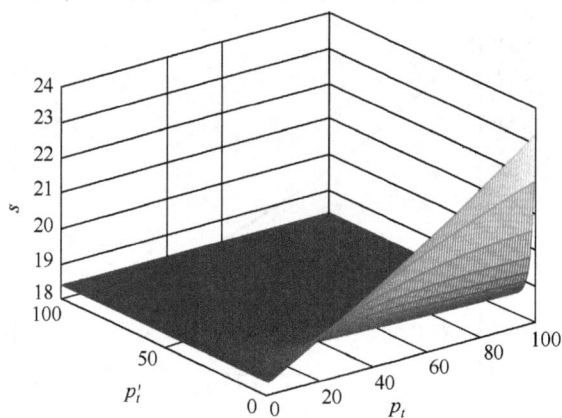

图 4.15　买方价格和替代品价格与成交量的关系

4.3.8　居民收入与成交量

（1）$a_3b = 0.5$，$Y_t \in [1,10000]$。

由图 4.16 可得，当 $a_3b = 0.5$，$Y_t \in [1,10000]$ 时，随着居民收入增加，成交量呈下降趋势，对于成交量数额来说，其下降幅度不大。

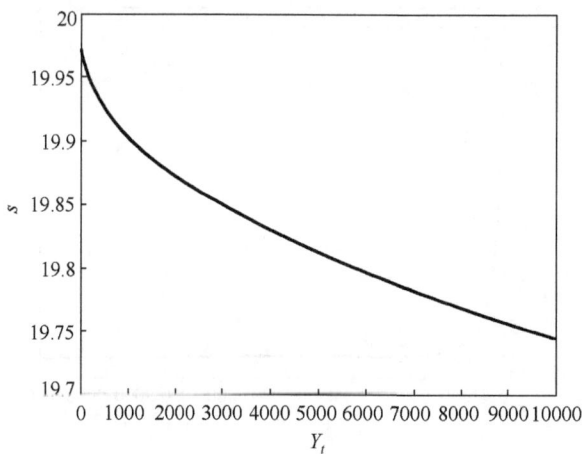

图 4.16　$a_3b = 0.5$，$Y_t \in [1,10000]$ 时居民收入与成交量的关系

（2）$a_3b = 0.5$，$Y_t \in [10000, 20000]$。

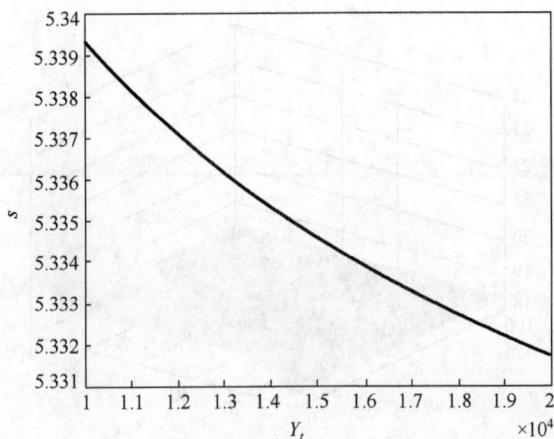

图 4.17　　$a_3b = 0.5$，　$Y_t \in [10000, 20000]$ 时居民收入与成交量的关系

由图 4.17 可得，当 $a_3b = 0.5$，$Y_t \in [10000, 20000]$ 时，成交量随居民收入的增加而减小，与 $a_3b = 0.5$，$Y_t \in [1, 10000]$ 时相比，其减小的幅度更小。

（3）$a_3b = 1.5$，$Y_t \in [1, 10000]$。

由图 4.18 可得，当 $a_3b = 1.5$，$Y_t \in [1, 10000]$ 时，成交量曲线基本与横坐标平行，在居民收入小于 1000 甚至更小时会有一定下降趋势，后期基本平稳。

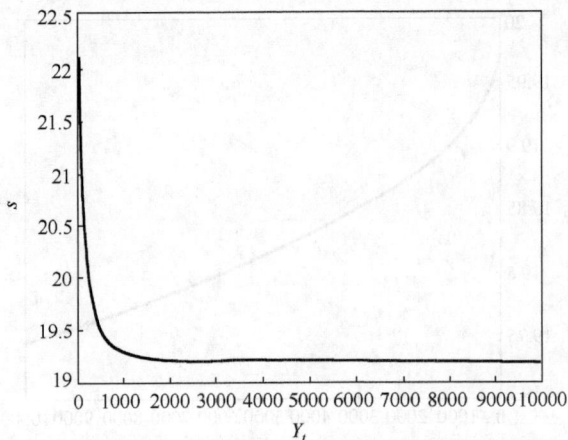

图 4.18　　当 $a_3b = 1.5$，$Y_t \in [1, 10000]$ 时居民收入与成交量的关系

对比上述三个研究，发现当 $a_3b < 1$ 时，成交量随着居民收入的增加而减小，当居民收入越大时，其对成交量的影响越小；当居民收入的收入弹性越大时，其对成交量的影响也越小。

4.3.9　居民收入、交易成本与成交量

如图 4.19 所示，居民收入对成交量基本无影响，在少数情况下，居民收入较低会使成交量下降，在居民收入较高时回复平稳。在三维图中，交易成本对成交量的作用更加明显，说明交易成本对成交量的影响大于居民收入的影响。

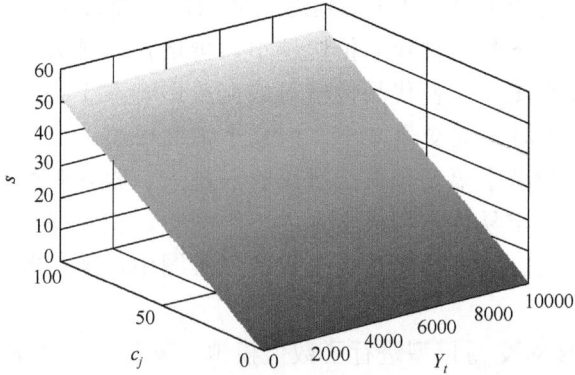

图 4.19　居民收入和交易成本与成交量的关系

4.3.10　居民收入、买方价格与成交量

由图 4.20 可得，当买方价格增大时，成交量随着买方价格的增大而增大；当居民收入较小时，成交量随居民收入的增加而减小，变化较明显，当居民收入较大时，成交量基本不随居民收入的增大而变动。从整体来看，图形中有较大部分趋近于平面，可知居民收入对成交量的影响比买方价格对成交量的影响大。

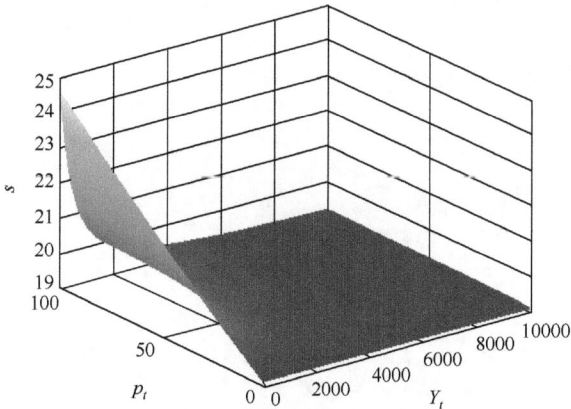

图 4.20　居民收入和买方价格与成交量的关系

4.4　数值模拟的结果分析

当买方价格的短期价格弹性小于 1 时, 成交量会随着买方价格的上升而上升; 当价格弹性大于 1 时, 成交量会随着买方价格的上升而下降(在一定条件下, 成交量会先随着买方价格的上升而上升, 到达最高点后转变为下降)。当替代品价格上升时, 成交量会随之下降, 替代品价格越小, 价格弹性越大时, 成交量下降幅度越大。在两者的三维图中, 替代品价格对成交量影响大于买方价格的影响。

当居民收入增大时, 成交量减小, 但减小幅度很小。居民收入越小, 收入弹性越小时, 成交量的减小幅度越大; 居民收入越大, 收入弹性越大时, 成交量越平稳。在居民收入、交易成本和成交量的三维图中, 交易成本对成交量的影响更加显著; 在居民收入、买方价格和成交量的三维图中, 居民收入对成交量的影响更为显著。

使用 MATLAB 对交易模型进行了数值模拟, 探索成交量在交易成本、卖家数量、买方价格、替代品价格、居民收入单个变量或两个变量共同影响下的结果, 发现交易成本对成交量有正影响, 呈线性相关。当市场处于供给过剩状态时, 卖家数量增加会使成交量增加; 当市场处于均衡状态时, 卖家数量对成交量基本无影响; 当市场处于需求过剩状态时, 卖家数量增加会使成交量下降。在交易成本、卖家数量和成交量的三维图中, 交易成本的影响占主导地位。

第5章 双边交叉交易模型

5.1 概　　述

5.1.1 双边交叉交易的概念模型

平台交易结构，由销售者和消费者两方主体以及交易平台中形成的、由交易连接起来的节点共同构成，其中，交易平台作为受影响且具有一定主动性的环境信息在概念模型中也以节点的形式存在。故交易平台、销售者和消费者的属性信息分别构成各自的节点属性，每个参与者在模型中都有标志其是一个单独个体的ID，关系则是交易平台、销售者和消费者在假设条件下形成固定比例关系，一个消费者在某时刻只能对应一个平台和一个销售者，一个销售者在某时刻只能对应一个平台和一个消费者，平台则在某时刻可以对应多个销售者和多个消费者。关联是表示主体与主体之间的特殊关系属性或者是行为关系，比如消费者选择交易平台、消费者选择交易销售者等。交叉网络效应描述的是，平台交易的销售者规模和消费者规模之间的非线性关系。若销售者的价格和质量等决策受到交易平台另一边消费者规模的影响，则表明交易平台一边消费者规模对同一交易平台另一边的销售者具有交叉网络效应。因此，平台交易对于双边用户的产生的吸引力，取决于双边用户的规模，也就是说交易平台的吸引力是当前它的用户集及其当前用户基数的函数。

平台交易双边交叉结构概念模型构建要素，包括节点（Node）、节点属性（Attribute）、节点标识（Identifiers）、关系（Relationship）、关联（Association）。交叉网络外部性强度影响下的交易概念模型如图 5.1 所示。

5.1.2 平台交易结构的模型变量描述

平台交易结构的概念模型，涉及的主要变量如下。

（1）依据消费者属性信息，提取对应的相关变量。

x_1：消费者期望交易价格。

x_2：消费者期望交易费用。

x_3：消费者的质量期望。

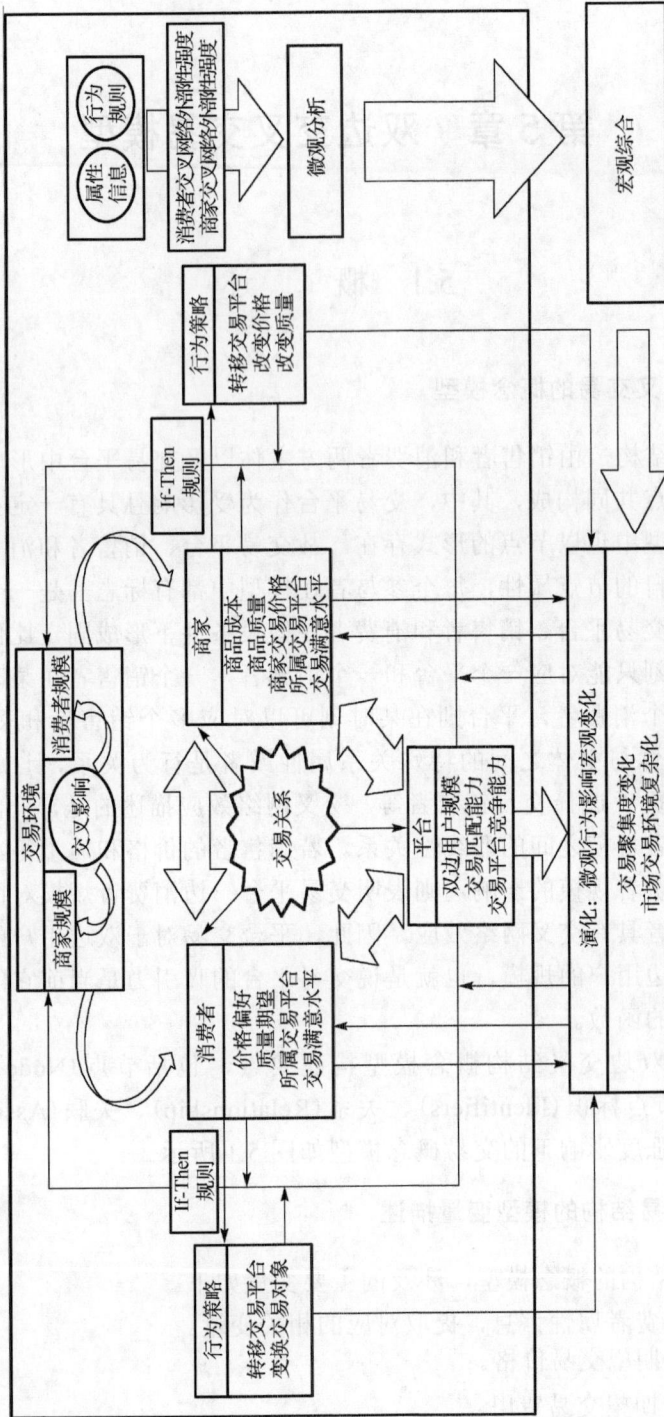

图 5.1　双边交叉交易的概念模型

x_4:消费者的所属平台。

x_5:消费者的最高承受价格。

x_6:消费者的满意水平。

x_7:消费者是否转移交易平台。

x_8:消费者交易与否信息。

x_9:消费者的实际交易费用。

x_{10}:消费者的价格敏感性。

(2)依据销售者属性信息，提取对应的相关变量。

y_1:销售者交易价格。

y_2:销售者期望交易费用。

y_3:销售者提供产品的质量水平。

y_4:销售者的所属平台。

y_5:销售者的交易折扣系数。

y_6:销售者的满意水平。

y_7:销售者是否转移交易平台。

y_8:销售者交易与否信息。

y_9:销售者实际交易费用。

y_{10}:销售者与平台的协议选择。

y_{11}:销售者的成本。

y_m^i:销售者的交易量$(m=1, 2, \cdots, 20)$。

(3)依据平台与交易特征，提取其他变量。

z_c^i:i 的消费者规模。

z_s^i:i 的销售者规模。

$C_A(t)$:t 时刻交易平台 A 的消费者规模。

$C_B(t)$:t 时刻交易平台 B 的消费者规模。

$S_A(t)$:t 时刻交易平台 A 的销售者规模。

$C_B(t)$:t 时刻交易平台 B 的销售者规模。

$Q^i(t)$:t 时刻交易平台 i 的交易量。

基于以上平台交易结构的概念模型以及模型变量的描述，变量之间主要关系如式(5.1)所示。

$$\begin{cases} x_7 \sim f_1(x_1, x_2, \cdots, x_7, x_9, x_{10}, x_{11}, y_1, \cdots, y_{11}, z_c^i, z_s^i) \\ x_8 \sim f_2(x_1, x_2, \cdots, x_8, x_{10}, y_1, \cdots, y_{11}, z_c^i, z_s^i) \\ y_7 \sim f_4(x_1, x_2, \cdots, x_8, x_{10}, y_1, y_2, \cdots, y_7, y_9, y_{10}, y_{11}, z_c^i, z_s^i) \\ y_8 \sim f_5(x_1, x_2, \cdots, x_{11}, y_2, \cdots, y_7, y_8, y_{10}, y_{11}, z_c^i, z_s^i) \end{cases} \quad (5.1)$$

其中，$i = $ A平台或B平台，z_c^i、z_s^i 属于系统控制变量，在系统仿真的整个过程都不发生变化，其他变量则作为标识系统变化规律的状态变量，对仿真环境中作为主体的属性信息进行统计，x_7、x_8、y_7、y_8 则受到其他状态变量的直接影响。

在平台交易结构中，定义双边市场用户的满意度计算用户平均满意水平。通过拓展 Amstrong 基础模型[18]，结合式 (5.1) 与式 (5.2) 以及影响平台交易用户效用的其他变量，重新定义在平台交易中消费者与销售者的效用如式 (5.2) ~ 式 (5.3)所示。

$$U_c^i = a^c(\alpha) \cdot W_i(z_s^i) + W_i(x_{10}) + W_i(y_4) + I \cdot W_i(y_2) - p_c^i \tag{5.2}$$

$$U_s^i = a^S(\alpha) \cdot W_i(z_c^i) + W_i(y_{10}) + I \cdot W_i(y_6) - p_s^i \tag{5.3}$$

$$I = \begin{cases} 0, & \text{表示有交易发生} \\ 1, & \text{表示无交易发生} \end{cases}$$

假设平台 i 的交易规模用 Q^i 表示，则

$$Q^i = W_i(z_c^i \cdot z_s^i) + \pi \cdot W_i(y_2, y_6), \quad \pi \in (0,1) \tag{5.4}$$

可以看出平台双边用户的规模是决定了平台交易规模的主要因素。

交易平台追求的利益目标函数如式 (4.5) 所示。

$$\max P_i(t) = (p_c^i - C_c^i)C_i(t) + (p_s^i - C_s^i)C_i(t) + w_i(Q^i) - F_i \tag{5.5}$$

其中，$x_9 \to p_c^i$，$y_9 \to p_s^i$，F_i 是交易平台 i 的固定成本，$w_i(Q^i)$ 是一个表示交易量与交易量给交易平台带来的利益之间的关系，是具有一定系统随机性变化的函数。

用 $\mathrm{CCN}(t)$ 衡量平台交易结构中的每个销售者的交易聚集系数，$\overline{\mathrm{CCN}}(\mathrm{normal})$ 衡量整个双边市场正常交易聚集系数，具体描述如式 (5.6) 与式 (5.7) 所示。

$$\mathrm{CCN}(t) = \frac{y_m^i}{C_i(t)} \tag{5.6}$$

$$\overline{\mathrm{CCN}}(\mathrm{normal}) = \frac{\dfrac{S_A(t)}{C_A(t)} + \dfrac{S_B(t)}{C_B(t)}}{2} \tag{5.7}$$

从时刻 $t \to t+1$ 的平台交易结构状态迭代的演化规律，如式 (5.8) ~ 式 (5.9)所示。

$$M(t) = (C_A(t), C_B(t), S_A(t), S_B(t)) \tag{5.8}$$

$$M(t+1) = \mathcal{F}(M(t)) \tag{5.9}$$

其中，$\mathcal{F}$ 是一个随机函数，由于考虑交叉网络外部性强度因素的影响，故主要仿真变量 $a^c(\alpha)$、$a^S(\alpha)$ 的变化时，U_c^i、U_s^i、Q^i 等所处的市场状态 $M(t)$ 所对应的系统整体变化趋势。

5.2　平台交易结构的机理分析

交叉网络外部性强度，主要是描述双边交叉结构的交易中，平台双边用户规模与双边用户获得的价值之间的关系，不仅是平台交易结构形成的基础，同时也是双边市场的交易价格、规模效应形成的重要驱动因子。以下考虑交叉网络外部性强度从复杂网络视角、适应性视角、博弈视角对平台交易机理进行分析。

5.2.1　参与者主体关系的交易机理

在双边交叉结构中，交易平台和交易平台双边用户——消费者与销售者不断地进行着资源和信息的交互，这种交互是以追求自身利益最大化为前提，以交易为基础而形成的相互作用。作为平台交易结构中的参与者、消费者、销售者在关系网络中形成个体节点，交易平台作为市场环境的一部分，作为节点存在于网络。

在双边交叉结构的平台交易中，主体之间的交易关系作为连线从而形成网络结构。可以映射为一个平台交易结构的复杂网络，$G = \{n, E\}$，节点集 $N = (N1, N2)$，表示网络中节点的状态信息，分别对应消费者节点、销售者节点，n 表示网络中的节点个数，在这里，$n = 1020$，E 表示的是交易连接数目。

由于交叉网络外部性强度的存在，交易平台一边用户规模的差异将引起另一边用户规模和效用价值的差异，因此各个节点的属性信息和行为规则不仅仅影响到交易节点的生成，也影响到交易节点属性信息的变化，进而影响到市场交易状态，引起平台交易结构的网络中节点的聚集系数（Clustering Coefficient，CC）变化，影响网络结构的形成。一个节点 N 的聚集系数定义如下：

$$N = \frac{E_{N,\text{real}}}{E_{N,\text{tot}}} \tag{5.10}$$

N 的邻居是网络中已经与节点 N 连接的邻居，$E_{N,\text{real}}$ 是与 N 形成交易关系的邻居节点个数, $E_{N,\text{tot}}$ 是与节点 N 形成连接的最大邻居节点数。在平台交易结构的网络关系中, 双边用户规模增长对于自身具有正反馈作用, 由交叉网络外部性强度形成的需求规模经济带动整个市场的网络效应。

在以销售者、消费者作为节点, 以他们之间的关系作为连接的复杂网络中, 双边参与者的满意水平、价格敏感性、交易费用、商品成本、商品质量、交易折扣系数等属性信息的不同, 通过影响双边参与交易积极性、交易规模等因素, 不仅影响个体节点的生成与消失, 而且影响网络连接状态与交易节点的生成。

在交叉网络外部性强度影响下, 双边参与者规模达到一定的情况下, 交易平台作为影响主体活动市场演化趋势的因素之一, 主要以控制和影响价格为基础, 采取相应的以营利为目的的行为策略, 利用自身的匹配技术, 使得参与交易的个体节点对平台逐渐形成依赖性, 达到消费者和销售者双边垄断的结果。

一般情况下, 销售者节点目的是增大自身节点聚集度, 在网络中通过交易平台连接到另一边的消费者节点, 是交易价值收益较高的一边群体, 所以在交易平台制定的价格结构中处于劣势地位, 并且, 交易价格、交易规模受到平台影响, 销售者节点之间的聚集度出现差异化。

由于销售者与消费者在市场中的相互依赖交易关系是交叉网络外部性出现的直接诱因, 反过来, 不同强度下的交叉网络外部性将导致市场交易结构变化并影响平台交易结果异化程度。

5.2.2　系统结构关系的交易机理

根据复杂适应系统理论, 平台交易结构可以看作一个复杂适应系统, 该系统由环境、资源、适应性主体三要素构成, 即 $CAS = \{E, R, A\}$。这些要素相互作用, 相互影响, 共同形成平台交易结构的网络结构。其中, 环境是指平台交易结构所处的系统环境或边界条件。资源是指市场中一切可以用的物质资源和信息资源等; 适应性主体是指平台交易结构中具有适应性、自主性、移动性、协作性、有思维与学习能力的双边市场参与者, 他们为实现各自的目标与其他的系统参与者相互作用, 形成平台交易的关系结构, 影响市场交易结果的趋势。

双边交叉结构的交易结果, 是网络平台参与者的微观交互作用在宏观层面的表现。在双边交叉结构的交易中, 参与者之间的交互作用是很容易理解的, 但是微观交互作用对平台交易的影响却是不可预测的, 所以在平台交易结构的结果异化问题, 可以看作微观层面上参与者之间交互作用引起的涌现现象, 使得平台交易结构呈现具有涌现现象的复杂网络与复杂系统特征。

在双边交叉结构的交易中, 消费者与销售者的行为共同引发了交叉网络外部性, 而不同强度的交叉网络外部性以一种不同的特殊力量影响着双边用户的规模交易，平台的销售者规模随消费者规模的增长而呈现增长趋势，反过来消费者规模的增长也会随着销售者规模的增长而增长。与此同时，拥有大量消费者与销售者规模基数的交易平台比占有少量消费者与销售者规模基数的交易平台，在竞争中将拥有先天性的交易匹配优势。

在双边交叉结构的交易中，平台交易结构同时向双边市场参与者提供服务。故其收益首要来源为双边市场参与者提供服务的交易费用；收益次要来源为平台交易结构的销售者和消费者达成交易的交易费用，这部分交易费用是平台交易结构向销售者另外收取的费用。平台交易结构对其服务的定价策略以及交易费用是影响市场交易价格的直接因素，形成交易平台、销售者与消费者三者之间的利益分配关系的一个接口，也是影响消费者和销售者分布变化的重要因素。

在市场的运行过程中，在交叉网络效应的作用下，交易平台上对于任何一个用户群体的价值，很大程度上取决于另一边用户的数量，交易平台对双边的用户需求匹配得越好，交易平台的价值就越大，因此，交易平台会根据双边用户规模，并会根据用户规模结果决定交易折扣系数、最低交易价格与最高交易价格等与平台盈利和竞争策略的相关的关键指标。

销售者会根据对平台所能提供的消费者规模用户基数与潜在交易量的估计，决定是否和某个平台达成参与交易决策。在不同的时刻，各个参与主体的状态也会有所差异，对双边市场交易结果具有决定性的影响；"价值最大化"消费者每次交易力争事先的目标，也是评判交易成功与否的标识，所以，消费者在交易之前会事先形成一种期望价值，期望价值与获得实际价值的比较，是用户衡量是否得到"最大价值"的现实评判方法。

设 I 表示参与者拥有一定的属性信息和知识，S 表示参与者所拥有的行动策略集合，U 表示参与者的所得利益，参与主体的状态 $C=\{I,S,U\}$，由该时刻双边市场参与者的状态信息、"学习-适应-学习"机制以及一定的环境资源所决定，形成双边市场交易的抽象化复杂适应过程。

5.2.3　基于主体博弈关系的交易机理

在双边交叉结构的交易中，销售者、交易平台和消费者之间通过交易这一环节相互联系，由于主体关注的目标不同、具有的策略选择不同，考虑实际情况，各个参与者均采取对自己有利的行为策略，形成双边交叉结构的交易主体间的利益分配关系。

考虑交叉网络外部性强度因素对市场交易环境的影响，这里拟定市场中存在两个交易平台。首先重点剖析交易平台与交易平台之间的博弈对双边交叉结构交易的影响。交叉网络外部性强度使得任何一边用户规模增长是另一方用户规模的递增函数，因此能够拥有海量的双边用户规模是达成更多交易的有利条件，也是平台实现盈利的必要基础条件。在市场中双边用户数量有限的情况下，在现阶段的自身资源的条件下，如何采取行为策略以占有市场中的双边用户，如何提高交易匹配效率以实现交易规模最大化是平台之间博弈的核心，交易平台之间主要是根据占有的销售者与消费者规模，判断当前竞争能力，决定是否提高总体价格水平，并确定对应于销售者与消费者进行交易的价格结构。

其次考虑的是销售者与交易平台之间的博弈关系。在双边交叉结构交易中，交易平台一边是依赖于交易平台进行交易并形成一定黏性的销售者，一边是数量庞大但却一盘散沙的销售者，交易平台在拥有一定用户基数的基础上，相对于销售者力量更强大，使得二者力量悬殊，决定了交易平台与销售者之间的谈判能力非对等性的博弈关系，这样的关系影响彼此行为策略的选择，动态影响市场交易环境，并且产生蝴蝶效应。因此，为了追求自身利益最大化，销售者和交易平台根据交叉网络外部性强度带来的网络效应以及其他市场信息状态，围绕销售者设置的交易价格、交易价格折扣系数、交易规模、销售者提供的商品质量等因素在各个阶段进行博弈。

最后考虑的是销售者与销售者之间的博弈关系。由于不同销售者的属性信息（如单位成本、交易折扣系数等）不同，销售者为了保证自己的交易量获得比较满意的收益，倾向于将交易价格偏离正常平均价格水平，从而使得同质商品出现不同的价格。每个时间周期销售者都对自身的交易情况进行判断，通过参考当前周期其他销售者制定的交易价格以及自身的其他属性信息，结合本周期自身制定的交易价格，将其作为自己下一周期设置交易价格的重要参考条件。

5.3　平台交易结构的 Agent 交互

平台交易结构，包括交易平台、双边用户和共同构成双边交叉结构的交易，形成基础要素，三者之间的交互作用关系使得双边交叉结构的交易形成自适应变化的交易系统。平台交易结构的替代消费者具有一定的选择权。在符合条件的销售者可行域的交易匹配规则、消费者的部分属性信息和 If-Then 行为规则，以及销售者的部分属性信息和 If-Then 行为规则确定的前提下，消费者与销售者通过二者之间的交易关系，在不同强度的交叉网络外部性作用形成对交易平台交易量、交易量分布、交易费用以及交易折扣系数的影响，最终影响双边交叉结构的交易市场交易结构的演化方向。

在网络平台交易中，平台 Agent 是具有对交易任务进行优化计算与匹配能力的协同的中枢系统，为各交易 Agent 提供网络交易的自动化匹配模型和智能市场环境，实现对若干类交易项目的若干买卖方提供智能匹配的市场服务。交易 Agent 是构成网络平台交易的核心要素。通常在一个交易市场中，具有若干卖方、若干买方、若干交易项目，即 *M-K-N* 模型（*M* 个卖方，*N* 个买方，*K* 类交易项目）。在多 Agent 匹配交易系统中交易 Agent 是为买卖各方提供自动和智能服务的连接枢纽。平台管理和服务 Agent 的主要任务是规范市场行为、管理市场秩序、协调各方利益，同时为市场中各 Agent 提供商务服务支持，实现市场的基本管理和服务功能。平台交易结构的 Agent 交互如图 5.2 所示。

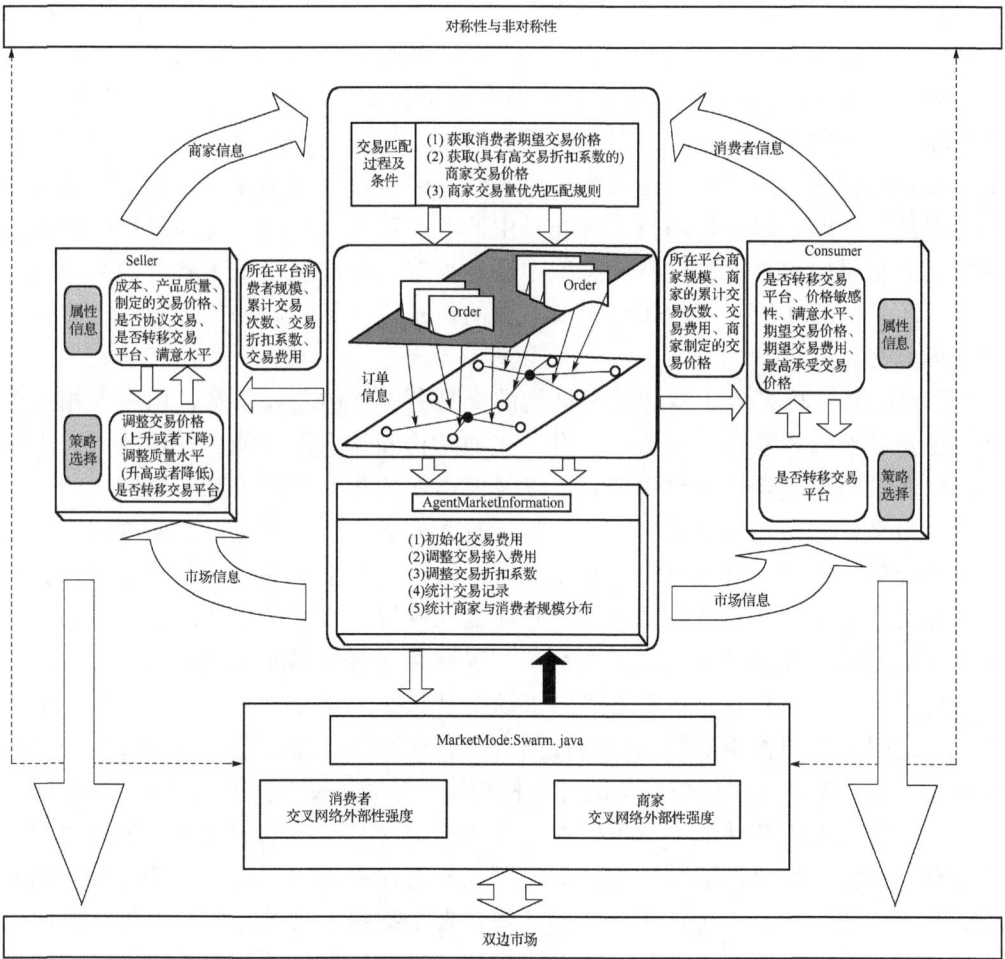

图 5.2 平台交易结构的 Agent 交互

5.4　考虑交叉网络外部性强度的平台交易结构

交易项目(Trade Item)是买卖各方所提交到网络平台的供需信息, 即交易信息。每一个交易项目对商品的基本属性都要进行相应的描述, 同时对交易任务本身的要求也要进行定义和界定。即交易项目由商品属性类、交易事务属性类、交易项目的标识和编号、卖出或购买标识、交易项目提交的时间等构成。商品属性类=<商品编号, 商品类, 商品名, 生产日期, 生产厂家, 规格型号, 质量等级, 主要技术参数, 单位商品价格区间等>, 交易事务属性类=<供需数量, 供需时间区间, 买卖批次数, 性能评价, 其他属性>。根据卖出或购买标识和交易项目提交的时间等属性,交易项目类形成相应的卖方交易项目队列和买方交易项目队列。交易项目以一定的信息结构表示、组织和管理。根据商品分类信息, 我们可以借用商品目录树的形式, 对交易项目按照某种策略进行分类和排序, 构造出动态的交易项目数据库, 以实现网络平台交易中的动态查询与匹配。交易过程中根据商品类、商品属性和事务属性从数据库中进行抽取, 形成满足基本条件的交易项目集合, 匹配 Agent 按照一定策略对节点内的信息进行计算和处理, 然后有序化处理, 形成交易策略。

平台交易结构是处于双边交叉结构的交易条件下的功能总体, 由多个相互关联、相互影响的要素组合而成, 具有一定的结构和特定的功能。在构建网络平台时, 以变量的形式表达系统中要素, 以及要素间的相互作用关系。为实现一个完整的网络平台交易, 需要为平台系统设计输入变量、输出变量、匹配规则以及系统调节变量。在构建网络平台交易系统时, 根据复杂适应系统的构建规则, 以买卖双方的商品属性信息及主体属性信息为输入变量, 以系统整体运行状态为输出变量, 通过匹配规则及系统调节变量, 实现网络平台交易系统的有效运行。

交易关系确立的情况下所形成的市场交易状态, 是交易平台、销售者、消费者三者之间的共同作用的结果。通过结合平台交易所连接的消费者规模以及销售者规模、消费者相关属性信息、销售者相关属性信息、交易平台的交易匹配规则, 在系统一定随机的条件的影响下, 在销售者给定交易价格的前提下, 虽然消费者并没有与销售者的价格谈判能力, 但是可以相对地根据自己的意愿选择某一销售者进行该周期的交易, 价格敏感性高的消费者根据销售者的交易价格进行排序, 在交易平台给定的销售者可行域内, 优先与交易价格较低的销售者进行交易, 形成消费者交叉网络外部性强度与销售者交叉网络外部性强度作为控制系统输入变量的平台交易结构。考虑交叉网络外部性强度的平台交易结构如图 5.3 所示。

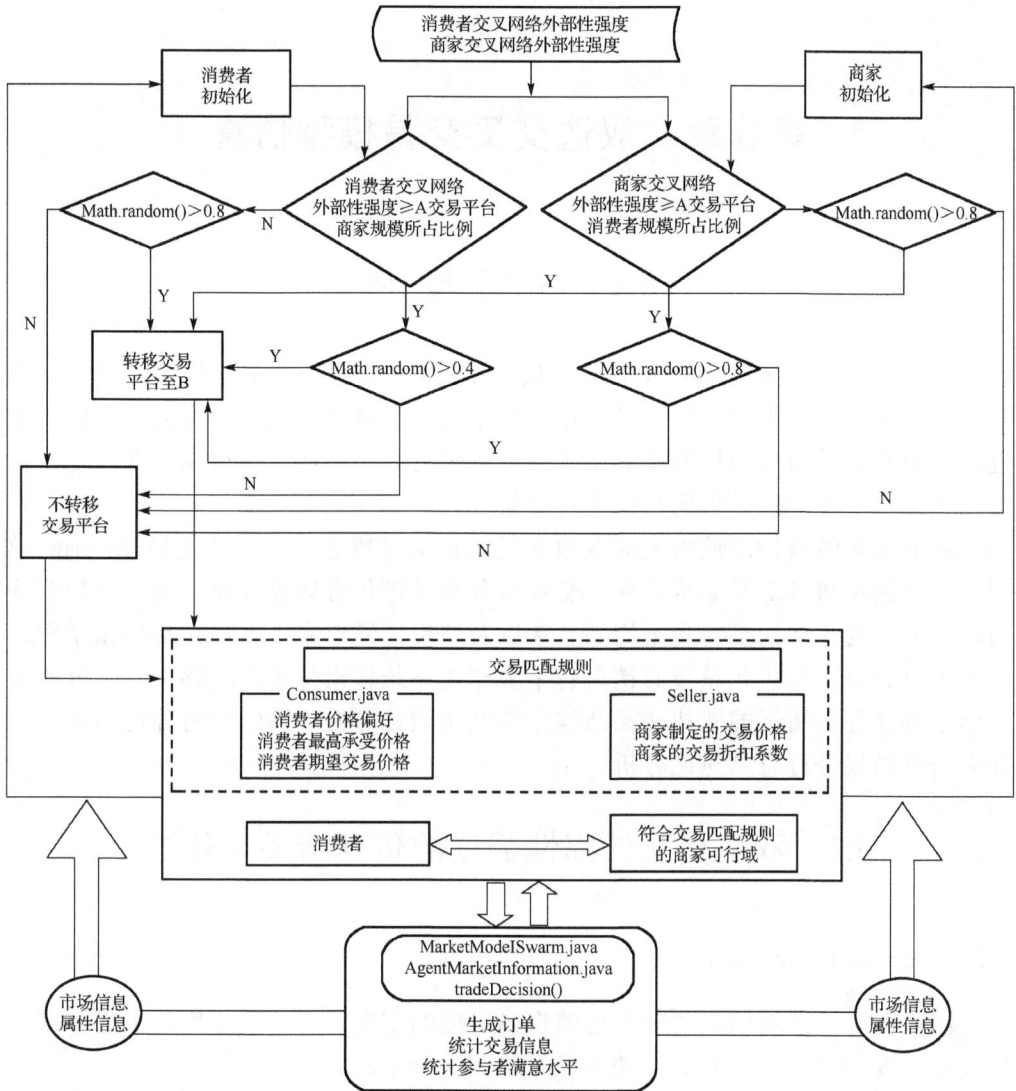

图 5.3 考虑交叉网络外部性强度的平台交易结构

第 6 章　双边交叉交易模型仿真

6.1　仿 真 概 述

在建构的平台交易结构的 Swarm 模型中，引入交叉网络外部性强度的属性变量。对于平台交易中的双方交易主体分别定义交叉网络外部性强度的特征值。通过特征值组合对市场结构的影响，判断市场参与者主体属性在市场仿真环境变化下的主体行为变动以及市场结构变化结果。

基于交叉网络外部性强度的双边交叉结构交易概念模型以及交易 Swarm 模型，本章将销售者交易聚集系数、交易量分布、销售者规模分布、消费者规模分布、不同交易平台的销售者平均满意率以及消费者满意率、平均交易折扣系数、市场中具有高交易折扣系数的销售者个数作为系统输出变量，观察不同强度的交叉网络外部性作用下的双边交叉结构交易结构演化方向，并结合对称性与非对称性对仿真结果进行总结对比分析。

6.2　双边交叉外部性强度的仿真结果与分析

6.2.1　α^c =0.1，α^s =0.1

在平台交易结构中，消费者与销售者对应的交叉网络性强度均处于低水平的情况下，α^c =0.1，α^s =0.1，仿真结果如图 6.1 所示。

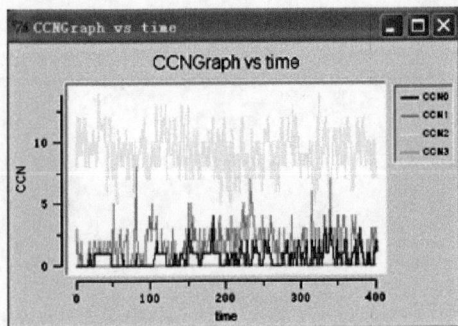

(a) 销售者交易集中度变化　　　　　(b) 交易平台 A 与交易平台 B 的交易量变化

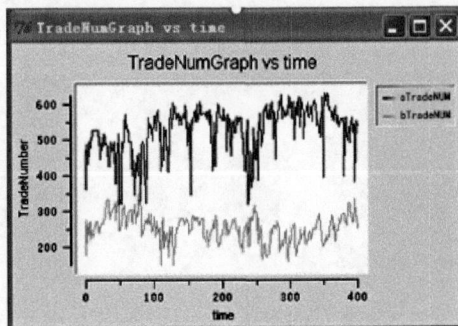

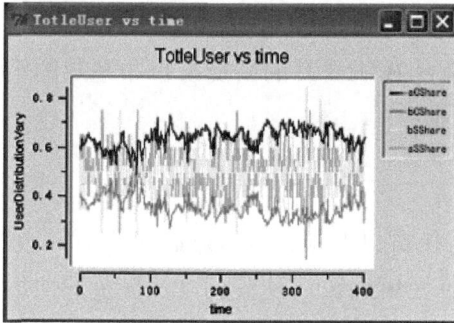

(c)消费者与销售者的分布变化

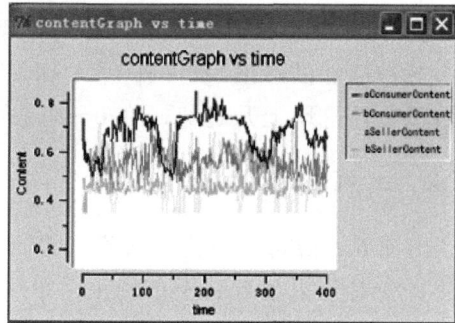

(d)消费者与销售者平均满意率变化

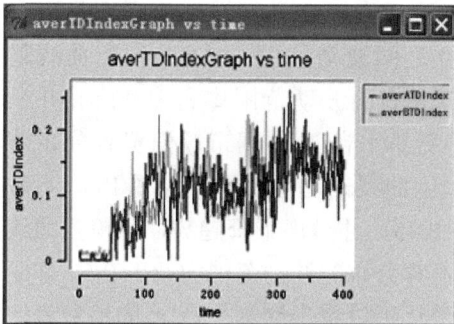

(e)销售者的平均交易折扣系数变化

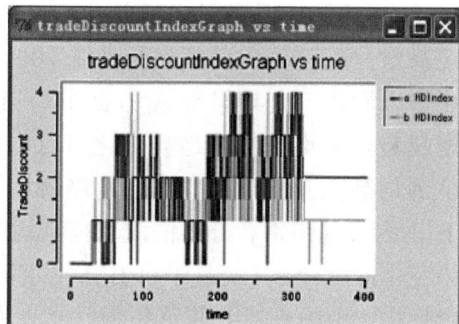

(f)高交易折扣系数的销售者人数变化

图 6.1　α^c =0.1, α^s =0.1 的仿真图（见彩图）

由图 6.1(a)可以看出，从黄色的曲线变化发现，7～14 个销售者交易聚集系数高于市场正常平均交易聚集系数，从蓝色以及橙色的曲线变化可以发现，部分销售者的聚集系数介于零和市场正常平均交易聚集系数之间，甚至为零；由图 6.1(b)可以看出，交易平台 A 与交易平台 B 的交易量处于上升与交替规律变化的上下波动状态，波动范围基本保持在一定的区间，其中交易平台 A 的交易量波动范围是 400～600，交易平台 B 的交易量波动范围是 200～350，交易平台 A 的交易量一直高于与交易平台 B；由图 6.1(c)绿色与黄色的曲线趋势变化可以看出，销售者几乎平均分布在交易平台 A 和交易平台 B，从蓝色和橙色的曲线趋势变化看出，交易平台 A 的消费者略高于交易平台 B，占据市场消费者分布约 60%左右的份额；由图 6.1(d)蓝色和橙色曲线可以看出交易平台 A 的消费者的平均满意度在大多数周期内高于交易平台 B 的平均满意度，其波动在 0.5～0.8，波动范围大，有大幅度连续上升的周期，也有大幅度连续下降的周期，交易平台 A 的销售者满意度以及交易平台 B 的消费者平均满意度与销售者平均满意度均保持在 0.5 上下的小范围水平波动；由图 6.1(e)蓝色与橙色曲线变化可以看出，交易平台 A 与交易平台 B 的销售者平均交易折扣系数都呈现上升趋势，波动范围在 0.1～0.25；由图 6.1(f)可以看出，交易平台 A 和交易平台 B 所具有的高交易折扣系数的销售者数量总体呈现上升趋势，在 0～4 之间波动。

6.2.2　　α^c=0.1，α^s=0.5

由图 6.2(a)可以看出，从黄色的曲线变化可以发现，在多数周期约 10～20 个销售者交易聚集系数高于市场正常平均交易聚集系数，从蓝色以及橙色的曲线趋势变化可以发现，少部分销售者的聚集系数介于零和市场正常平均交易聚集系数之间，甚至为零；由图 6.2(b)可以看出，交易量主要集中在交易平台 A，交易平台 A 的交易量呈现明显递增趋势，交易量在 300～600 之间波动；而交易平台 B 的交易量呈现下降趋势，交易量在 100～300 之间波动；由图 6.2(c)绿色曲线趋势变化可以看出，交易平台 A 占据市场销售者分布的波动范围均高于 0.55，并呈现递增趋势，从蓝色曲线趋势变化可以看出，交易平台 A 占据市场消费者分布的波动范围均高于 0.5，并呈现递增趋势，从黄色曲线的趋势变化可以看出，交易平台 B 占据市场销售者分布的波动范围均低于 0.45，并呈现下降趋势，从橙色曲线的趋势变化可以看出，交易平台 B 占据市场消费者分布的波动范围均低于 0.5，并呈现下降趋势；由图 6.2(d)蓝色和黄色曲线趋势变化可以看出交易平台 A 的消费者的平均满意度较低处于 0～0.3 之间波动，而从蓝色曲线与橙色曲线趋势变化看出，交易平台 B 的销售者平均满意度波动幅度大，最后呈现高于 0.6 的平均满意度，交易平台 B 的消费者平均满意度在 0.3～0.8 之间，整体呈现上升趋势；由图 6.2(e)蓝色曲线趋势变化可以看出，交易平台 A 的销售者平均交易折扣系数一直处于较低水平，在 0～0.1 之间，从橙色曲线趋势变化看出，交易平台 B 的销售者平均交易折扣系数递增趋势明显，最后在 0.45 上下浮动；由图 6.2(f)可以看出，交易平台 A 还是交易平台 B 所具有的高交易折扣系数的销售者数量平均维持在 0～3 之间。

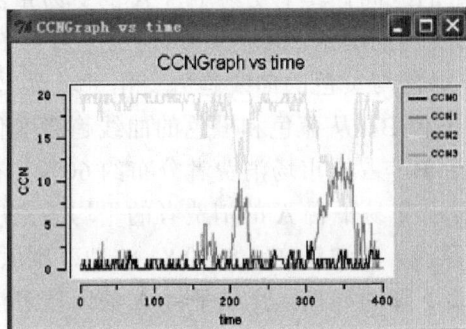

(a) 销售者交易集中度变化　　　　　(b) 交易平台 A 与交易平台 B 的交易量变化

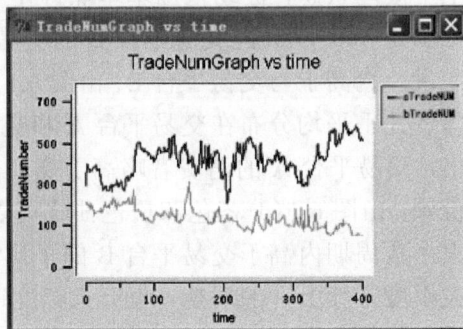

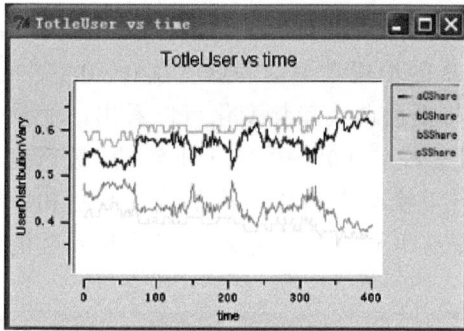

（c）消费者与销售者的分布变化

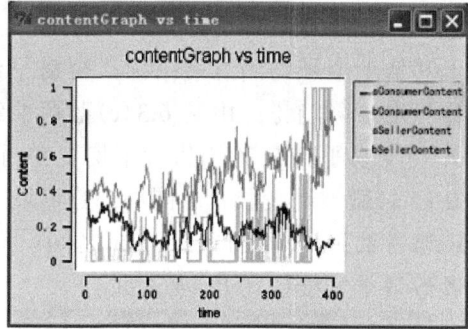

（d）消费者与销售者平均满意率变化

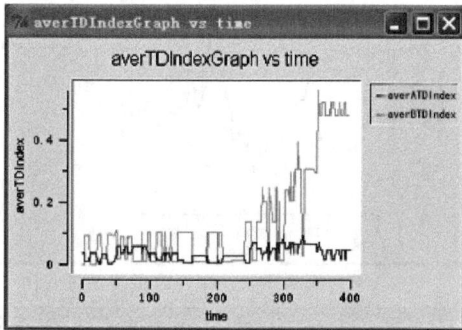

（e）销售者的平均交易折扣系数变化

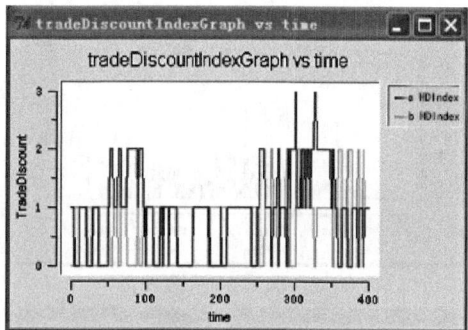

（f）高交易折扣系数的销售者人数变化

图 6.2　α^c =0.1, α^s =0.5 的仿真图（见彩图）

6.2.3　α^c =0.1，α^s =0.9

由图 6.3（a）可以看出，从黄色的曲线变化可以发现，在多数周期的 10～20 个销售者交易聚集系数高于市场正常平均交易聚集系数，从蓝色以及橙色的曲线趋势变化可以发现，一部分销售者的聚集系数介于零和市场正常平均交易聚集系数之间，甚至为零，并且交易聚集系数为零的销售者数量有所上升；由图 6.3（b）可以看出，交易平台 A 的交易量在 200～850 之间波动，而交易平台 B 交易量在 0～600 之间波动，交易量呈现交替变化；由图 6.3（c）绿色曲线趋势变化可以看出，交易平台 A 占据市场销售者分布的波动范围在 0.5～0.8 之间波动，从蓝色曲线趋势变化可以看出，交易平台 A 占据市场消费者分布的波动范围在 0.3～0.85 之间波动；而从黄色曲线的趋势变化可以看出，交易平台 B 占据市场销售者分布的波动范围在 0.1～0.6 之间波动，从橙色曲线的趋势变化可以看出，交易平台 B 占据市场消费者分布波动范围在 0～0.7 之间波动；交易平台 A 与交易平台 B 的消费者分布与销售者分布呈现交替变化；由图 6.3（d）蓝色和黄色曲线趋势变化可以看出交易平台 A 的消费者的平均满意度较低处于 0～0.4 之间波动，而从蓝色曲线与橙色曲线趋势变化看出，交易平台 B 的销售者平均满意度波动幅度大，但是逐渐高于其他三个平均满意度指标，交易平台 B 的消费者平均满意度在 0～0.4 之间，整体呈现下降趋势；由图 6.3(e)蓝色曲线与橙色曲线趋势变化可以看出，交易平台 A 与交易平台 B 的销售者平均交易折扣系数在 0.05～0.25 上下浮动，最后趋于在 0.15 轻微波动变价；由图 6.3(f)可以看出，交易平台 A 具有的高交易折扣系数的销售者数量平均维持在 1～5 之间；而交易平台 B 具有的高交易折扣系数的销售者数量平均维持在 0～4 之间。

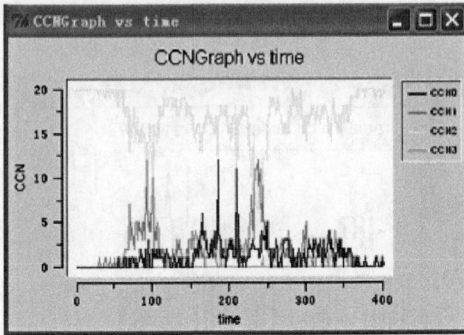

(a)销售者交易集中度变化

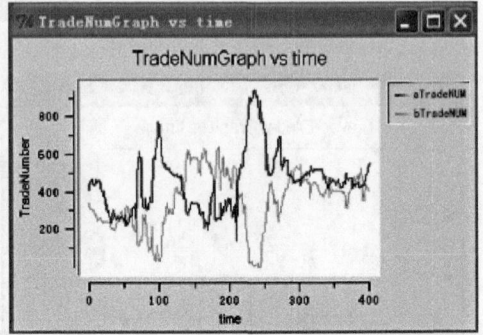

(b)交易平台 A 与交易平台 B 的交易量变化

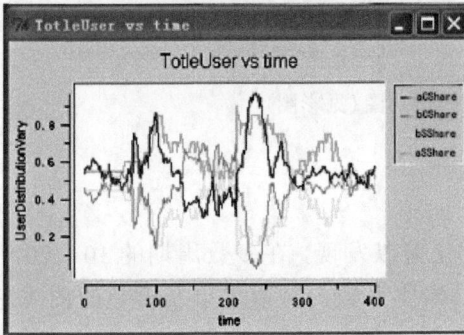

(c)消费者与销售者的分布变化

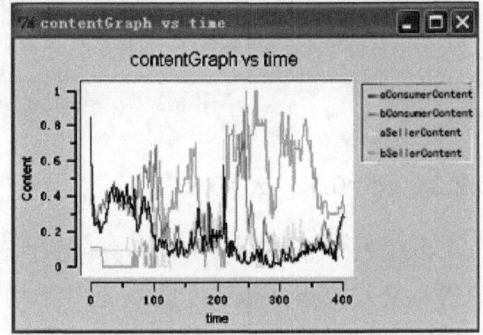

(d)消费者与销售者平均满意率变化

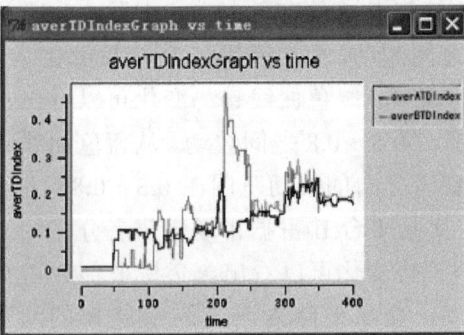

(e)销售者的平均交易折扣系数变化

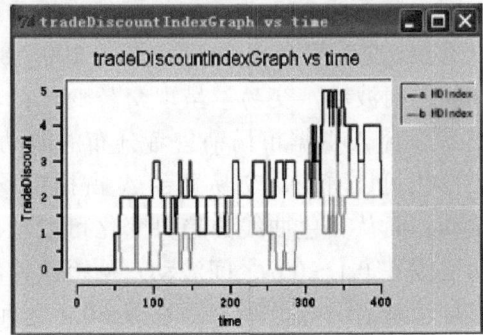

(f)高交易折扣系数的销售者人数变化

图 6.3　　α^c=0.1,α^s=0.9 的仿真图(见彩图)

6.2.4 $\alpha^c = 0.5$，$\alpha^s = 0.1$

由图 6.4(a)可以看出，从黄色的曲线变化可以发现，高于市场正常平均交易聚集系数的销售者在 5～18 的范围波动，橙色的曲线趋势变化可以发现，介于零与市场正常平均交易聚集系数之间的销售者在 2～15 之间波动，存在交易聚集系数为零的少部分销售者；由图 6.4(b)可以看出，交易平台 A 的交易量在 300～850之间波动，而交易平台 B 交易量在 0～500 之间波动，交易量呈现交替变化；由图 6.4(c)绿色曲线趋势变化可以看出，交易平台 A 占据市场销售者分布的波动范围在 0.4～1 之间波动，从蓝色曲线趋势变化可以看出，交易平台 A 占据市场消费者分布的波动范围在 0.4～0.9 之间波动；而从黄色曲线的趋势变化可以看出，交易平台 B 占据市场销售者分布的波动范围在 0～0.6 之间波动，从橙色曲线的趋势变化可以看出，交易平台 B 占据市场消费者分布波动范围在 0.1 ～0.6 之间波动；交易平台 A 与交易平台 B 的消费者分布与销售者分布呈现交替变化；由图 6.4(d)蓝色和黄色曲线趋势变化可以看出，交易平台 A 的消费者的平均满意度较低，处于 0～0.2 之间波动，并且有趋于零的趋势；而从绿色曲线与橙色曲线趋势变化看出，交易平台 B 的销售者平均满意度与消费者平均满意度在 0～0.6 之间；由图 6.4(e)蓝色曲线与橙色曲线趋势变化可以看出，交易平台 A 与交易平台 B 的销售者平均交易折扣系数在 0～0.2 上下浮动，并且交易平台 A 的变化幅度较大；由图 6.4(f)可以看出，交易平台 A 具有的高交易折扣系数的销售者数量多数周期平均维持在 2～4 之间；而交易平台 B 具有的高交易折扣系数的销售者数量平均维持在 0～3 之间，交易平台的具有高交易折扣系数的销售者数量在短期间内均是先升高后降低的变化规律，交易平台 A 具有高交易折扣系数的销售者数量持续大于等于B 平台。

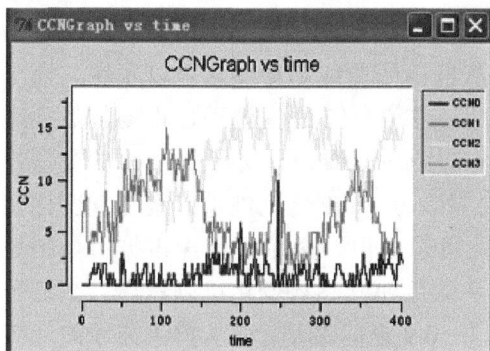

(a)销售者交易集中度变化

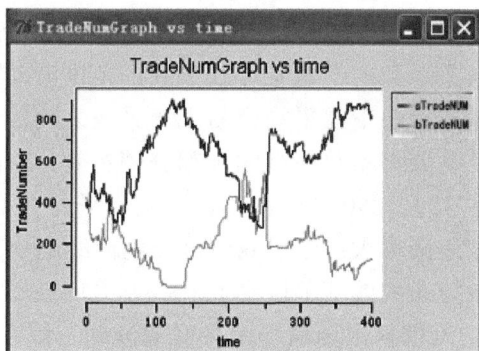

(b)交易平台 A 与交易平台 B 的交易量变化

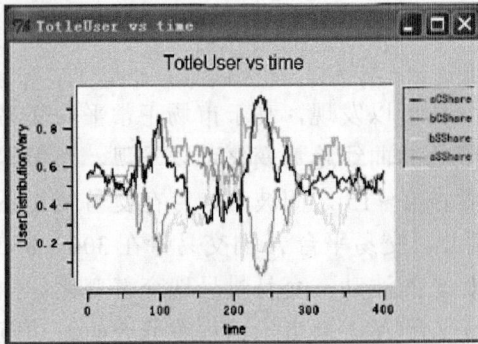

(c) 消费者与销售者的分布变化

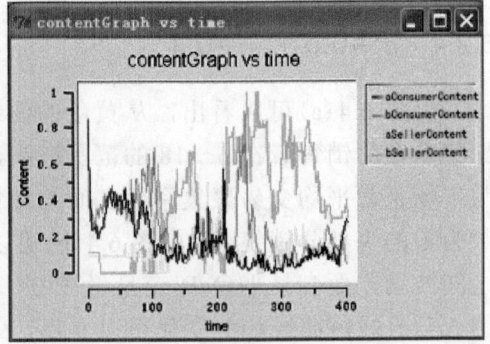

(d) 消费者与销售者平均满意率变化

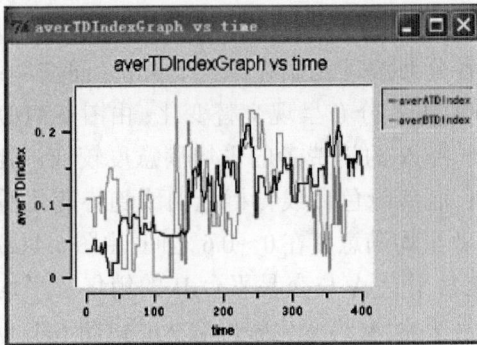

(e) 销售者的平均交易折扣系数变化

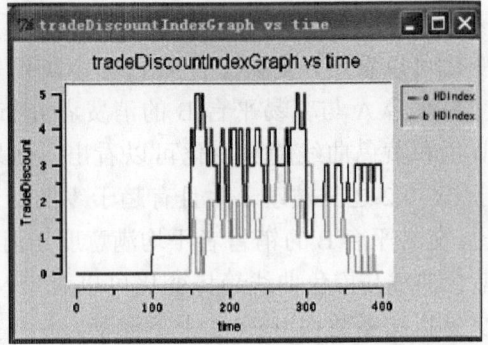

(f) 高交易折扣系数的销售者人数变化

图 6.4　$\alpha^c=0.5$, $\alpha^s=0.1$ 的仿真图(见彩图)

6.2.5　$\alpha^c=0.5$, $\alpha^s=0.5$

由图 6.5(a)可以看出,从黄色的曲线变化可以发现,高于市场正常平均交易聚集系数的销售者在 5~20 的范围波动,从橙色的曲线趋势变化可以发现,介于零与市场正常平均交易聚集系数之间的销售者在 0~12 之间波动,市场依然存在交易聚集系数为零的少部分销售者;由图 6.5(b)可以看出,交易平台 A 的交易量在 300~850 之间波动,而交易平台 B 交易量在 0~600 之间波动,交易量变化幅度逐渐增大;由图 6.5(c)绿色曲线趋势变化可以看出,交易平台 A 占据市场销售者分布的波动范围在 0.3~0.9 之间波动,从蓝色曲线趋势变化可以看出,交易平台 A 占据市场消费者分布的波动范围在 0.3~0.9 之间波动;而从黄色曲线的趋势变化可以看出,交易平台 B 占据市场销售者分布的波动范围在 0.15~0.6 之间波动,从橙色曲线的趋势变化可以看出,交易平台 B 占据市场消费者分布波动范围在 0.15～0.65 之间波动；交易平台 A 与交易平台 B 的消费者分布与销售者分布变化幅度逐渐增大；由图 6.5(d)蓝色和黄色曲线趋势变化可以看出，交易平台 A 的消费者的平均满意度较低，处于 0～0.4 之间波动，并且随着周期的进行是趋于零的趋势；而从绿色曲线与橙色曲线趋势变化看出，交易平台 B 的销售者平均满意度与消费者平均满意度随着周期的进行逐渐高于交易平台 A，但是变化幅度较大；由图 6.5(e)蓝色曲线与橙色曲线趋势变化可以看出，交易平台 A 与交易平台 B 的销售者平均交易折扣系数在 0～0.2 上下浮动，并且交易平台 A 的变化幅度较大；由图 6.5(f)可以看出，交易平台 A 具有的高交易折扣系数的销售者数量多数周期平均维持在 1～4 之间；而交易平台 B 具有的高交易折扣系数的销售者数量平均维持在 1～2 之间，交易平台的具有高交易折扣系数的销售者数量在短期间内均是先升高后降低的变化规律，交易平台 A 具有高交易折扣系数的销售者数量持续大于等于 B 平台。

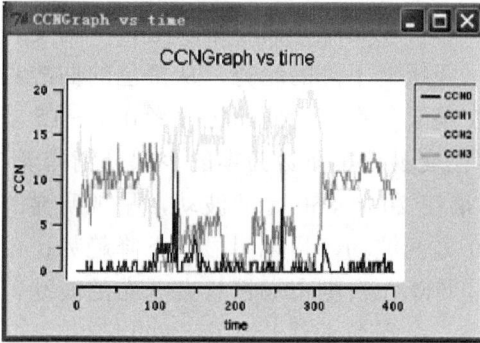

(a)销售者交易集中度变化

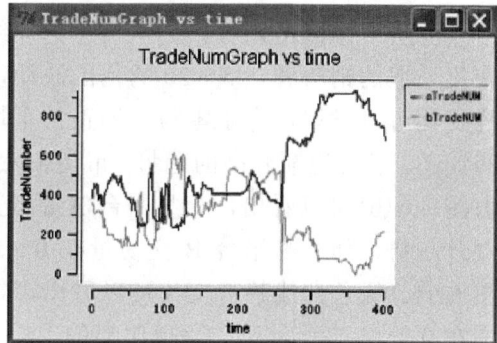

(b)交易平台 A 与交易平台 B 的交易量变化

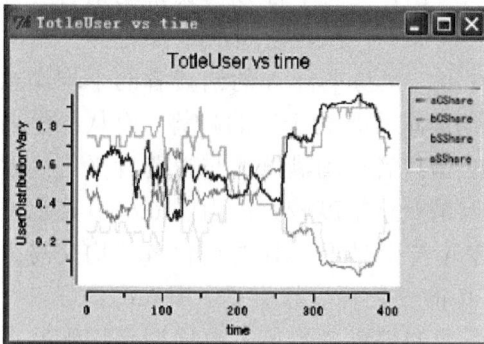

(c)消费者与销售者的分布变化

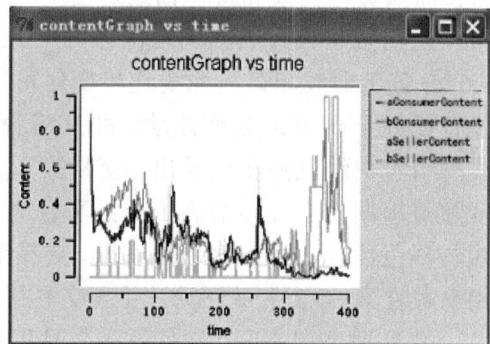

(d)消费者与销售者平均满意率变化

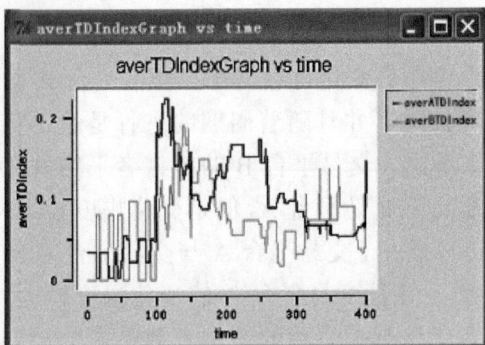

(e)销售者的平均交易折扣系数变化　　　　　　(f)高交易折扣系数的销售者人数变化

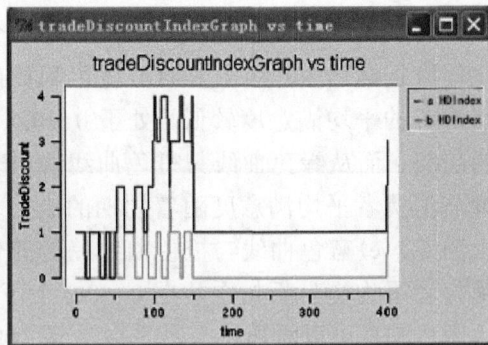

图 6.5　　$\alpha^c = 0.5$, $\alpha^s = 0.5$ 的仿真图(见彩图)

6.2.6　　$\alpha^c = 0.5$，$\alpha^s = 0.9$

由图 6.6(a)可以看出，从黄色的曲线变化可以发现，高于市场正常平均交易聚集系数的销售者在 5～20 的范围波动，呈现缓慢下降的趋势，从橙色的曲线趋势变化可以发现，介于零与市场正常平均交易聚集系数之间的销售者在 0～15 之间波动，呈现逐渐升高的趋势，市场依然存在交易聚集系数为零的少部分销售者；由图 6.6(b)可以看出，交易平台 A 的交易量在 200～850 之间波动，呈现明显的上升趋势，而交易平台 B 交易量在 0～500 之间波动，呈现明显的下降趋势；由图 6.6(c)绿色曲线趋势变化可以看出，交易平台 A 占据市场销售者分布的波动范围在 0.2～1 之间波动，呈现明显的上升趋势，从蓝色曲线趋势变化可以看出，交易平台 A 占据市场消费者分布的波动范围在 0.3～1 之间波动，呈现明显的上升趋势；而从黄色曲线和橙色曲线趋势变化可以看出，交易平台 B 占据市场销售者分布以及消费者分布的波动范围在 0～0.5 之间波动，呈现明显的下降趋势；由图 6.6(d)蓝色曲线和黄色曲线趋势变化可以看出，交易平台 A 的消费者的平均满意度较低处于 0～0.4 之间波动，并且随着周期的进行是趋于零的趋势；而从绿色曲线与橙色曲线趋势变化看出，交易平台 B 的销售者平均满意度与消费者平均满意度随着周期的进行逐渐高于交易平台 A，但是变化幅度较大；由图 6.6(e)蓝色曲线与橙色曲线趋势变化可以看出，交易平台 A 与交易平台 B 的销售者平均交易折扣系数在 0～0.3 上下浮动，并且交易平台 B 的变化幅度较大；由图 6.6(f)可以看出，交易平台 A 平台具有的高交易折扣系数的销售者数量多数周期平均维持在 1～4 之间；而平台 B 平台具有的高交易折扣系数的销售者数量平均维持在 0～1 之间，平台的具有高交易折扣系数的销售者数量在短期间内均是先升高后降低的变化规律，平台 A 具有高交易折扣系数的销售者数量持续大于等于平台 B。

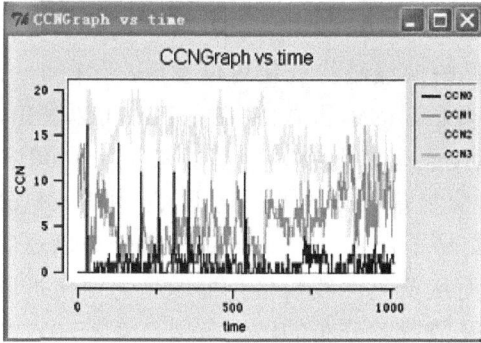

(a)销售者交易集中度变化

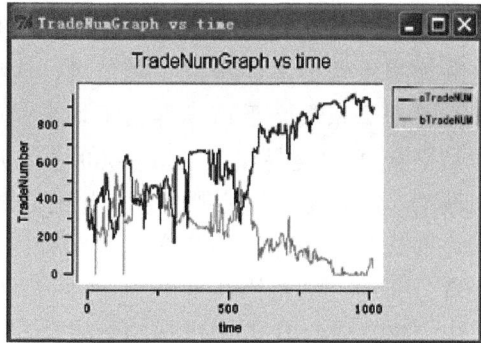

(b)交易平台 A 与交易平台 B 的交易量变化

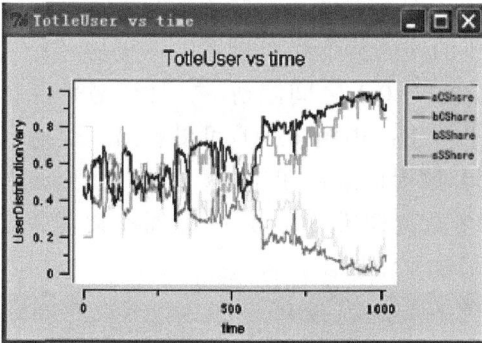

(c)消费者与销售者的分布变化

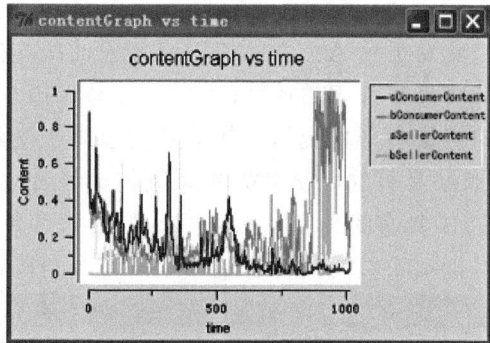

(d)消费者与销售者平均满意率变化

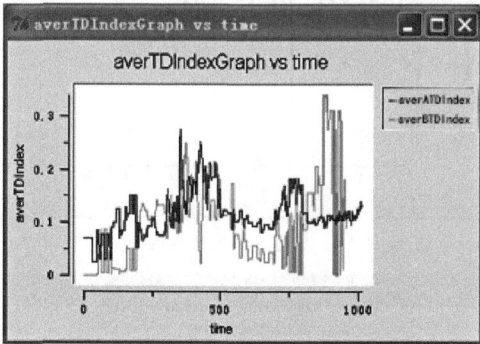

(e)销售者的平均交易折扣系数变化

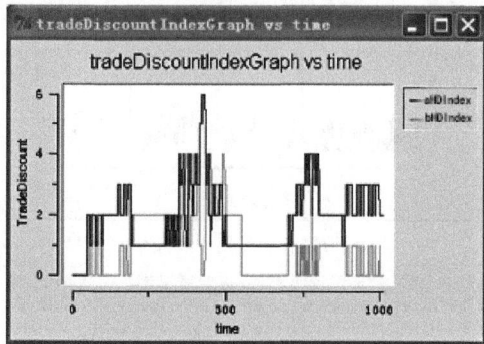

(f)高交易折扣系数的销售者人数变化

图 6.6　　α^c =0.5，α^s =0.9 的仿真图(见彩图)

6.2.7　α^c =0.9，α^s =0.1

由图 6.7(a)可以看出，从黄色的曲线变化可以发现，高于市场正常平均交易聚集系数的销售者在 0～5 的范围波动，从橙色的曲线趋势变化可以发现，介于零与市场正常平均交易聚集系数之间的销售者约在 10~17 之间波动,市场依然存在交易聚集系数为零的少部分销售者,从绿色的曲线趋势变化可以发现,存在 1~2 个交易聚集系数高于市场异常平均交易聚集系数的销售者;由图 6.7(b) 可以看出,交易平台 A 的交易量在 200~600 之间波动,而交易平台 B 交易量在 300~600 之间波动,交易量分布呈现交替变化的趋势,交易量分布的差异化不大;由图 6.7(c) 绿色曲线与蓝色曲线趋势变化可以看出,交易平台 A 占据市场销售者分布以及消费者分布的波动范围在 0.3~1 之间波动;而从黄色曲线与橙色曲线趋势变化可以看出,交易平台 B 占据市场销售者分布以及消费者分布的波动范围在 0.2~0.6 之间波动;由图 6.7(d) 交易平台 A 与交易平台 B 的消费者的平均满意度较低,处于 0~0.3 之间波动;但是交易平台 B 的销售者平均满意度与消费者平均满意度略高于交易平台 A;由图 6.7(e) 蓝色曲线与橙色曲线趋势变化可以看出,交易平台 A 与交易平台 B 的销售者平均交易折扣系数在 0~0.3 之间浮动,并且交易平台 A 的销售者平均交易折扣系数明显高于交易平台 B;由图 6.7(f) 可以看出,交易平台 A 具有的高交易折扣系数的销售者数量多数周期维持在 1~4 之间;而交易平台 B 具有的高交易折扣系数的销售者数量多数周期维持在 0~3 之间,具有高交易折扣系数的销售者数量呈现升高与降低交替变化规律。

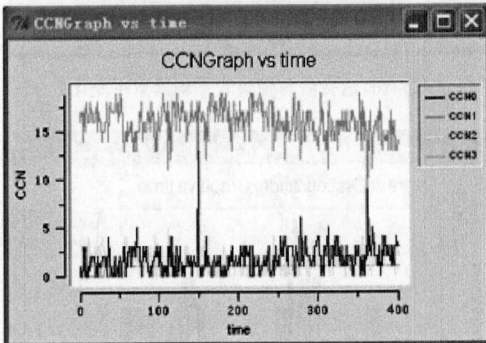

(a) 销售者交易集中度变化

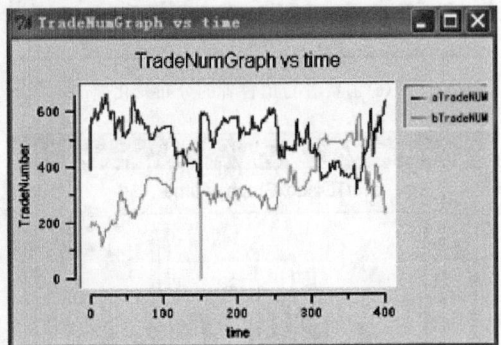

(b) 交易平台 A 与交易平台 B 的交易量变化

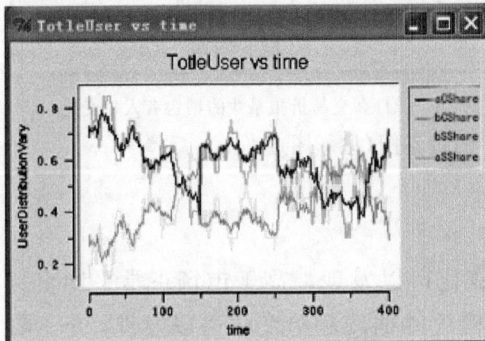

(c) 消费者与销售者的分布变化

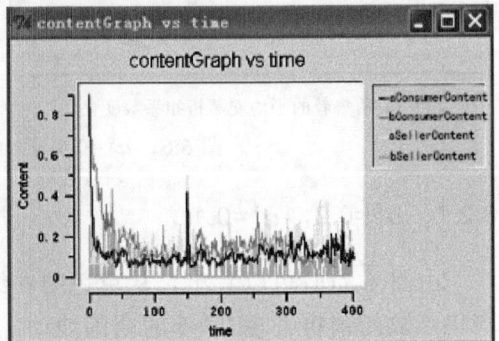

(d) 消费者与销售者平均满意率变化

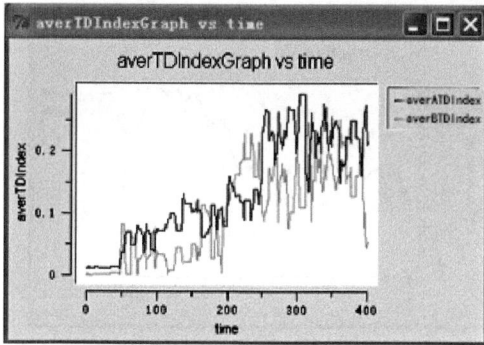

（e）销售者的平均交易折扣系数变化　　　　　　（f）高交易折扣系数的销售者人数变化

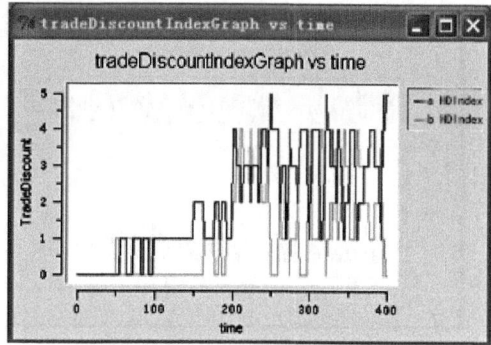

图 6.7　　α^c =0.9, α^s =0.1 的仿真图（见彩图）

6.2.8　　α^c =0.9，α^s =0.5

由图 6.8（a）可以看出，从黄色的曲线变化可以发现，高于市场正常平均交易聚集系数的销售者在 0～5 的范围波动，从橙色的曲线趋势变化可以发现，介于零与市场正常平均交易聚集系数之间的销售者约在 15～20 之间波动，市场依然存在交易聚集系数为零的少部分销售者，从绿色的曲线趋势变化可以发现，存在 0～2 个交易聚集系数高于市场异常平均交易聚集系数的销售者；由图 6.8（b）可以看出，平台 A 的交易量在 300～980 之间波动，随着周期进行呈现明显的整体上升趋势；而平台 B 交易量在 0～500 之间波动，随着周期进行呈现明显的整体下降趋势；交易量分布的差异化明显；由 6.8（c）绿色曲线与蓝色曲线趋势变化可以看出，交易平台 A 占据市场销售者分布以及消费者分布的波动范围在 0.4～1 之间波动，呈现明显的上升趋势；而从黄色曲线与橙色曲线趋势变化可以看出，交易平台 B 占据市场销售者分布以及消费者分布的波动范围在 0.1～0.6 之间波动，呈现明显的下降趋势；销售者分布与消费者分布的差异化明显；由 6.8（d）交易平台 A 与交易平台 B 的消费者的平均满意度较低处于 0～0.2 之间波动；但是交易平台 B 的销售者平均满意度与消费者平均满意度随着周期的进行逐渐略高于交易平台 A，特别的交易平台 B 的消费者平均满意度较高；由 6.8（e）蓝色曲线与橙色曲线趋势变化可以看出，平台 A 的销售者平均交易折扣系数在 0.05～0.25 之间浮动，最终趋于 0.15，平台 B 的销售者平均交易折扣系数变化幅度较大，介于 0～0.4 之间；由 6.8（f）可以看出，平台 A 具有的高交易折扣系数的销售者数量多数周期维持在 1～3 之间，并趋于稳定；而交易平台 B 具有的高交易折扣系数的销售者数量多数周期维持在 0～1 之间，并趋于稳定。

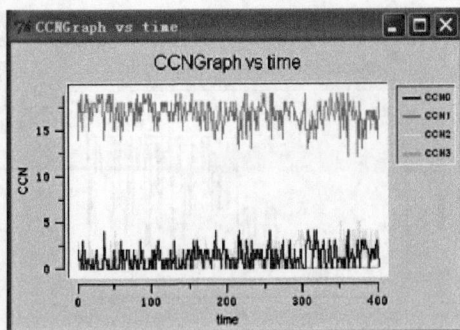

(a)销售者交易集中度变化

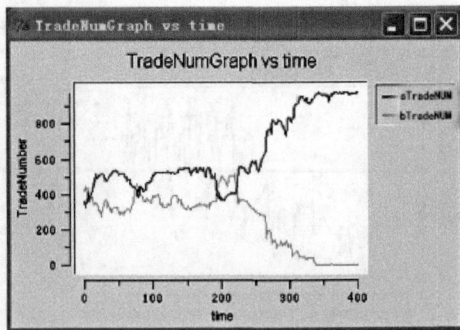

(b)交易平台 A 与交易平台 B 的交易量变化

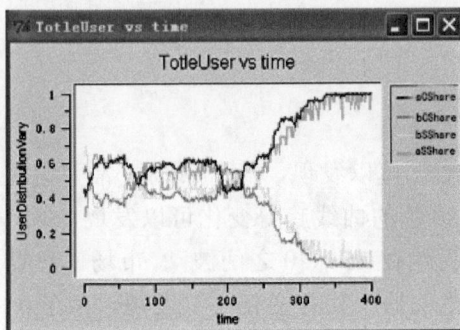

(c)消费者与销售者的分布变化

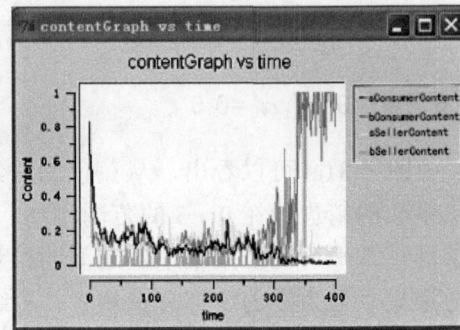

(d)消费者与销售者平均满意率变化

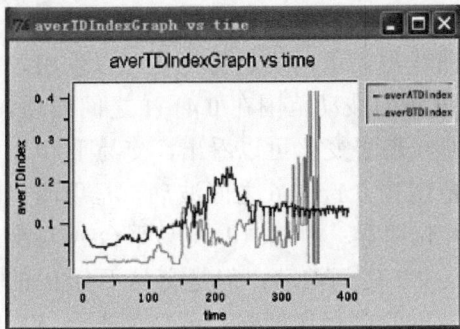

(e)销售者的平均交易折扣系数变化

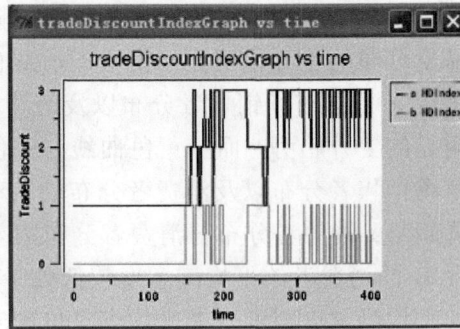

(f)高交易折扣系数的销售者人数变化

图 6.8　　α^c=0.9, α^s=0.5 的仿真图(见彩图)

6.2.9　　α^c=0.9,　α^s=0.9

在双边交叉结构的交易中，消费者与销售者对应的交叉网络外部性强度较强的情况下，即 α^c=0.9， α^s=0.9 时，仿真结果如图 6.9 所示。

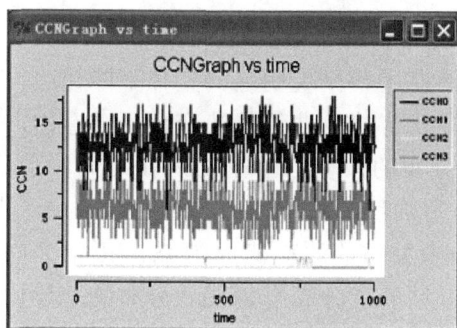

(a)销售者交易集中度变化

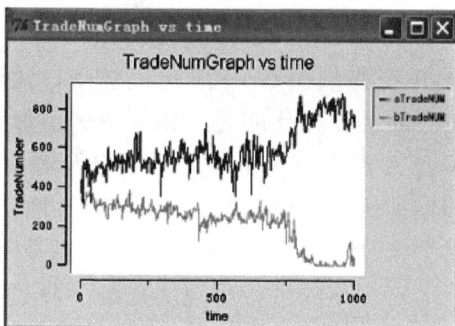

(b)交易平台 A 与交易平台 B 的交易量变化

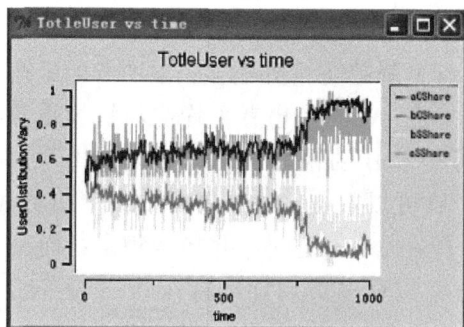

(c)消费者与销售者的分布变化

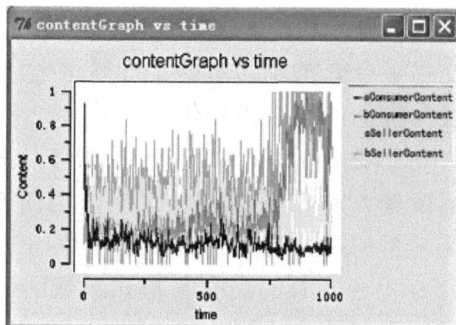

(d)消费者与销售者平均满意率变化

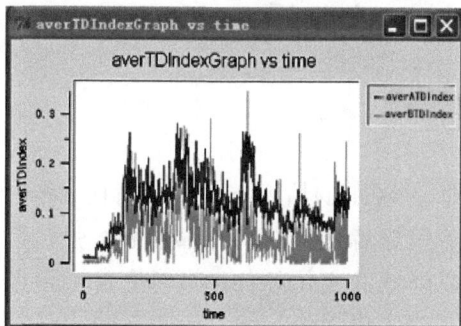

(e)销售者的平均交易折扣系数变化

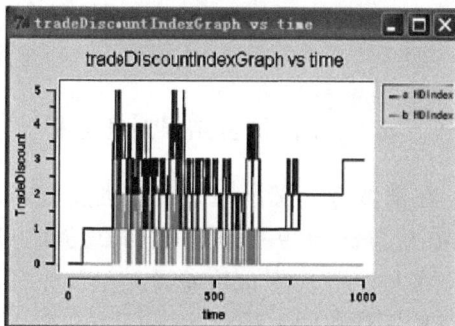

(f)高交易折扣系数的销售者人数变化

图 6.9　　$\alpha^c = 0.9, \alpha^s = 0.9$ 的仿真图(见彩图)

　　由图 6.9(a)看出，从黄色的曲线变化发现，高于市场正常平均交易聚集系数的销售者在 0～2 的范围波动，从橙色的曲线趋势变化可以发现，介于零与市场正常平均交易聚集系数之间的销售者约在 2～9 之间波动，交易聚集系数为零的销售者在 7～19 之间波动，从绿色的曲线趋势变化可以发现，存在 0～2 个交易聚集系数高于市场异常平均交易聚集系数的销售者；由图 6.9(b)可以看出，交易平台 A

的交易量在 400～850 之间波动, 随着周期进行呈现明显的整体上升趋势; 而交易平台 B 交易量在 0～400 之间波动, 随着周期进行呈现明显的整体下降趋势; 交易量分布的差异化明显; 由图 6.9(c) 绿色曲线与蓝色曲线趋势变化可以看出, 交易平台 A 占据市场销售者分布以及消费者分布的波动范围在 0.5～1 之间波动, 随着周期的进行呈现明显的上升趋势; 而从黄色曲线与橙色曲线趋势变化可以看出, 交易平台 B 占据市场销售者分布以及消费者分布的波动范围在 0.1～0.5 之间波动, 随着周期的进行呈现明显的下降趋势; 销售者分布与消费者分布的差异化明显; 由图 6.9(d) 交易平台 A 的销售者的平均满意度处于 0.2～0.5 之间波动; 交易平台 A 的消费者的平均满意度较低, 处于 0～0.2 之间波动; 交易平台 B 的销售者平均满意度与消费者平均满意度随着周期的进行逐渐略高于交易平台 A, 特别的交易平台 B 的销售者的平均满意度升高与下降趋势格外明显; 由图 6.9(e) 蓝色曲线与橙色曲线趋势变化可以看出, 交易平台 A 的销售者平均交易折扣系数在 0.1～0.25 之间浮动, 最终趋于 0.15, 交易平台 B 的销售者平均交易折扣系数变化幅度较大, 介于 0～0.4 之间; 由图 6.9(f) 可以看出, 交易平台 A 平台具有的高交易折扣系数的销售者数量多数周期维持在 2～3 之间, 并趋于稳定; 而交易平台 B 平台具有的高交易折扣系数的销售者数量多数周期维持在 0～2 之间, 最终降低到零。

6.3　仿真结果的对比分析

6.3.1　α^c=0.1 的仿真结果对比分析

在消费者交叉网络外部性强度较弱, 即 α^c=0.1 的情况下, 综合对比 α^s=0.1、α^s=0.5 与 α^s=0.9 情况下的仿真结果, 随着销售者交叉网络外部性的增强, 销售者分布与消费者分布的差异化呈现先升高后降低的变化趋势, 同时交易平台之间的交易量分布的差异化也呈现先升高后降低的变化趋势, 这是因为双边交叉结构交易的基础是连接双边用户, 匹配需求与供给, 只有占据了用户基数, 才可以产生交易量。在 α^s=0.5 与 α^s=0.9 条件下, 销售者的交叉网络外部性强度有了一定程度的增强, 理论上讲, 首先可以通过降低交易接入费用以及交易折扣系数吸引更多的销售者连接到交易平台, 但是由于消费者交叉网络外部性强度较弱, 导致消费者在选择哪个交易平台进行交易更具有随机性, 使得销售者交叉网络外部性强度的作用部分失效, 故交易量分布以及销售者与消费者分布的差异化不大; 但是销售者的强交叉网络外部性的存在, 交易平台之间在占据一定的消费者份额的情况下, 特别是在消费者份额一边随机地获得了一定的优势, 交易折扣系数高的销售者拥有的交易权更大,故市场中高交易折扣系数的小部分销售者占据市场的交易量,使得高于市场平均交易聚集系数的销售者有了一定程度的上升,交易折扣系数的增大则引起交易价格的偏高,故导致部分消费者与销售者的满意水平降低。

6.3.2 α^c =0.5 的仿真结果对比分析

在消费者交叉网络外部性强度稍强,即 α^c =0.5 的情况下,综合对比 α^s =0.1、α^s =0.5 与 α^s =0.9 情况下仿真结果,较低强度的销售者交叉网络外部性强度即 α^s =0.1 可以抵消部分消费者交叉网络外部性强度的作用。例如,在 α^s =0.1 以及 α^s =0.5 的情况下,不同交易平台的销售者分布以及消费者分布开始出现一定的市场暂时可以自身调节的两极分化,而在 α^s =0.9 的情况下,不同交易平台的销售者分布以及消费者分布在周期的末尾出现明显的两极分化;同时,在消费分布以及销售者分布都占据优势的交易平台 A 的销售者与消费者的满意率低于交易平台 B,具有高于市场正常平均交易聚集系数的销售者存在,每个平台都分布一定的高交易折扣系数的销售者,但是,对比 α^s =0.1,在 α^s =0.9 的情况下,交易平台特别是交易平台 A 均为了吸引销售者的接入,会选择分配较低的销售者交易折扣系数。

6.3.3 α^c =0.9 的仿真结果对比分析

在消费者交叉网络外部性强度较强,即 α^c =0.9 的情况下,综合对比 α^s =0.1、α^s =0.5 与 α^s =0.9 情况下仿真结果,较低强度的销售者交叉网络外部性强度即 α^s =0.1 交易平台的销售者分布与消费者分布之间的差异化程度随着周期的进行逐渐减小,也就是说,市场具有一定的自动调节能力,即 α^s =0.1 可以抵消部分消费者交叉网络外部性强度的作用;但是,在 α^s =0.5 以及 α^s =0.9 的情况下,不同交易平台的销售者分布以及消费者分布,在周期末尾均出现明显的不能依靠市场自身调节的两极分化,同时,交易聚集系数为零以及低于市场正常交易聚集系数的销售者明显增多,具有高于市场异常平均交易聚集系数的销售者存在,每个平台都分布一定特定的高交易折扣系数的销售者,交易量聚集在少数的高交易折扣系数的销售者,而交易价格随着交易折扣系数的增高而增高,在拥有绝对消费者规模优势的情况下,销售者的交易费用提高,故导致在消费分布以及销售者分布都占据优势的平台 A 的销售者与消费者以及销售者的满意率低于平台 B。

6.4 仿真结果总体分析

通过对 α^c、α^s 设置不同的值,对以上仿真结果进行观察,交叉网络外部性强度的大小直接影响系统运行结果,可以得出以下结论。

(1)在强交叉网络外部性与弱交叉网络外部性组合的情况下,弱交叉网络外部性可以抵消部分强交叉网络外部性的作用。

(2)交叉网络外部性导致销售者与消费者对彼此有一定的依附性,而且α^c、α^s的值越大这种依附性越明显,导致销售者与消费者分布的差异化,以及不同程度的交易平台 A 与交易平台 B 之间的交易量分布差异化。

(3)由于平台交易匹配策略影响,更多的销售者愿意以高交易折扣系数来获得交易量,与此同时,占据大部分交易量的平台的销售者与消费者的平均满意水平仍处于较低水平,特别是除了在α^c=0.1、α^s=0.1 的情况,其他情况均存在一定程度的市场不平衡,交易量聚集在某一平台的具有高交易折扣系数的部分销售者,另一平台销售者与消费者的占有率逐渐下降,双边交叉结构的大部分消费者与销售者端的平均满意度较低。

可以发现,双边交叉结构交易结构的变化与交叉网络外部性强度息息相关,并且,在强对称α^c=0.9、α^s=0.9 情况下,交易结构异化格外明显,当市场中存在两个互相竞争的交易平台时,交易平台可以通过利用双边交叉结构交易的交叉网络外部性特征,调节价格结构以及销售者的交易折扣系数来吸引双边用户,以达到足够庞大的用户基数,使得交易平台获得在销售者以及消费者的操纵能力,并逐步形成明显的非自然垄断性,获得最大利益。故下一章将结合调控变量针对α^c=0.9、α^s=0.9 条件下的双边交叉结构交易模型,建立调控模型并仿真,探索优化双边交叉结构交易结构的调控策略。

在平台交易结构的概念模型基础上,依据仿真条件假设的不同,结合消费者和销售者的主体属性信息和行为策略,通过 Swarm 仿真平台与程序设计,分别赋予α^c、α^s不同的特征值,对不同状态交叉网络外部性强度下的双边交叉结构交易模型进行仿真,最后对仿真结果进行对比分析与总结,探讨交叉网络外部性强度对平台交易结构的影响。

第7章 双边交叉交易模型的调控仿真

7.1 调控变量的选取

在平台交易结构的双边交叉模型中，交易所设置的价格结构直接受到交叉网络外部性强度的影响，即 α^c、α^s 通过对消费者交易费用 x_9、销售者交易费用 y_9 产生直接影响以及使得销售者交易折扣系数 y_5 受到间接影响。

另外，在前文仿真结果的观察及分析中，在双边交叉结构的交易中的销售者群体与消费者群体的交叉网络外部性强度均不断接近 1 的情况下，市场呈现极端的现象。因此，在仿真系统运行时，考虑在 $\alpha^c = 0.9$、$\alpha^s = 0.9$ 的情况下，通过调节相关变量来观察这些因素对最终实验结果的影响情况。本仿真系统中的可调节变量包括以下变量。

(1)消费者的费用成本 x_9。消费者交易费用的大小是影响交易平台对于消费者的吸引力大小的重要因素，交易平台在可以提供较多可供选择的销售者时，在消费者交易成本足够低时，容易使消费者对交易平台产生交易依赖性。

(2)销售者的交易费用 y_9。销售者交易费用的大小是影响交易平台对于消费者的吸引力大小的重要因素，交易平台在可以提供较多可供选择的消费者时，在销售者交易成本足够低时，更容易使销售者对交易平台产生交易依赖性。

(3)销售者交易折扣系数 y_5。销售者交易折扣系数作为决定销售者交易价格的重要参考指标，可以决定不同价格偏好消费者的消费欲望、决定销售者交易量以及交易平台交易量的重要因素。

7.2 调控机理分析

在平台交易结构的双边交叉模型中，当参与交易的双边对彼此具有明显的交叉网络外部性强度的情况下，交易平台为了进一步保持或者增加盈利，对双边参与者实施不同的交易接入费用、交易折扣系数，影响销售者制定的交易价格与质量决策，进而影响市场中消费者与销售者之间的交易量、市场中消费者的满意水平与销售者的满意水平。调控者则吸收系统反馈的信息，通过从消费者交易费用 x_9、销售者交易费用 y_9 以及销售者交易折扣系数 y_5 三个变量的单变量调控、双变量调控以及多变量调控来调控平台交易结果，双边交叉交易模型的调控机理，如图 7.1 所示。

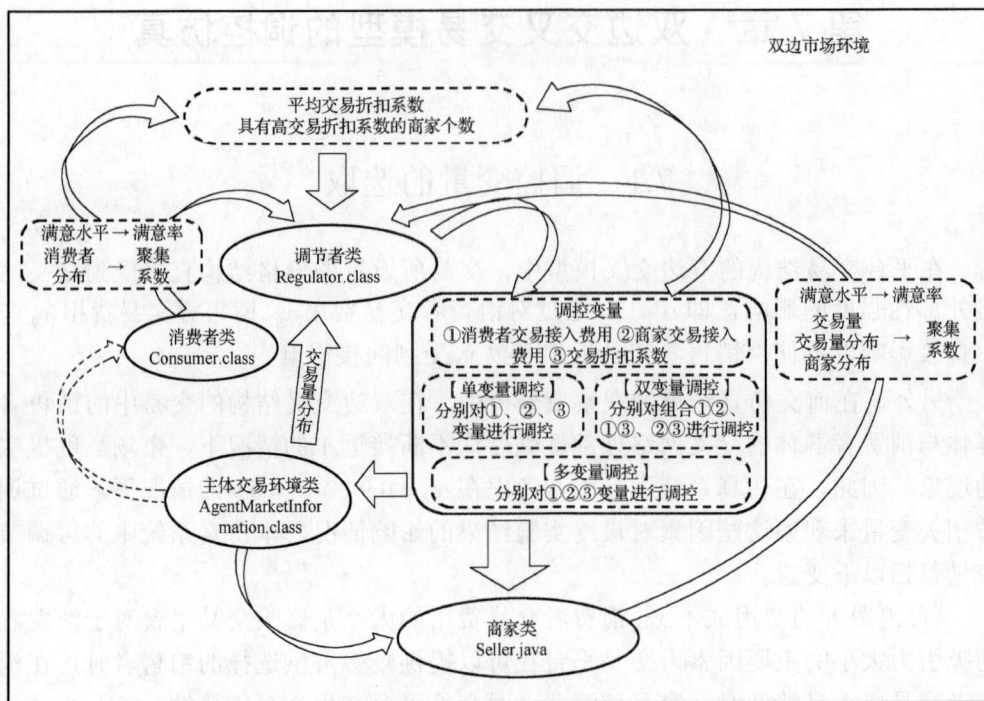

图 7.1　双边交叉交易模型的调控机理

7.3　单变量的调控仿真

7.3.1　选取变量 x_9 的调控仿真

根据消费者的交易费用进行调整的仿真结果。从图 7.2(a) 看出，橙色曲线趋势变化表明低于市场正常交易聚集系数的销售者在 12～18 之间；蓝色曲线趋势变化表明存在少部分销售者的交易聚集系数为零；黄色曲线趋势变化表明存在 0～5 个高于市场正常交易聚集系数的销售者；绿色曲线趋势变化表明存在 0～2 个高于平台异常交易聚集系数的销售者；从图 7.2(b) 看出，交易平台 A 交易量在 300～800 之间波动，呈现缓慢增加趋势，交易平台 B 交易量在 100～400 之间波动，呈现缓慢下降趋势；从图 7.2(c) 看出，交易平台 A 的销售者分布与消费者分布在 0.3～0.8 之间变化，并呈现缓慢增加的趋势，而交易平台 B 的销售者分布与消费者分布在 0.2～0.5 之间变化，并呈现缓慢降低的趋势；从图 7.2(d) 看出，市场整体的消费者的满意率在 0.3～0.6，而整体的销售者的满意率在 0～0.3，并且交易平台 A 的消费者满意率高于交易平台 B；从图 7.2(e) 看出，交易平台 A 与交易平台 B 的平均交易折扣系数在 0～0.2 之间波动；从图 7.2(f) 看出，交易平台 A 与交易平台 B 均存在高交易折扣系数的销售者，其中交易平台 A 的高交易折扣系数在 1～5 之间波动，而交易平台 B 的高交易折扣系数在 0～2 之间波动。

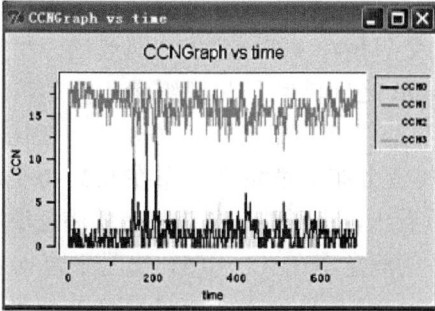

(a) 销售者交易集中度变化

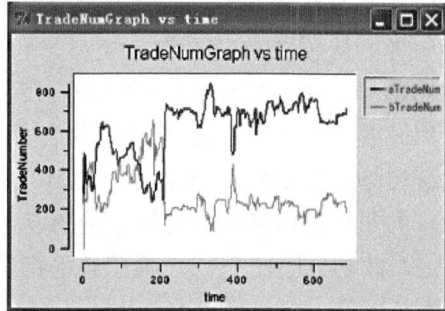

(b) 交易平台 A 与交易平台 B 的交易量变化

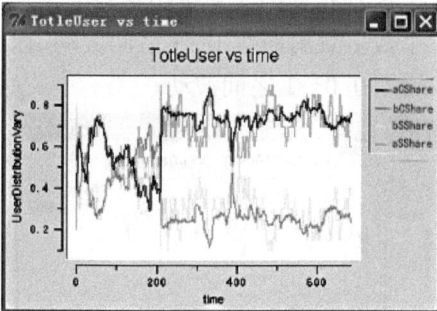

(c) 消费者与销售者的分布变化

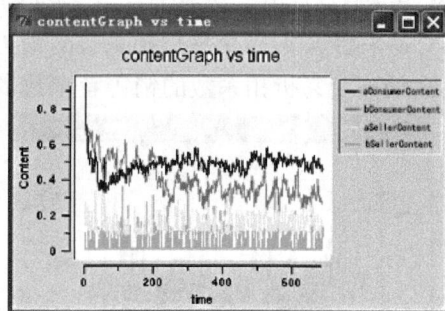

(d) 消费者与销售者平均满意率变化

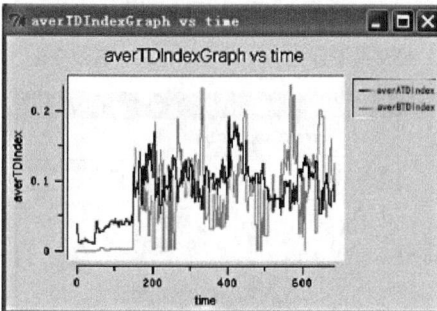

(e) 销售者的平均交易折扣系数变化

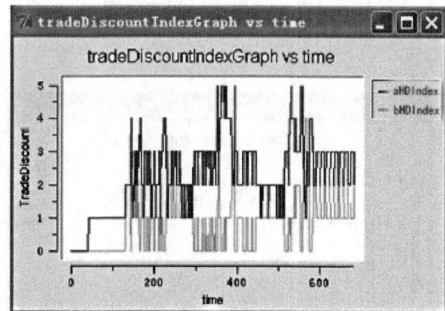

(f) 高交易折扣系数的销售者人数变化

图 7.2　调控变量 x_9 的仿真结果(见彩图)

7.3.2　选取变量 y_9 的调控仿真

根据销售者的交易费用进行调整的仿真结果，从图 7.3(a)看出，橙色曲线趋势变化表明低于市场正常交易聚集系数的销售者在 12～18 之间，蓝色曲线趋势变化表明交易聚集系数为零的销售者个数在 2～12 之间变化，黄色曲线以及绿色趋势变化表明存在 0～2 个高于市场正常交易聚集系数或者市场异常交易聚集系数的销售者；从图 7.3(b)看出，交易平台 A 交易量在 400～650 之间波动，呈现缓慢增加趋势，交易平台 B 交易量在 150～400 之间波动，呈现缓慢下降趋势；从图 7.3(c)看出，交易平台 A 的销售者分布与消费者分布在 0.5～0.8 之间变化，并呈现缓慢增加的趋势，而交易平台 B 的销售者分布与消费者分布在 0.2～0.5 之间变化，并呈现缓慢降低的趋势；从图 7.3(d)看出，市场整体的销售者的满意率特别不稳定，波动范围在 0～1，而整体的消费者的满意率在 0.1～0.5，交易平台 A 的消费者满意率低于交易平台 B；从图 7.3(e)看出，交易平台 A 与交易平台 B 的平均交易折扣系数在 0～0.2 之间波动，但是交易平台 A 的平均交易折扣系数高于交易平台 B；从图 7.3(f)看出，交易平台 A 与交易平台 B 均存在高交易折扣系数的销售者，其中交易平台 A 的高交易折扣系数的销售者个数多数周期在 1～3 之间波动，而交易平台 B 的高交易折扣系数的销售者个数多数周期在 0～1 之间波动。

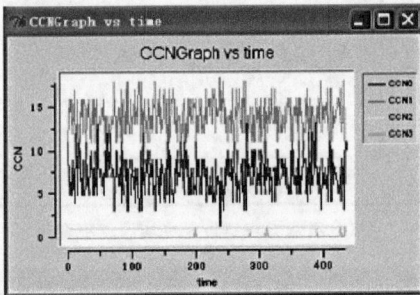

(a) 销售者交易集中度变化

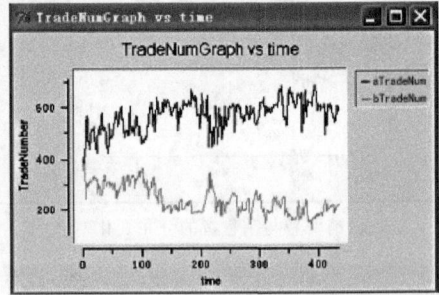

(b) 交易平台 A 与交易平台 B 的交易量变化

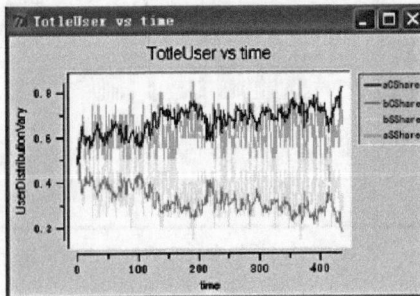

(c) 消费者与销售者的分布变化

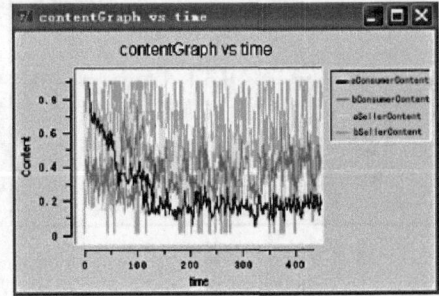

(d) 消费者与销售者平均满意率变化

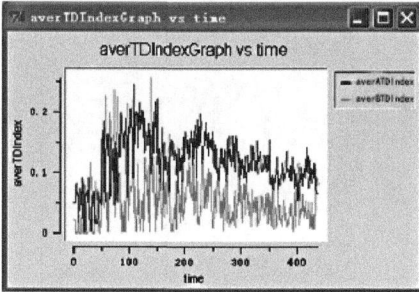

(e)销售者的平均交易折扣系数变化

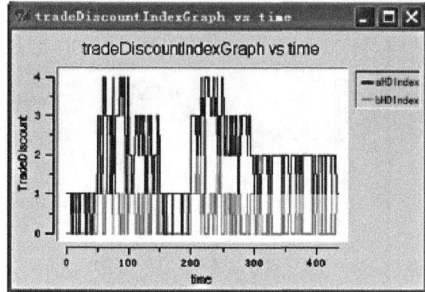

(f)高交易折扣系数的销售者人数变化

图 7.3 调控变量 y_9 的仿真结果(见彩图)

7.3.3 选取变量 y_5 的调控仿真

根据销售者的交易折扣系数进行调整的仿真结果,从图 7.4(a)看出,橙色曲线趋势变化表明低于市场正常交易聚集系数的销售者在 2~10 之间,蓝色曲线趋势变化表明交易聚集系数为零的销售者个数在 8~18 之间变化,黄色曲线以及绿色趋势变化表明存在 0~2 个高于市场正常交易聚集系数或者市场异常交易聚集系数的销售者;从图 7.4(b)看出,交易平台 A 交易量在 400~900 之间波动,交易平台 B 交易量在 0~400 之间波动,交易量分布具有一定可自动调节的差异化;从图 7.4(c)看出,交易平台 A 的销售者分布与消费者分布在 0.5~1 之间变化,交易平台 B 的销售者分布与消费者分布在 0~0.5 之间变化,消费者分布与销售者分布呈现一定可自动调节的差异化;从图 7.4(d)看出,市场整体的销售者的满意率不稳定,波动范围在 0~1,而整体的消费者的满意率在 0.1~0.5 之间变化,交易平台 A 的消费者满意率低于交易平台 B;从图 7.4(e)看出,交易平台 A 与交易平台 B 的平均交易折扣系数在 0~0.1 之间波动,但是交易平台 A 的平均交易折扣系数高于交易平台 B;从图 7.4(f)看出,交易平台 A 与交易平台 B 均存在高交易折扣系数的销售者,其中交易平台 A 的高交易折扣系数的销售者个数多数周期在 1~2 之间波动,交易平台 B 的高交易折扣系数的销售者个数多数周期在 0~1 之间波动。

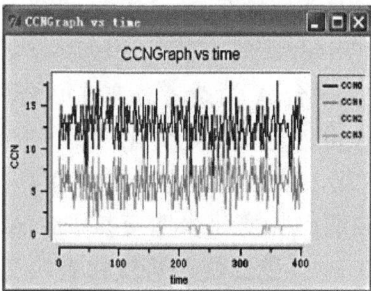

(a)销售者交易集中度变化

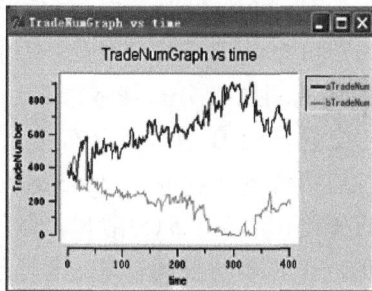

(b)交易平台 A 与交易平台 B 的交易量变化

(c) 消费者与销售者的分布变化　　　　　　(d) 消费者与销售者平均满意率变化

(e) 销售者的平均交易折扣系数变化　　　　(f) 高交易折扣系数的销售者人数变化

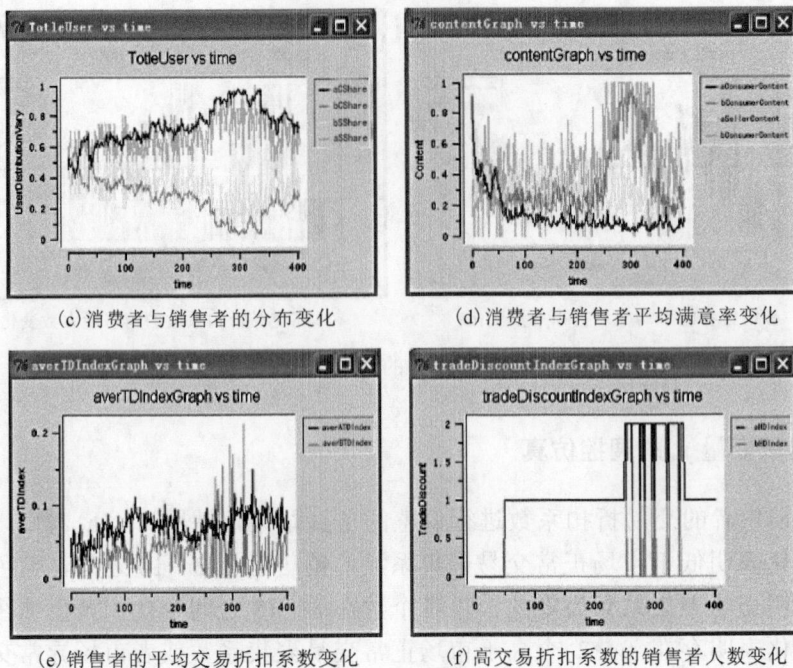

图 7.4　调控变量 y_5 的仿真结果(见彩图)

7.4　选取双变量组合的调控仿真

7.4.1　选取变量(x_9, y_9)组合的调控仿真

　　根据消费交易费用与销售者交易费用进行调整的仿真结果,从图 7.5(a)看出,橙色曲线趋势变化表明低于市场正常交易聚集系数的销售者在 0～5 之间,蓝色曲线趋势变化表明交易聚集系数为零的销售者个数在 0～4 之间变化,黄色曲线趋势变化表明存在 5～17 个高于市场正常交易聚集系数;从图 7.5(b)看出,交易平台 A 交易量在 350～600 之间波动,交易平台 B 交易量在 0～350 之间波动,交易量分布具有一定可自动调节的差异化;从图 7.5(c)看出,蓝色曲线表明交易平台 A 与交易平台 B 的消费者分布基本稳定,交易平台 A 消费者分布在 0.55～0.7 之间稳定变化,交易平台 B 消费者分布在 0.55～0.7 之间稳定变化,交易平台 A 的销售者分布与消费者分布在 0.3～0.45 之间变化,整体销售者分布在 0.4～0.65 之间较大幅度的变化;从图 7.5(d)看出,蓝色曲线趋势变化表明交易平台 A 的消费者满意率在 0.3～0.8 之间波动,并逐渐趋于 0.7,黄色曲线趋势变化表明交易平台 A 的销售者满意率在 0.2～0.5 之间波动,并逐渐趋于 0.2,橙色曲线与绿色曲线趋

势变化表明交易平台 B 的消费者满意率与销售者满意率在 0.3～0.5 之间变化；从图 7.5(e)看出，交易平台 A 与交易平台 B 的平均交易折扣系数在 0～0.1 之间波动，最终在 0.1 上下轻微稳定波动；从图 7.5(f)看出，交易平台 A 与交易平台 B 均存在高交易折扣系数的销售者多数周期在 1～3 之间波动。

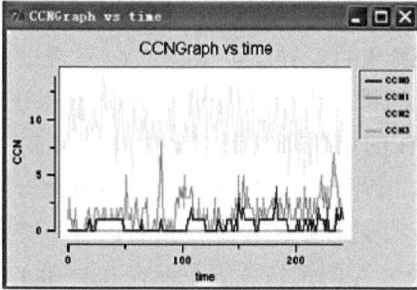

(a)销售者交易集中度变化

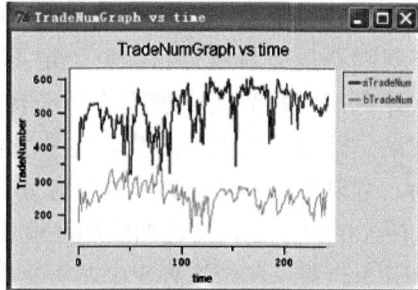

(b)交易平台 A 与交易平台 B 的交易量变化

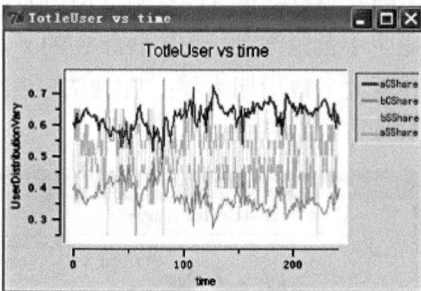

(c)消费者与销售者的分布变化

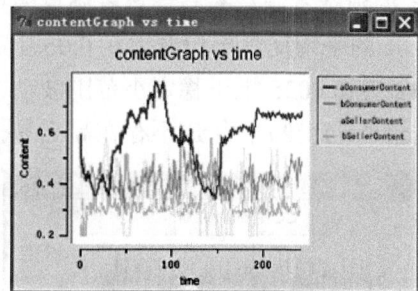

(d)消费者与销售者平均满意率变化

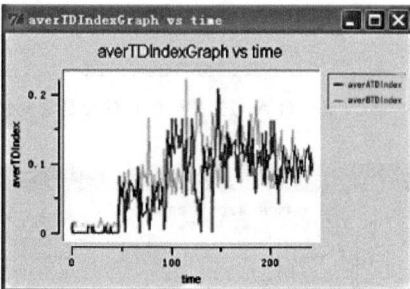

(e)销售者的平均交易折扣系数变化

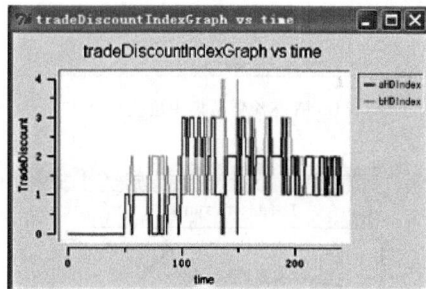

(f)高交易折扣系数的销售者人数变化

图 7.5　调控 (x_9, y_9) 的仿真结果(见彩图)

7.4.2　选取变量 (x_9, y_5) 组合的调控仿真

根据消费交易费用与销售者交易费用进行调整的仿真结果，从图 7.6(a)看出，

橙色曲线趋势变化表明低于市场正常交易聚集系数的销售者在 3～9 之间,蓝色曲线趋势变化表明交易聚集系数为零的销售者个数在 8～17 之间变化, 黄色曲线与绿色曲线趋势变化表明存在 0～1 个高于市场正常交易聚集系数;从图 7.6(b) 看出, 交易平台 A 交易量在 400～850 之间波动, 随着周期的进行呈现明显的整体上升趋势, 交易平台 B 交易量在 0～300 之间波动, 随着周期的进行呈现明显的整体下降趋势, 交易量分布具有一定不可调节的差异化;从图 7.6(c) 看出, 蓝色曲线与绿色曲线趋势变化表明交易平台 A 的销售者分布与消费者分布在 0.5～0.9 之间波动, 呈现整体上升趋势, 交易平台 B 的销售者与消费者分布在 0.1～0.5 之间波动, 呈现整体下降趋势, 销售者分布与消费者分布呈现一定的不可调节的差异化;从图 7.6(d) 看出, 蓝色曲线趋势变化表明交易平台 A 的消费者满意率在急剧下降并趋于 0.1, 黄色曲线趋势变化表明交易平台 A 的销售者满意率在 0.2～0.4 之间波动, 并逐渐趋于 0.3 上下稳定小范围的波动, 橙色曲线与绿色曲线趋势变化表明交易平台 B 的消费者满意率与销售者满意率在急剧升高且接近 1;从图 7.6(e) 看出, 交易平台 A 的平均交易折扣系数在 0.05 上下稳定小范围波动, 交易平台 B 的平均交易折扣系数在 0.0025 上下稳定小范围波动, 甚至大多数周期为零;从图 7.6(f) 看出, 交易平台 A 与交易平台 B 不存在高交易折扣系数的销售者。

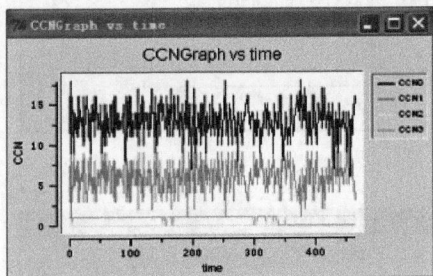

(a) 销售者交易集中度变化

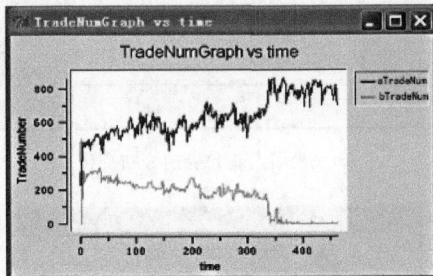

(b) 交易平台 A 与交易平台 B 的交易量变化

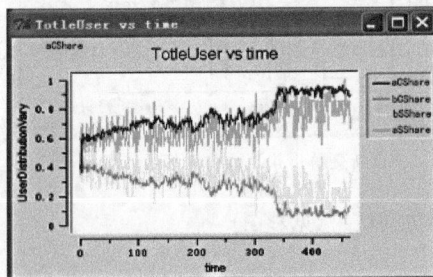

(c) 消费者与销售者的分布变化

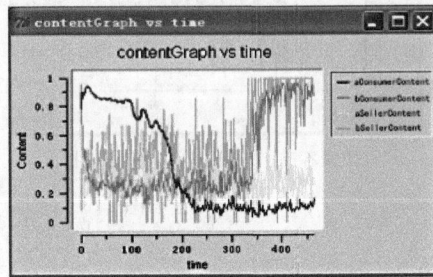

(d) 消费者与销售者平均满意率变化

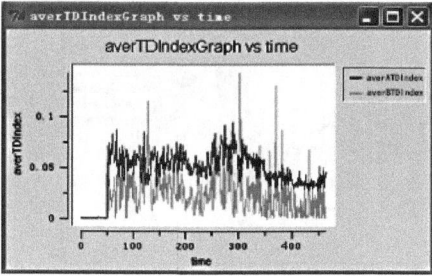

(e) 销售者的平均交易折扣系数变化　　　　　　(f) 高交易折扣系数的销售者人数变化

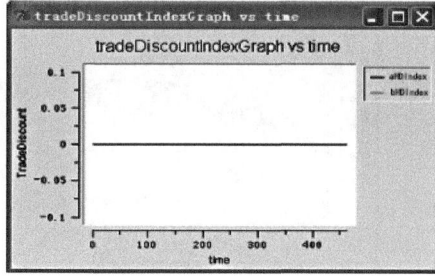

图 7.6　调控 (x_9, y_5) 的仿真结果 (见彩图)

7.4.3　选取变量 (y_9, y_5) 组合的调控仿真

根据销售者交易费用与销售者交易折扣系数进行调整的仿真结果，从图 7.7(a) 看出，橙色曲线趋势变化表明低于市场正常交易聚集系数的销售者在 3~8 之间，蓝色曲线趋势变化表明交易聚集系数为零的销售者个数在 10~18 之间变化，黄色曲线与绿色曲线趋势变化表明存在 0~2 个高于市场正常交易聚集系数或者市场异常交易聚集系数的销售者；从图 7.7(b) 看出，交易平台 A 交易量在 300~850 之间波动，整体呈现上升趋势，并逐渐趋于 750 上下稳定小范围波动，交易平台 B 交易量在 0~400 之间波动，整体呈现下降并接近零的趋势；交易量分布呈现一定的不可自动调节的差异化；从图 7.7(c) 看出，蓝色曲线与绿色表明交易平台 A 的消费者分布与销售者分布在 0.5~1 之间稳定变化，并呈现整体上升的趋势周期末尾接近 1，橙色与黄色曲线趋势变化表明交易平台 B 的消费者分布与销售者分布在 0.1~0.5 之间稳定变化，并呈现整体下降的趋势周期末尾接近零；从图 7.7(d) 看出，蓝色与黄色曲线趋势变化表明交易平台 A 的消费者满意率与销售者满意率在 0.2~0.5 之间波动，并逐渐趋于 0.3 上下小范围波动，橙色曲线与绿色曲线趋势变化表明交易平台 B 的消费者满意率与销售者满意率在 0.5~1 之间，特别是周期末尾明显升高接近 1；从图 7.7(e) 看出，交易平台 A 与交易平台 B 的平均交易折扣系数在 0~0.02 之间小范围波动；从图 7.7(f) 看出，交易平台 A 与交易平台 B 几乎不存在高交易折扣系数的销售者。

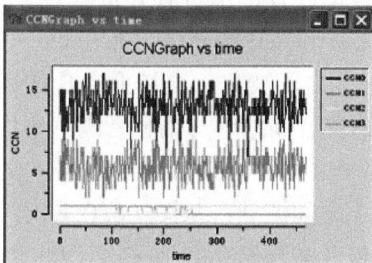

(a) 销售者交易集中度变化　　　　　　(b) 交易平台 A 与交易平台 B 的交易量变化

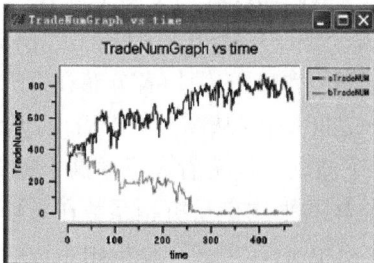

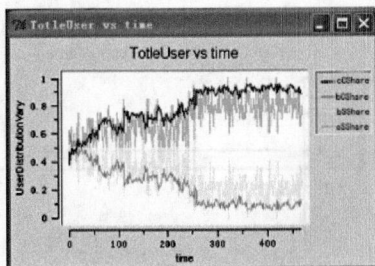

(c)消费者与销售者的分布变化　　　　(d)消费者与销售者平均满意率变化

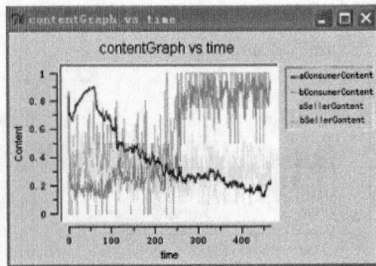

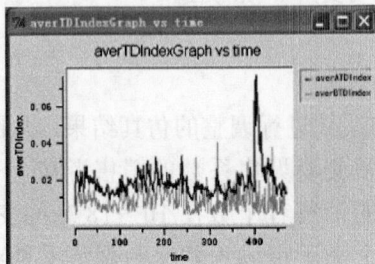

(e)销售者的平均交易折扣系数变化　　　(f)高交易折扣系数的销售者人数变化

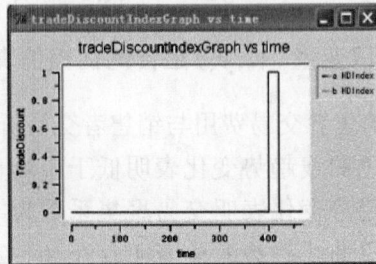

图 7.7　调控(y_9, y_5)的仿真结果(见彩图)

7.5　选取多变量(x_9, y_9, y_5)组合的调控仿真

根据消费交易费用与销售者交易费用进行调整的仿真结果,从图 7.8(a)看出,橙色曲线趋势变化表明低于市场正常交易聚集系数的销售者在 2~10 之间,蓝色曲线趋势变化表明交易聚集系数为零的销售者为零,黄色曲线趋势变化表明存在10~18 个高于市场正常交易聚集系数,绿色曲线趋势变化表明存在 1 个销售者的交易聚集系数高于市场平均异常交易聚集系数;从图 7.8(b)看出,交易平台 B 交易量在 500~570 之间波动,并趋于稳定不变,交易平台 A 交易量在 400~500 之间波动,并趋于稳定不变,交易量分布出现稳定的局部微小差异化;从图 7.8(c)看出,蓝色与橙色曲线表明交易平台 A 与交易平台 B 的消费者分布基本稳定,交易平台 A 消费者分布在 0.4~0.5 之间稳定变化,交易平台 B 消费者分布在 0.5~0.6 之间稳定变化,交易平台 A 的销售者分布在 0.3~0.75 之间变化,交易平台 B 的销售者分布在 0.2~0.6 之间变化;从图 7.8(d)看出,整体消费者满意率与销售者满意率均在 0.65~0.8 之间上下波动,消费者满意率高于销售者满意率;从图 7.8(e)看出,交易平台 A 与交易平台 B 的平均交易折扣系数在 0.1~0.3 之间波动;从图 7.8(f)看出,交易平台 A 与交易平台 B 均存在高交易折扣系数的销售者多数周期在 1~2 之间波动。

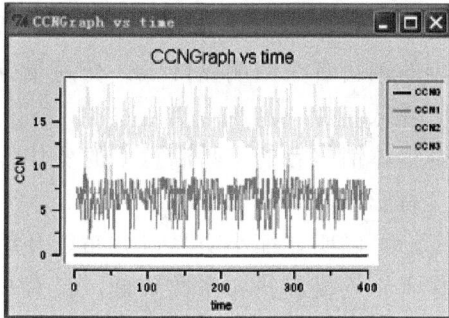

（a）销售者交易集中度变化

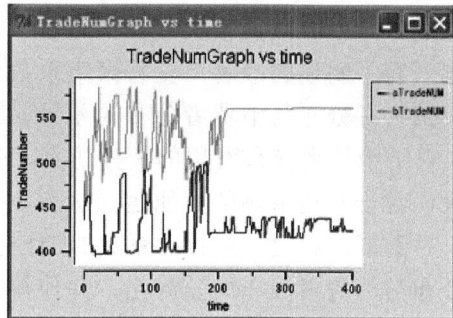

（b）交易平台 A 与交易平台 B 的交易量变化

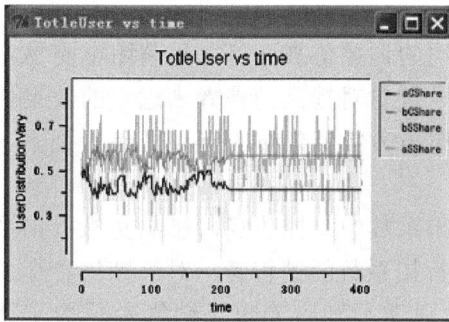

（c）消费者与销售者的分布变化

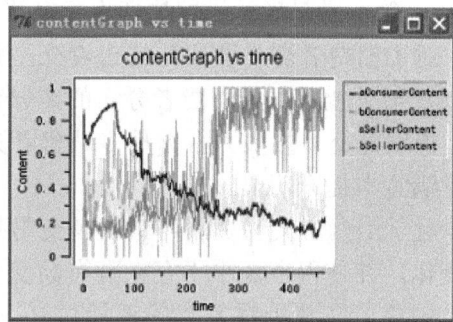

（d）消费者与销售者平均满意率变化

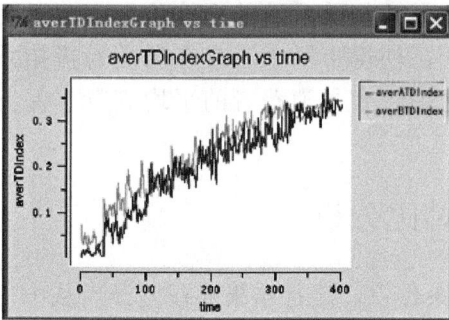

（e）销售者的平均交易折扣系数变化

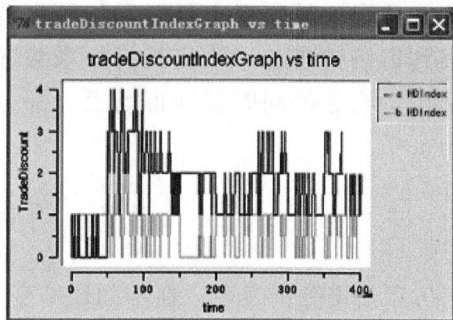

（f）高交易折扣系数的销售者人数变化

图 7.8　多变量调控（x_9, y_9, y_5）的仿真结果（见彩图）

7.6　调控仿真分析

7.6.1　单变量的调控仿真分析

对于消费者交易费用的调控仿真，虽然不同交易平台的销售者以及消费者的满意度水平差距依然较大,交易平台 A 与交易平台 B 的消费者满意率相比未调控状态下有了明显的改善,交易聚集系数为零的销售者个数明显降低,交易量分布以及销售者分布与消费者分布的差异化有所降低。

对于销售者交易费用的调控仿真,使得整体销售者的交易满意率的变化幅度加大,对于双边市场的其他运行状态几乎没有影响。

对于销售者交易折扣的系数的调控仿真,可以明显缩小交易量分布以及销售者分布与消费者分布的差异化,并使得销售者平均交易折扣系数降低,具有高交易折扣系数的销售者人数变少。

7.6.2　双变量与多变量的调控仿真分析

对于消费者交易费用与销售者交易费用的调控仿真,可以显著缩小交易量分布以及销售者分布与消费者分布的差异化,同时对提高消费者满意率的效果更明显,特别是交易量多并占据稍多销售者分布与消费者分布的交易平台 A 而言,消费者满意率提升明显。

对于消费者交易费用与销售者交易折扣系数的调控仿真,影响交易折扣系数的变化,并使得市场中不存在具有高交易折扣系数的销售者;对于销售者交易费用与销售者交易折扣系数的调控仿真,可以明显观察到市场销售者平均交易折扣系数降低,使得市场中不存在高交易折扣系数的销售者人数;对于消费者交易接入费用、销售者交易费用与销售者交易折扣的系数的调控仿真,可以明显观察到市场销售者平均交易折扣系数降低,使得市场中不存在高交易折扣系数的销售者人数,同时保证市场上大部分的销售者与消费者的平均满意率保持较高的水平。

7.7　仿真对比分析

仿真结果分析表明,在不同调节变量条件下,运行结果存在差异,从中可以得出以下分析和结论。

(1)单个调控变量虽然对于双边市场交易结构的形成具有一定的影响,但是影响不大,市场运行状态差异不明显。

(2)可以进行调控变量的组合,使得双边市场的消费者与销售者的满意水平得到有效改善以及优化双边市场交易结构。

通过以上结论可以发现,通过多个不同调控变量的组合,对优化具有对称性高强度的交叉网络外部性的双边市场结构更有参考意义,市场调控者可以通过参考调控变量组合,调节双边市场的竞争状态,并防止形成利益分配不合理的非自然垄断性市场状态。

首先，分析确定调控变量消费者交易费用 x_9、销售者交易费用 y_9 以及销售者交易折扣系数 y_5 三个调控变量，介绍调控者 Regulator.java 类中涉及的调控者行为规则设计，并结合交叉网络外部性的强度与调控变量之间的关系，对双边市场的交易调控机理进行分析；然后，分别结合调控变量消费者交易费用 x_9、销售者交易费用 y_9 以及销售者交易折扣系数 y_5 三个调控变量，通过单变量、双变量以及多变量进行调控仿真，对仿真结果进行分析；最后，针对不同的调控仿真结果进行对比分析与总结。

下篇　平台交易结构的仿真实验设计

第 8 章　平台交易结构的仿真程序层次结构

建立主程序设计是开展仿真工作的第一步，本章结合 Java 语言程序设计，介绍主要的主程序运行源文件结构、层次结构、运行顺序与具体的程序代码设计，为后续 Swarm 仿真奠定基础。

8.1　仿真运行程序源文件的结构

通过平台交易结构概念模型的构建，明确了交易主体之间的系统关系以及影响主体关系的变量之间的关系。在双边交叉交易的概念模型基础上，结合 Swarm 仿真平台，建立基于 MarketStart.java、MarketObserverSwarm. java、MarketModelSwarm.java、Seller.java、Consumer.java、AgentMarketInformation.java、SwarmUtils.java 7 个 Java 类文件。Swarm 仿真源程序建立的 7 个 Java 文件，如表 8.1 所示。

表 8.1　Swarm 仿真程序的 Java 文件

仿真程序 Swarm 源文件	主程序：MarketStart.java
	观察者类：MarketObserverSwarm.java
	模型 Swarm 类：MarketModelSwarm.java
	销售者类：Seller.java
	消费者类：Consumer.java
	平台主体类：AgentMarketInformation.java
	附属辅助文件：SwarmUtils.java

8.2　仿真运行程序源文件的层次关系

具体的仿真程序之间的外层运行逻辑顺序，如图 8.1 所示。从主程序 MarketStart.java 开始运行，启动观察者 Swarm 文件(MarketObserverSwarm.java)，调用模型 Swarm 文件(MarketModelSwarm.java)，然后运行封装在模型 Swarm 中的销售者主体类(Sell.java)、消费者主体类(Consumer.java)和平台主体类(Agent-MarketInformation.java)三个主体类。其中，平台 Agent 主体类被封装在 AgentMarket Information.java 的文件中。

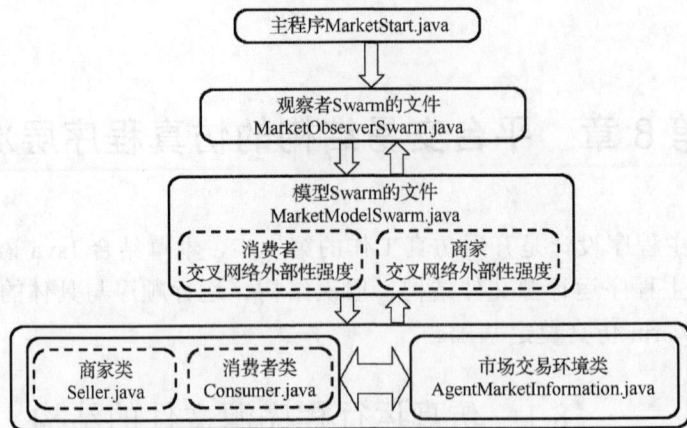

图 8.1　仿真运行程序源文件的层次关系

8.3　仿真程序源文件的运行顺序

针对以上仿真 Swarm 源文件之间的外层运行逻辑顺序，建立描述内部运行机制的双边市场交易 Swarm 模型，如图 8.2 所示。

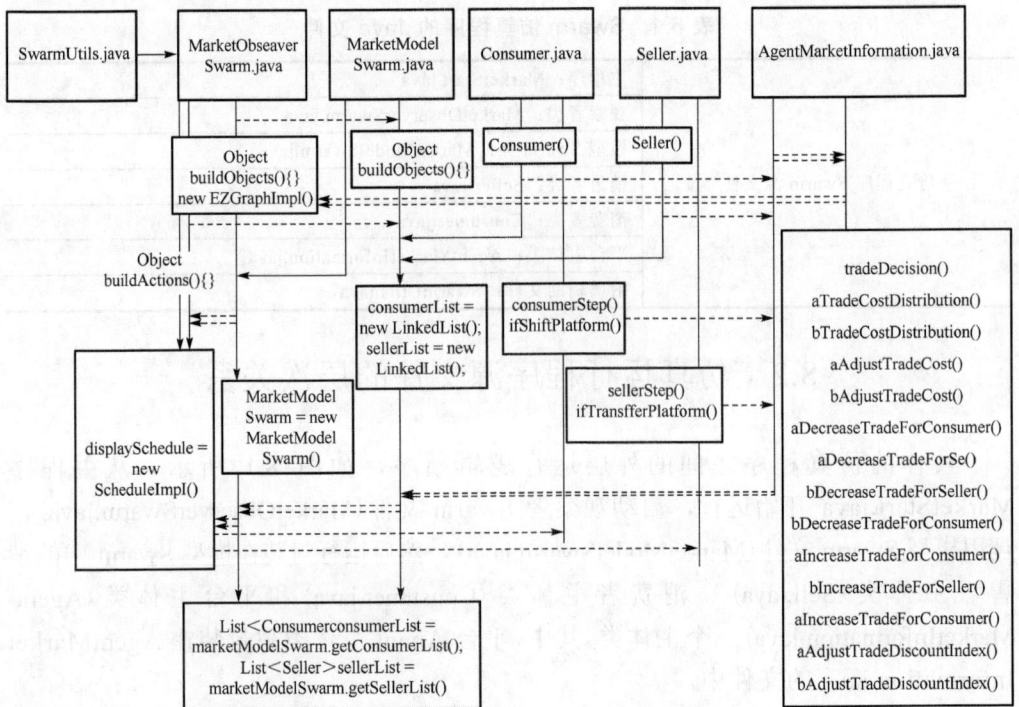

图 8.2　平台交易结构的 Swarm 运行程序图

观察者 MarketObserverSwarm.java 类主要通过 buildObjects()方法结合 Swarm 自带的 EZGraphImpl 类文件。构造函数构建生成图像的主体，通过 MarketModel-Swarm.java 类文件中的构造函数。建立 MarketModelSwarm.java 的对象。通过 buildActions()方法，启动 Swarm 程序自带的 ActionGroupImpl 类和 Action-GroupImpl 类，确定仿真程序加载主体方法及其执行时间。

MarketModelSwarm.java 类主要通过 buildObjects()方法与 buildActions()方法，利用链表函数建立交易模型仿真对象并执行支持主体行为运行的方法，包括协助 MarketObserverSwarm.java 文件生成图像的方法，统计来自 Seller.java 类、Consumer.java 类、AgentMarketInformation.java 类相关数据信息。

交易主体行为文件包含销售者主体 Seller.java 类和消费者 Consumer.java 类，文件的功能是定义消费者与销售者的相关属性信息对应的变量及行为规则对应的方法，并支持其他文件的使用。

AgentMarketInformation.java 文件里设定了双边市场的交易环境和平台主体。包括：交易平台 Agent 的相关属性信息、属性信息对应的变量以及行为规则、行为规则对应的方法，并统计 Seller.java 类、Consumer.java 类的相关数据信息，进一步将数据信息传递给 Seller.java 类、Consumer.java 类以及 MarketModelSwarm.java 类。

8.4　平台交易结构的主程序代码

主程序 MarketStart.java 文件是仿真程序的开始，由于仿真系统的设置，观察者类 MarketObserverSwarm.java 文件与模型类 MarketModelSwarm.java 文件之间具有双向传递的信息流；由于销售者与消费者之间交易关系以及交易关系与市场环境之间的交互作用，销售者类 Seller.java 文件与消费者类 Consumer.java 文件作为抽象描述市场交易主体的文件，与市场环境类 AgentMarketInformation.java 文件之间具有并行双向传递的信息流；同样，由于仿真系统的设置，销售者类 Seller.java 文件与消费者类 Consumer.java 文件以及市场环境类 AgentMarketInformation.java 文件与 Market-ModelSwarm.java 文件存在双向传递信息流。

主程序 MarketStart.java 类是程序的开始所要使用的文件，包含唯一的主程序 main()方法，主要通过构造函数建立 MarketObserverSwarm.java 的对象，用来触发所有的仿真程序，主程序类以 MarketStart.java 为类库名建立。

8.4.1　主程序基本函数

```
import swarm.Globals;
public class MarketStart{
```

```
public static void main(String[] args){
Globals.env.initSwarm("two-sided market", "2.1",
"bug-swarm@swarm.org",args);
MarketObserverSwarm topLevelSwarm
=new MarketObserverSwarm(Globals.env.globalZone);
 Globals.env.setWindowGeometryRecordName(topLevelSwarm,
 "topLevelSwarm");
  }
}
```

8.4.2　定义主程序层次结构

```
topLevelSwarm.buildObjects();
topLevelSwarm.buildActions();
topLevelSwarm.activateIn(null);
topLevelSwarm.go();
topLevelSwarm.drop();
```

8.5　平台交易结构的附属程序代码

构造 SwarmUtils.java 程序类库。附属文件 SwarmUtils.java 类是通过对 Swarm 类库 Selector 类的使用，封装仿真程序所需要的每个程序文件中主体行为对应的方法，以备时间调度 Schedule 来使用。

8.5.1　附属程序基本函数

```
import swarm.Globals;
import swarm.Selector;
public class SwarmUtils
```

这两种静态方法产生选择器。选择器用来封装选择器类的对象产生的消息，并存放在 Swarm 里面，消息由方法定义，用以区分对象所在的类。

因为这个方法必须被定义为对象的类，而且只有在运行的时候才能够被确定。这样就可以使得选择器可以具有剔除类和方法不匹配的例外情况。

如果有错误产生时，需要提供将事件例外情况放入尝试/抓取的代码块。

新的选择器置放于尝试的代码块中，抓取代码块能够处理例外结果。在这里我们提供了一个简易操作方法。

这种处理例外情况的方法，我们称之为系统.退出（System.exit(1)）（这里的
"return null"用来结束抓取代码，用来告诉程序语言编写者如果例外情况产生，
而"sel"为被定义的话，"return sel"将无法操作。我们将在例外情况发生之前，
将程序调入方法，转入到"return sel"）。

　　getSelector 的方法是过载的，可以称为线程约束。第一种情况，线程被转化
为一个类，用以定义 forName()方法；第二种情况，称为 getClass()，用于识别对
象的类。第二种情况在 getSelector 时，被用于线程约束方法名称。

　　在选择器建构后，用布尔算法中的"fasle"来表示 theobjCFlag。允许编程者
采用 ObjectiveC-type 键/值方法语句。由于我们经常使用 Java 类型命名，所以用
标识来表示错误。

8.5.2　选择器的实例

```
public static Selector getSelector(String name,String method){
//返回值的类型是 Selector 的一个实例
Selector sel;
try{
sel=new Selector(Class.forName(name),method,false);
    }
}
catch(Exception e){
System.err.println("There was an error in creating a Selector for method
"+method+"\nin Class "+name+".");
System.err.println(name + "." + method + " returns " + e.getMessage());
System.err.println("The process will be terminated.");
System.exit(1);
return null;
}
return sel;
//采用公共类方法
public static Selector getSelector(Object obj, String method){
//返回值的类型是 Selector 的一个实例；Object obj 参数代表的是一个类
Selector sel;
try{
    }
}
```

8.5.3　交易例外条件

```
sel=new Selector(obj.getClass(),method,false);{
//Class.forName(xxx.xx.xx)返回的是一个类
//Class.forName(xxx.xx.xx); 作用是要求 JVM 查找,并加载指定的类, 也就是
//说, JVM 会执行该类的静态代码段
catch(Exception e){
 System.err.println("There was an error in creating a Selector for method
" + method + "\nin Class " +(obj.getClass()).getName() + ".");
 System.err.println((obj.getClass()).getName() + "." + method + "returns
" + e.getMessage());
 System.err.println("The process will be terminated.");
 System.exit(1);
 return null;
 }
 return sel;
}
```

第 9 章　平台交易结构的 ObserverSwarm 类

ObserverSwarm 是 Swarm 程序类库中的两个子类之一，它建立 Swarm 仿真程序的框架结构。ModelSwarm 程序类与主体的交互通过 ObserverSwarm 观测，并输出结果。由于 ObserverSwarm 具有系统整体检测的功能，故本仿真程序将市场监管者放在本部分。

在仿真过程中，ObserverSwarm 通过探测器接口观测 ModelSwarm 对象中各个主体状态变化，并以图形的方式输出或保存。系统调控的功能在市场监管者的子类中完成。

9.1　定义 ObserverSwarm 函数

```
import java.util.List;
import swarm.Globals;
import swarm.Selector;
import swarm.activity.ActionGroup;
import swarm.activity.ActionGroupImpl;
import swarm.activity.Activity;
import swarm.activity.Schedule;
import swarm.activity.ScheduleImpl;
import swarm.analysis.EZGraph;
import swarm.analysis.EZGraphImpl;
import swarm.defobj.Zone;
import swarm.gui.Colormap;
import swarm.gui.ColormapImpl;
import swarm.gui.ZoomRaster;
import swarm.gui.ZoomRasterImpl;
import swarm.objectbase.ActivityControl;
import swarm.objectbase.ActivityControlImpl;
import swarm.objectbase.EmptyProbeMapImpl;
import swarm.objectbase.MessageProbe;
import swarm.objectbase.Swarm;
import swarm.objectbase.VarProbe;
import swarm.simtoolsgui.GUISwarmImpl;
import swarm.space.Diffuse2dImpl;
```

```
import swarm.space.Object2dDisplay;
import swarm.space.Object2dDisplayImpl;
import swarm.space.Value2dDisplay;
import swarm.space.Value2dDisplayImpl;
```

9.2　定义 ObserverSwarm 公共信息

```
public class MarketObserverSwarm extends GUISwarmImpl{
public int  displayFrequency;
//参数：更新频率
public ActionGroup displayActions;
//对于 GUI 的事件顺序
public Schedule displaySchedule;
//时间表实例
public MarketModelSwarm;
//我们要观察的 MarketModelSwarm
public Colormap colormap;
//把模型内使用的整数与屏幕上所需要的输出的颜色值联系起来
public ZoomRaster enviorRaster;
//专用界面工具集，通过从数据矩阵或者对象读取，在屏幕上显示一个二维栅格图
public EZGraph totleUserGraph;
//双边用户规模总量情况曲线图
public EZGraph TradeNumGraph;
//平台 A、B 的交易规模总量情况曲线图
public EZGraph contentGraph;
public EZGraph tradeHighDiscountIndexGraph;
//平台 A、B 的对平台销售者的交易折扣系数曲线图
public EZGraph averageTradeDiscountIndexGraph;
public EZGraph CCNGraph;
public Object2dDisplay sellerDisplay;
public Object2dDisplay consumerDisplay;
public ActivityControl observerActCont;
public MarketObserverSwarm(Zone aZone){
//构造函数
super(aZone);
displayFrequency=1;
class MarketObserverSwarmProbeMap extends EmptyProbeMapImpl{
private VarProbe probeVariable(String name){
```

```
//变量观测器，用于观察对象的变量，VarProbe 可以读取和修改对象变量
return Globals.env.probeLibrary.getProbeForVariable$inClass
 (name,MarketObserverSwarm.this.getClass());
}

    private void addVar(String name){
    addProbe(probeVariable(name));
}

    public MarketObserverSwarmProbeMap(Zone _aZone,Class<?>aClass){
    super(_aZone,aClass);
    addVar("displayFrequency");
    //在此处可以根据具体情况，添加 Var 和 Message 变量
}

    Globals.env.probeLibrary.setProbeMap$For(new
    MarketOb-serverSwarmProbeMap(aZone,getClass()),getClass());
    public Object buildObjects(){
    //建立 ModelSwarm 对象，建立图形显示对象
    super.buildObjects();
    //创建实际观察的 ModelSwarm，ModelSwarm 是 ObserverSwarm 的子类
}
```

9.3　调用 ModelSwarm

```
marketModelSwarm=new MarketModelSwarm(getZone());
    //创建实例对象
    Globals.env.createArchivedProbeDisplay(marketModelSwarm,
"marketModelSwarm");
    Globals.env.createArchivedProbeDisplay(this,"marketObserver-
Swarm");
    getControlPanel().setStateStopped();
    marketModelSwarm.buildObjects();
    //创建模拟的主体对象
```

9.4　建立 ObserverSwarm 输出信息

建立 ObserverSwarm 的显示对象。

9.4.1　基本信息

首先，创建一个 colormap：这是一个全局共享资源，这里的信息将会被许多不同的对象用到。

```
colormap=new ColormapImpl(getZone());
colormap.setColor$ToName((byte)1,"green");
//销售者的颜色
colormap.setColor$ToName((byte)2,"blue");
// 用来画两个矩形，表示平台的区域，主要是区别销售者和消费者所属运营商
colormap.setColor$ToName((byte)3,"yellow");
//连线的颜色
colormap.setColor$ToName((byte)4,"red");
//消费者的颜色,将所有消费者定义为红色
List<Consumer> consumerList=marketModelSwarm.getConsumerList();
for(int i=0; i<consumerList.size(); i++){
Consumer consumer=(Consumer)consumerList.get(i);
consumer.setConsumerColor((byte)4);
//红色
}

List<Seller> sellerList=marketModelSwarm.getSellerList();
for(int j=0; j<sellerList.size(); j++){
Seller seller=(Seller)sellerList.get(j);
seller.setSellerColor((byte) 1);
//将所有销售者定义为绿色
}

enviorRaster=new ZoomRasterImpl(getZone(),"enviorRaster");
//创建光栅
try{
enviorRaster.enableDestroyNotification$notificationMethod(this,new
Selector(getClass(), "_enviorRaster-Death_",false));
}
catch(Exception e){
System.out.println("Exception _enviorRaster_: " + e.getMessage());
}
enviorRaster.setColormap(colormap);
//设置光栅的调色板
enviorRaster.setZoomFactor(4);
//设置窗体的大小
```

```
enviorRaster.setWidth$Height(marketModelSwarm.getAgentSpace().
getSizeX(),marketModelSwarm.getAgentSpace().getSizeY());
//设置光栅的大小
enviorRaster.setWindowTitle("Two-sided market");
enviorRaster.rectangleX0$Y0$X1$Y1$Width$Color(5,5,105,105,1,
(byte)2);
enviorRaster.rectangleX0$Y0$X1$Y1$Width$Color(110,5,210,105,1,
(byte)2);
enviorRaster.pack();
try{
consumerDisplay=new Object2dDisplayImplgetZone(),enviorRaster,
marketModelSwarm.getAgentSpace(), new Selector(Class.forName
("Consumer"), "drawSelfOn", false));
}

catch(Exception e){
System.out.println("Exception drawSelf:" + e.getMessage());
}

consumerDisplay.setObjectCollection(marketModelSwarm.
getConsumerList());
try{
sellerDisplay
=new
Object2dDisplayImpl(getZone(),enviorRaster,marketModelSwarm.getAgen
tSpace(),new Selector(Class.forName("Seller"), "drawSelfOn", false));
}
catch(Exception e){
System.out.println("Exception drawSelf:" + e.getMessage());
}

sellerDisplay.setObjectCollection(marketModelSwarm.
getSellerList());
try{
enviorRaster.setButton$Client$Message(3, sellerDisplay,
new Selector(sellerDisplay.getClass(), "makeProbeAtX$Y", true));
}
catch(Exception e){
System.out.println("Exception makeProbeAtX$Y$ZoomRasterImpl:" +
e.getMessage());
}
try{
enviorRaster.setButton$Client$Message(3, consumerDisplay,
```

```
    new Selector(consumerDisplay.getClass(), "makeProbeAtX$Y", true));
}

    catch(Exception e){
    System.out.println("Exception makeProbeAtX$Y$ ZoomRasterImpl:"
    +.getMessage());
}
```

9.4.2　双边参与者数量变化的输出

建立平台商的双边用户变化情况图。

```
    totleUserGraph=new EZGraphImpl(getZone(), "TotleUser vs time", "time",
    "UserDistributionVary","TotleUserGraph");
    try{
    totleUserGraph.enableDestroyNotification$notificationMethod(this,
    new Selector(getClass(),"_totleUserGraphDeath_",false));
}
```

9.4.3　交易规模的输出

```
    catch(Exception e){
    System.err.println("Exception _totleUserGraphDeath_: "+ e.
    getMessage());
}

    totleUserGraph.createSequence$withFeedFrom$andSelector("aCShare",
    marketModelSwarm, SwarmUtils.getSelector(marketModelSwarm,
    "getAConsumerShare"));
    totleUserGraph.createSequence$withFeedFrom$andSelector("bCShare",
    marketModelSwarm, SwarmUtils.getSelector(marketModelSwarm,
    "getBConsumerShare"));
    totleUserGraph.createSequence$withFeedFrom$andSelector("bSShare",
    marketModelSwarm, SwarmUtils.getSelector(marketModelSwarm,
    "getBSellerShare"));
    totleUserGraph.createSequence$withFeedFrom$andSelector("aSShare",
    marketModelSwarm, SwarmUtils.getSelector(marketModelSwarm,
    "getASellerShare"));
```

以下是交易规模情况的时序曲线图。

```
    TradeNumGraph=new EZGraphImpl(getZone(),"TradeNumGraph vs time",
    "time","TradeNumber","totleTradeGraph");
    try {
    TradeNumGraph.enableDestroyNotification$notificationMethod
    (this, new Selector(getClass(),"_TradeNumGraphDeath_",false));
    }
```

```
catch(Exception e){
System.err.println("Exception _TradeNumGraphDeath_: "+
e.getMessage());
 }
TradeNumGraph.createSequence$withFeedFrom$andSelector("aTradeNum",
marketModelSwarm, SwarmUtils.getSelector(marketModelSwarm,
"getATradeNum"));
TradeNumGraph.createSequence$withFeedFrom$andSelector("bTradeNum",
marketModelSwarm, SwarmUtils.getSelector(marketModelSwarm,
"getBTradeNum"));
```

9.4.4　双边交叉效应的输出

```
CCNGraph=new EZGraphImpl(getZone(),"CCNGraph vs time","time","CCN",
 "CCNGraph");
try{
CCNGraph.enableDestroyNotification$notificationMethod(this,new
Selector(getClass(),"_CCNGraphDeath_",false));
}
catch(Exception e){
System.err.println("Exception _CCNGraphDeath_: "+ e.
getMessage());
}
CCNGraph.createSequence$withFeedFrom$andSelector("CCN0",market
ModelSwarm, SwarmUtils.getSelector(marketModelSwarm, "CCN0"));
CCNGraph.createSequence$withFeedFrom$andSelector("CCN1",market
ModelSwarm, SwarmUtils.getSelector(marketModelSwarm, "CCN1"));
CCNGraph.createSequence$withFeedFrom$andSelector("CCN2",market
ModelSwarm, SwarmUtils.getSelector(marketModelSwarm, "CCN2"));
CCNGraph.createSequence$withFeedFrom$andSelector("CCN3",marke
tModelSwarm, SwarmUtils.getSelector(marketModelSwarm, "CCN3"));
```

9.4.5　双边满意度的输出

建立销售者和消费者的满意度曲线图。

```
contentGraph=new EZGraphImpl(getZone(),"contentGraph vs time","time",
"Content","contentGraph");
try{
contentGraph.enableDestroyNotification$notificationMethod(this, new
Selector(getClass(),"_contentGraphDeath_",false));
}
catch(Exception e){
System.err.println("Exception _contentGraphDeath_: "+ e.
```

```
getMessage());
}
contentGraph.createSequence$withFeedFrom$andSelector("aConsumerContent",
marketModelSwarm,SwarmUtils.getSelector(marketModelSwarm,
"getAverageAConsumerContent"));
contentGraph.createSequence$withFeedFrom$andSelector
("bConsumerContent",marketModelSwarm,SwarmUtils.getSelector
(marketModelSwarm, "getAverageBConsumerContent"));
contentGraph.createSequence$withFeedFrom$andSelector("aSellerContent",
marketModelSwarm,SwarmUtils.getSelector(marketModelSwarm,
"getAverageASellerContent"));
contentGraph.createSequence$withFeedFrom$andSelector("bSellerContent",
marketModelSwarm,SwarmUtils.getSelector(marketModelSwarm,
"getAverageBSellerContent"));
```

9.4.6　交易折扣的输出

建立平台商的交易折扣曲线图。

```
tradeHighDiscountIndexGraph=new EZGraphImpl(getZone(),
"tradeDiscountIndexGraph vs time ","time", "TradeDiscount",
"tradeCostGraph");
try{
tradeHighDiscountIndexGraph.enableDestroyNotification$notifi-
cationMethod(this, new Selector(getClass(),"_tradeHighDiscount-
IndexGraphDeath_", false));
}
catch(Exception e){
System.err.println("Exception _tradeHighDiscountIndexGraphDeath_:"+.
getMessage());
}
tradeHighDiscountIndexGraph.createSequence$withFeedFrom$andSelector
("aHDIndex",marketModelSwarm, SwarmUtils.getSelector(market-
ModelSwarm, "getAHighTradeDiscountIndexCount"));
tradeHighDiscountIndexGraph.createSequence$withFeedFrom$and-
Selector("bHDIndex",marketModelSwarm, SwarmUtils.getSelector
marketModelSwarm, "getBHighTradeDiscountIndexCount"));
```

9.4.7　平均交易折扣曲线

```
averageTradeDiscountIndexGraph=new EZGraphImpl(getZone(),
"averTDIndexGraph vs time ","time","averTDIndex",
"averageTradeDiscountIndexGraph");
```

```
try{
averageTradeDiscountIndexGraph.enableDestroyNotification$-
notificationMethod(this,new Selector(getClass(),"_averageTrade-
DiscountIndexGraphDeath_",false));
catch(Exception e){
System.err.println("Exception_averageTradeDiscount-
IndexGraphDeath_: "+ e.getMessage());
}

averageTradeDiscountIndexGraph.createSequence$withFeedFrom$ and
Selector("averATDIndex",marketModelSwarm,
SwarmUtils.getSelector(marketModelSwarm,
"getAverATradeDiscountIndex"));
averageTradeDiscountIndexGraph.createSequence$withFeedFrom$ and
Selector("averBTDIndex",marketModelSwarm,SwarmUtils.getSelector
(marketModelSwarm,"getAverBTradeDiscountIndex"));
return this;
}
public Object buildActions(){
super.buildActions();
marketModelSwarm.buildActions();
ActionGroup updateActions=new ActionGroupImpl(getZone());
ActionGroup tkActions=new ActionGroupImpl(getZone());
try{
updateActions.createActionTo$message(this,new Selector
(getClass(), "_update_", false));
//定义第二个行为是行为组中的更新行为集
updateActions.createActionTo$message(Globals.env.
probeDisplayManager,new Selector Globals.env.probeDisplayManager.
getClass(),"update",true));
//定义单一行为是行为组中的 tkActions
tkActions.createActionTo$message(getActionCache(),new Selector
(getActionCache().getClass(),"doTkEvents",true));
}
catch(Exception e){
System.err.println("Exception in setting up tkActions:"
+e.getMessage());
 }
}
```

9.5 调控者的 Java 类

Regulator.java 文件主要是调控者针对 $\alpha^c = 0.9$、$\alpha^s = 0.9$ 调控策略选择的设计，对应的是调控者的行为规则设计，设定的调控者主要以三个变量为基础(表 9.1)，通过观测市场中整体消费者的满意率对三个变量进行调整,确定有效的调控策略。调控者的行为规则设计如表 9.2 所示。

表 9.1　调控变量名称与取值范围

变量名称	变量表示	取值范围	调整策略
消费者交易费用	x_9	[0,10]	降低&升高
销售者交易费用	y_9	[10,20]	降低&升高
销售者交易折扣系数	y_5	(0,1)	规定上限

表 9.2　调控者的行为规则设计

方法名称	返回类型	描述
regulaterMesures()	void	调控变量 x_9 的方法设计
regulaterMesures1()	void	调控变量 y_9 的方法设计
regulaterMesures2()	void	调控变量 y_5 的方法设计

```
import swarm.Globals;
public class Regulator{
public void regulateMesures(){
int unContentConsumerNumber,contentConsumerNumber;
if((Globals.env.getCurrentTime()%5==0)){
unContentConsumerNumber=0;
contentConsumerNumber=0;
for(Consumer c: MarketModelSwarm.consumerList){
if(c.consumerContent<90) unContentConsumerNumber++;
 else contentConsumerNumber++;
}
 if(unContentConsumerNumber>500){
for(Consumer c1: MarketModelSwarm.consumerList){
c1.consumerTradeCost=c1.consumerTradeCost--;
        }
      }
    }
```

```
    }
}
    public void regulateMesures1(){
    int unContentConsumerNumber=0,contentConsumerNumber;
    if((Globals.env.getCurrentTime()%5==0)){
    unContentConsumerNumber=0;
    contentConsumerNumber=0;
    for(Consumer c: MarketModelSwarm.consumerList){
    if(c.consumerContent<90) unContentConsumerNumber++;
    else contentConsumerNumber++;
    }
}

    if(unContentConsumerNumber>500){
    for(Seller s:MarketModelSwarm.sellerList){
    s.sellerTradeCost=s.sellerTradeCost--;
        }
    }
}
    public void regulateMesures2(){
    int unContentConsumerNumber=0,contentConsumerNumber;
    AgentMarketInformation.topTradeDiscount=0.5;
    if((Globals.env.getCurrentTime()%5==0)){
    unContentConsumerNumber=0;
    contentConsumerNumber=0;
    for(Consumer c:MarketModelSwarm.consumerList){
    if(c.consumerContent<90) unContentConsumerNumber++;
    else contentConsumerNumber++;
        }
    }
}
    if(unContentConsumerNumber>500){
    for(Seller s1: MarketModelSwarm.sellerList){
    if(s1.tradeDiscountIndex>0.4){
    s1.tradeDiscountIndex=s1.tradeDiscountIndex-0.05;
        }
    }
}
```

9.6　仿真执行顺序

```
displaySchedule=new ScheduleImpl(getZone(),display-Frequency);
//定义进程
displaySchedule.at$createAction(0,updateActions);
//在进程中置入行动组开始步骤
displaySchedule.at$createAction(0,tkActions);
//执行行动组关联 0 步长的开始进程
return this;
}
```

9.6.1　仿真时序激活

```
public Activity activateIn(Swarm swarmContext){
super.activateIn(swarmContext);
marketModelSwarm.activateIn(this);
displaySchedule.activateIn(this);
observerActCont=new ActivityControlImpl(getZone());
observerActCont.attachToActivity(getActivity());
observerActCont.setDisplayName("Observer Swarm Controller");
Globals.env.createArchivedProbeDisplay(observerActCont,
"observerActCont");
return getActivity();
}
public Object_enviorRasterDeath_(Object caller){
enviorRaster.drop();
enviorRaster=null;
return this;
}
public Object_totleUserGraphDeath_(Object caller){
totleUserGraph.drop();
totleUserGraph=null;
return this;
}
public Object_CCNGraphDeath_(Object caller){
CCNGraph.drop();
CCNGraph=null;
return this;
```

```
}
   public Object_TradeNumGraphDeath_(Object caller){
   TradeNumGraph.drop();
   TradeNumGraph=null;
   return this;
}
   public Object_contentGraphDeath_(Object caller){
   contentGraph.drop();
   contentGraph=null;
   return this;
}
   public Object_tradeHighDiscountIndexGraphDeath_(Object caller){
   tradeHighDiscountIndexGraph.drop();
   tradeHighDiscountIndexGraph=null;
   return this;
}
   public Object_averageTradeDiscountIndexGraphDeath_(Object caller){
   averageTradeDiscountIndexGraph.drop();
   averageTradeDiscountIndexGraph=null;
   return this;
}
```

9.6.2　仿真终止

```
   public void drop(){
   if(enviorRaster!=null)
   enviorRaster.disableDestroyNotification();
   if(totleUserGraph!=null)
   totleUserGraph.disableDestroyNotification();
   if(CCNGraph!=null)CCNGraph.disableDestroyNotification();
   if(TradeNumGraph!=null)
   TradeNumGraph.disableDestroyNotification();
   if(contentGraph!=null)contentGraph.disableDestroyNotification();
   if(tradeHighDiscountIndexGraph!=null)
   tradeHighDiscountIndexGraph.disableDestroyNotification();
   if(averageTradeDiscountIndexGraph!=null)
    averageTradeDiscountIndexGraph.disableDestroyNotification();
   super.drop();
}
   public Object_update_(){
```

```
        if(enviorRaster!=null){
        tradeCostDisplay.display();
        consumerDisplay.display();
        //在图像上实现主体选择交易平台，会发生位置变动
        sellerDisplay.display();
        enviorRaster.drawSelf();
}
        if(totleUserGraph!=null)totleUserGraph.step();
        if(CCNGraph!=null)CCNGraph.step();
        if(TradeNumGraph!=null)TradeNumGraph.step();
        if(contentGraph!=null)contentGraph.step();
        if(tradeHighDiscountIndexGraph!=null)
        tradeHighDiscountIndexGraph.step();
        if(averageTradeDiscountIndexGraph!=null)
        averageTradeDiscountIndexGraph.step();
        System.out.println("marketModelSwarm.clearOlist()--1"+market
        ModelSwarm.tradeCostSpace.oList);
        marketModelSwarm.clearOlist();
        marketModelSwarm.setConsumerAndSellerTradeState();
        System.out.println("marketModelSwarm.clearOlist()--2"+market
        ModelSwarm.tradeCostSpace.oList);
        return this;
}
```

第 10 章　平台交易结构的 ModelSwarm 类

ModelSwarm 是 Swarm 程序类库中的两个子类之一，它在主体类的辅助下，建立 Swarm 仿真程序的框架结构。ModelSwarm 对象是 Swarm 仿真程序的核心。ModelSwarm 是主体的容器，定义模型中出现的消费者 Agent 类和销售者 Agent 类；定义各个主体的数量和这些主体活动的环境。ModelSwarm 程序类与主体交互，观测 ObserverSwarm，输出系统结果。

10.1　定义 ModelSwarm 函数

```
import java.util.LinkedList;
import java.util.List;
import swarm.Globals;
import swarm.Selector;
import swarm.activity.ActionGroup;
import swarm.activity.ActionGroupImpl;
import swarm.activity.Activity;
import swarm.activity.FActionForEach;
import swarm.activity.Schedule;
import swarm.activity.ScheduleImpl;
import swarm.defobj.FArgumentsImpl;
import swarm.defobj.FCallImpl;
import swarm.defobj.Zone;
import swarm.objectbase.EmptyProbeMapImpl;
import swarm.objectbase.MessageProbe;
import swarm.objectbase.Swarm;
import swarm.objectbase.SwarmImpl;
import swarm.objectbase.VarProbe;
import swarm.space.Grid2dImpl;
```

10.2　ModelSwarm 的主体、行为与执行

ModelSwarm 的编程阶段将各个主体、行为和执行序列有机地结合起来。

建立各种主体对象，buildObjects()方法体完成，创建模型 Swarm 自己所需的各类对象：消费者 Agent，销售者 Agent，平台 Agent。

建立行为，buildActions()方法体完成，创建模型 Swarm 中主体的行为列表。

激活 ModelSwarm activateIn()，指定模型 Swarm 的运行环境，并对其进行封装。

```
import swarm.space.GridData;
```

//生成对象 agent，定义对象的行为序列，同时定义环境函数

10.3　　ModelSwarm 的公共信息

```
public class MarketModelSwarm extends SwarmImpl{
public static int consumerTotalPeople;
//200
public static int sellerTotalPeople;
//20
public int worldXSize, worldYSize;
public int endTime;
public boolean randomizeUpdateOrder;
public static List<Consumer> consumerList;
public static List<Seller> sellerList;
public AgentMarketInformation tradeCostSpace;
public Grid2dImpl agentSpace;
public boolean ifHaveAdministrator;
private boolean aPlatformOut;
private boolean bPlatformOut;
public int highATradeDiscountIndexCount;
public int highBTradeDiscountIndexCount;
public double averageATradeDiscountIndex;
public double averageBTradeDiscountIndex;
public double averTradeForEachASeller;
public double averTradeForEachBSeller;
public static double CNEForConsumer;
public static double CNEForSeller;
public ActionGroup modelActions;
public Schedule modelSchedule;
public FActionForEach actionForEach;
```

```
public ActionGroup modelActionsLater;
public MarketModelSwarm(Zone aZone){
super(aZone);
worldXSize=215;
worldYSize=110;
endTime=1200;
consumerTotalPeople=1000;
sellerTotalPeople=20;
CNEForConsumer=0.9;
CNEForSeller=0.9;
class MarketModelProbeMap extends EmptyProbeMapImpl{
private VarProbe probeVariable(String name){
return Globals.env.probeLibrary.getProbeForVariable$inClass(name,
MarketModelSwarm.this.getClass());
}

private MessageProbe probeMessage(String name){
return Globals.env.probeLibrary.getProbeForMessage$in-Class(name,
MarketModelSwarm.this.getClass());
}

private void addVar(String name){addProbe(probeVariable(name));
}

private void addMessage(String name){addProbe(probeMessage(name));
}

public MarketModelProbeMap(Zone _aZone, Class<?> aClass){
super(_aZone,aClass);
addVar("worldXSize");
addVar("worldYSize");
addVar("endTime");
}

Globals.env.probeLibrary.setProbeMap$For(new MarketModel-
ProbeMap(aZone, getClass()), getClass());
}

public Object buildObjects(){
int i0, x1=0,y1=0,x11=0,y11=0,x2=6,y2=7,x22=6,y22=7,j0;
super.buildObjects();
agentSpace=new Grid2dImpl(getZone(),worldXSize,worldYSize);
```

```
agentSpace.fastFillWithObject(null);
tradeCostSpace=new AgentMarketInformation(getZone(), worldXSize,worldYSize);
tradeCostSpace.aTradeCostDistribution();
tradeCostSpace.updateLattice();
tradeCostSpace.bTradeCostDistribution();
tradeCostSpace.updateLattice();
consumerList=new LinkedList();
agentSpace.setOverwriteWarnings(false);
int i=0,j=0;
int newX1,newY1,x,y;
for(i0=0;i0<consumerTotalPeople;i0++){
x1=Globals.env.uniformIntRand.getIntegerWithMin$withMax(6,103);
y1=Globals.env.uniformIntRand.getIntegerWithMin$withMax(15,103);
x11=Globals.env.uniformIntRand.getIntegerWithMin$withMax(111,208);
y11=Globals.env.uniformIntRand.getIntegerWithMin$withMax(15,103);
Consumer consumer;
double a=Math.random();
if(a>0.5){
newX1=x1;
newY1=y1;
i++;
}
    else{
newX1=x11;
newY1=y11;
j++;
}
   x=newX1;
   y=newY1;
   consumer=new Consumer(tradeCostSpace,agentSpace,x,y,i0);
   agentSpace.putObject$atX$Y(consumer,x,y);
   consumerList.add(consumer);
}
   AgentMarketInformation.aConsumerNumber=i;
   AgentMarketInformation.bConsumerNumber=j;
   sellerList=new LinkedList();
```

```
agentSpace.setOverwriteWarnings(false);
int m=0,n=0;
for(j0=0;j0<sellerTotalPeople;j0++){
Seller seller;
Int zzz=Globals.env.uniformIntRand.getIntegerWithMin$withMax
(0,10);
if(CNEForSeller<AgentMarketInformation.aConsumerNumber/
consumerTotalPeople){
if(Math.random()>0.3){
while(agentSpace.getObjectAtX$Y(x2,y2)!=null){
x2=Globals.env.uniformIntRand.getIntegerWithMin$withMax(6,104);
y2=7;
}

seller=new Seller(tradeCostSpace,agentSpace,x2,y2,j0);
agentSpace.putObject$atX$Y(seller,x2,y2);
sellerList.add(seller);
m++;
}

else{
while(agentSpace.getObjectAtX$Y(x22,y22)!=null){
x22=Globals.env.uniformIntRand.getIntegerWithMin$withMax(111,208);
y22=7;
}

seller=new Seller(tradeCostSpace,agentSpace,x22,y22,j0);
agentSpace.putObject$atX$Y(seller,x22,y22);
sellerList.add(seller);
n++;
}
}

else if(CNEForSeller>AgentMarketInformation.aConsumerNumber/
consumerTotalPeople){
if(Math.random()>0.7){
while(agentSpace.getObjectAtX$Y(x2,y2)!=null){
x2=Globals.env.uniformIntRand.getIntegerWithMin$withMax(6,104);
y2=7;
}
```

```
    seller=new Seller(tradeCostSpace,agentSpace,x2,y2,j0);
    agentSpace.putObject$atX$Y(seller,x2,y2);
    sellerList.add(seller);
    m++;
}
    else{
    while(agentSpace.getObjectAtX$Y(x22,y22)!=null){
    x22=Globals.env.uniformIntRand.getIntegerWithMin$withMax(111,
    208);
    y22=7;
}
    seller=new Seller(tradeCostSpace,agentSpace,x22,y22,j0);
    agentSpace.putObject$atX$Y(seller,x22,y22);
    sellerList.add(seller);
    n++;
    }
}
    else if(CNEForSeller==AgentMarketInformation.aConsumerNumber/
    ConsumerTotalPeople){
    if(Math.random()>0.5){
    while(agentSpace.getObjectAtX$Y(x2,y2)!=null){
    x2=Globals.env.uniformIntRand.getIntegerWithMin$withMax(6,104);
    y2=7;
}
    seller=new Seller(tradeCostSpace,agentSpace,x2,y2,j0);
    agentSpace.putObject$atX$Y(seller,x2,y2);
    sellerList.add(seller);
    m++;
}
    else{
    while(agentSpace.getObjectAtX$Y(x22,y22)!=null){
    x22=Globals.env.uniformIntRand.getIntegerWithMin$withMax(111,08);
    y22=7;
}
    seller=new Seller(tradeCostSpace,agentSpace,y22,j0);
    agentSpace.putObject$atX$Y(seller,x22,y22);
```

```
sellerList.add(seller);
n++;
    }
 }
}

AgentMarketInformation.aSellerNumber=m;
AgentMarketInformation.bSellerNumber=n;
return this;
}

public Object buildActions(){
super.buildActions();
modelActions=new ActionGroupImpl(getZone());
}
```

10.4　创建选择器

```
Selector sel;
try{
Consumer proto=(Consumer)consumerList.get(0);
sel=new Selector(proto.getClass(),"consumerStep",false);
actionForEach=modelActions.createFActionForEachHomogeneous$call
(consumerList,new FCallImpl(this,proto,sel,new FArgumentsImpl
(this, sel)));
}

catch(Exception e){
e.printStackTrace(System.err);
}

actionForEach.setDefaultOrder(Globals.env.Sequential);
try{
Seller proto=(Seller)sellerList.get(0);
sel=new Selector(proto.getClass(),"sellerStep",false);
actionForEach=modelActions.createFActionForEachHomogeneous$
call(sellerList,new FCallImpl(this,proto,sel,newFArgumentsImpl
(this, sel)));
}
```

```
        catch(Exception e){
        e.printStackTrace(System.err);
}

        actionForEach.setDefaultOrder(Globals.env.Sequential);
        try{
        sel=SwarmUtils.getSelector(tradeCostSpace,"checkOrder");
        modelActions.createActionTo$message(tradeCostSpace,sel);
}

        catch(Exception e){
        System.err.println("Exception checkOrder"+e.getMessage());
}

        try{
        sel=SwarmUtils.getSelector(this,"ifAdjustTradeCost");
        modelActions.createActionTo$message(this,sel);
}

        catch(Exception e){
        System.err.println("Exception ifAdjustTradeCost"+e.getMessage());
}

        try{
        sel=SwarmUtils.getSelector(tradeCostSpace,"updateLattice");
        modelActions.createActionTo$message(tradeCostSpace,sel);
}

        catch(Exception e){
        System.err.println("Exception updateLattice:"+e.getMessage());
}

        try{
        sel=SwarmUtils.getSelector(this,"initSellers");
        modelActions.createActionTo$message(this,sel);
}

        catch(Exception e){
        System.err.println("Exception initSellers"+e.getMessage());
}

        try{
        sel=SwarmUtils.getSelector(this,
        "getPlatformTradeDiscountIndexPolicy");
        modelActions.createActionTo$message(this,sel);
```

```
    }
    catch(Exception e){
    System.err.println("Exception getPlatformTradeDiscountIndexPolicy"
    +e.getMessage());
    }

    try{
    sel=SwarmUtils.getSelector(this,"regulate");
    modelActions.createActionTo$message(this,sel);
    }

    catch(Exception e){
    System.err.println("Exception regulate "+e.getMessage());
    }

    modelSchedule=new ScheduleImpl(getZone(),1);
    modelSchedule.at$createAction(0,modelActions);
    return this;
    }

    public void initSellers(){
    for(Seller s:sellerList){
    if(s.ifTrade==false && s.ifTransffer==false){
    int a=Globals.env.uniformIntRand.getIntegerWithMin$withMax(0,10);
    if(a>5)s.decreasePrice();
    }
    else if(s.ifTrade==false && s.ifTransffer==true){
    s.setTradePrice(s.getCost()+s.sellerTradeCost
    +Globals.env.uniformIntRand.getIntegerWithMin$-withMax(1,5));
    }
    else if(s.ifTrade){
    if(s.getBelongToPlatform()=='A'){
    if(s.getTradePrice()<getAverageASeller-Price()){
    int zz=Globals.env.uniformIntRand.getIntegerWithMin$withMax(0,10);
    if(zz>5)s.increasePrice();
    else s.decreaseQuality();
    }
    else{
    int zz=Globals.env.uniformIntRand.getIntegerWithMin$withMax(0,10);
    if(zz>5)s.increasePrice();
```

```
    else s.decreasePrice();
    }
}
    else{
    if(s.getTradePrice()<getAverageBSeller-Price()){
    int zz=Globals.env.uniformIntRand.getIntegerWithMin$withMax(0,10);
    if(zz>5) s.increasePrice();
    else s.decreaseQuality();
}
    else{
    int zz=Globals.env.uniformIntRand.getIntegerWithMin$withMax(0,10);
    if(zz>5)s.increasePrice();
    else s.decreasePrice();
            }
        }
      }
    }
}
```

10.5　平台介入的双边交易信息

10.5.1　调整交易接入费用

```
    public void ifAdjustTradeCost(){
    //通过定义平台与消费者和销售者的分布情况，调整交易接入费
    if((Globals.env.getCurrentTime()%30==0)){
    int zz=Globals.env.uniformIntRand.getIntegerWithMin$withMax(0,10);
    if(zz>5){
    tradeCostSpace.aAdjustTradeCost();
    tradeCostSpace.updateLattice();
}else
    {
    tradeCostSpace.bAdjustTradeCost();
    tradeCostSpace.updateLattice();
}
    for(Seller s:sellerList){
```

```
if(s.belongToPlatform=='A'&&s.tradeCount==0){
s.sellerTradeCost=s.sellerTradeCostMath.random()*2*s.
sellerTradeCost;
        }
    }
}
}
```

10.5.2　平台的交易折扣

```
public void getPlatformTradeDiscountIndexPolicy(){
if((Globals.env.getCurrentTime()%5==0)){
if(tradeCostSpace.getAConsumerNumber()>180&&tradeCostSpace.
getASellerNumber()>18){
bPlatformOut=true;
AgentMarketInformation.lastATradeDiscountIndex
=AgentMarketInformation.aTradeDiscountInex;
AgentMarketInformation.aTradeDiscountIndex
=AgentMarketInformation.aTradeDiscountIndex+0.005;
}
    else if(tradeCostSpace.getBConsumerNumber()>180&&tradeCostSpace.
getBSellerNumber()>18){
aPlatformOut=true;
AgentMarketInformation.lastBTradeDiscountIndex
=AgentMarketInformation.bTradeDiscountIndex;
AgentMarketInformation.bTradeDiscountIndex
=AgentMarketInformation.bTradeDiscountIndex + 0.005;
}
    else{
double p=Math.random();
if(p>0.5){
AgentMarketInformation.aAdjustTradeDiscountIndex();
}
    else{
AgentMarketInformation.bAdjustTradeDiscountIndex();
        }
    }
```

```
    }
}
```

10.5.3　交易分成收益

```
    public double getAConsumerShare(){
    int k1=0, AC=0;
    double ACShare;
    ACShare=tradeCostSpace.getAConsumerNumber()/consumerTotalPeople;
    return ACShare;
}

    public double getBConsumerShare(){
    return 1-getAConsumerShare();
}

    public double getASellerShare(){
    int k1=0,AS=0;
    double ASShare;
    ASShare=tradeCostSpace.getASellerNumber()/20;
    return ASShare;
}

    public double getBSellerShare(){
    return 1-getASellerShare();
}
```

10.5.4　平台达成的交易数量

```
    public int getATradeNum(){
    int k;
    int aTradeNumber=0;
    for(k=0; k<consumerTotalPeople;k++){
    if(consumerList.get(k).getBelongToPlatform()
    =='A'&&consumerList.get(k).getIfTrade()){
    aTradeNumber++;
    }
}
    return aTradeNumber;
}
    public int getBTradeNum(){
```

```
int k;
int bTradeNumber=0;
for(k=0;k<consumerTotalPeople;k++){
if(consumerList.get(k).getBelongToPlatform()
=='B'&& consumerList.get(k).getIfTrade()){
bTradeNumber++;
 }
}

 return bTradeNumber;

}
```

10.5.5　平台的平均消费者满意度

```
public double getAverageAConsumerContent(){
double sumContentPeople=0;
double averageAConsumerContent=0;
for(Consumer c:consumerList){
if(c.belongToPlatform=='A')
if(c.consumerContent>80)
sumContentPeople++;
}
 averageAConsumerContent=sumContentPeople/tradeCostSpace.
 getAConsumerNumber();
 System.out.println("averageAConsumerContent:"+averageAConsumer-
 Content);
 return averageAConsumerContent;
}
 public double getAverageBConsumerContent(){
 double sumContentPeople=0;
 double averageBConsumerContent=0;
 for(Consumer c:consumerList){
 if(c.belongToPlatform=='B')
 if(c.consumerContent>80)
 sumContentPeople++;
}
 averageBConsumerContent=sumContentPeople/tradeCostSpace.
 getBConsumerNumber();
```

```
System.out.println("averageBConsumerContent:"+averageBConsumer-
Content);
return averageBConsumerContent;
}
    public double getAverageASellerContent(){
    double sumContentPeople=0;
    double averageASellerContent=0;
    for(Seller s:sellerList){
    if(s.belongToPlatform=='A')
    if(s.sellerContent>80)sumContentPeople++;
}
    averageASellerContent=sumContentPeople/tradeCostSpace.
    getASellerNumber();
    System.out.println("averageASellerContent:"+averageASellerContent);
    return averageASellerContent;
}
    public double getAverageBSellerContent(){
    double sumContentPeople=0;
    double averageBSellerContent=0;
    for(Seller s:sellerList){
    if(s.belongToPlatform=='B')
    if(s.sellerContent>80)sumContentPeople++;
}
    averageBSellerContent
    =sumContentPeople/tradeCostSpace.getBSellerNumber();
    System.out.println("sumContentPeople:"+sumContentPeople);
    System.out.println("averageBSellerContent:"+average-
    BSellerContent);
    return averageBSellerContent;
}
```

10.5.6　平台的高成交折扣

```
    public int getAHighTradeDiscountIndexCount(){
    int temp=0;
    for(Seller s:sellerList){
    if(s.tradeDiscountIndex>0.9*AgentMarketInformation.topTradeDiscount
```

```
&&s.belongToPlatform=='A'){
temp++;
}
}
this.highATradeDiscountIndexCount=temp;
return highATradeDiscountIndexCount;
}
public int getBHighTradeDiscountIndexCount(){
int temp=0;
for(Seller s:sellerList){
if(s.tradeDiscountIndex>0.9*AgentMarketInformation.
topTradeDiscount&&s.belongToPlatform=='B'){
temp++;
}
}
this.highBTradeDiscountIndexCount=temp;
return highBTradeDiscountIndexCount;
}
```

10.5.7　平台的平均折扣

```
public double getAverATradeDiscountIndex(){
double temp=0;
int i=0;
double sum=0;
double aver;
for(Seller s:sellerList){
if(s.belongToPlatform=='A'){
i++;
temp=s.tradeDiscountIndex;
sum=sum+temp;
}
}
aver=sum/i;
this.averageATradeDiscountIndex=aver;
return averageATradeDiscountIndex;
}
```

```
public double getAverBTradeDiscountIndex(){
double temp=0;
int i=0;
double sum=0;
double aver;
for(Seller s:sellerList){
if(s.belongToPlatform=='B'){
i++;
temp=s.tradeDiscountIndex;
sum=sum+temp;
}
}
aver=sum/i;
this.averageBTradeDiscountIndex=aver;
return averageBTradeDiscountIndex;
}
```

10.5.8　平台成交的平均价格

```
public double getAverageASellerPrice(){
double total=0;
double averageASellerPrice;
double totalPrice=0;
for(Seller s:sellerList){
if(s.getBelongToPlatform()=='A')
totalPrice=totalPrice+s.getTradePrice();
}
averageASellerPrice=totalPrice/AgentMarketInformation.
aSellerNumber;
return averageASellerPrice;
}
public double getAverageBSellerPrice(){
double averageBSellerPrice;
double totalPrice=0;
for(Seller s:sellerList){
if(s.getBelongToPlatform()=='B')
totalPrice=totalPrice+s.getTradePrice();
```

```
}
    averageBSellerPrice
    =totalPrice/AgentMarketInformation.bSellerNumber;
    return averageBSellerPrice;
}
    public int CCN0(){
    tradeCostSpace.referenceAverageTradeCount();
    int a1=0;
    tradeCostSpace.countCCN();
    for(Seller s:sellerList){
    if(0==s.CCN){
    a1++;}
}
    return a1;
}
    public int CCN1(){
    tradeCostSpace.referenceAverageTradeCount();
    int a1=0;
    tradeCostSpace.countCCN();
    for(Seller s:sellerList){
    if(0<s.CCN){
    if(s.CCN<=(1/tradeCostSpace.averTradeForEachASeller+1/tradeCostSpace.
    averTradeForEachBSeller)/2)a1++;
    }
}
    return a1;
}
    public int CCN2(){
    tradeCostSpace.referenceAverageTradeCount();
    int a2=0;
    tradeCostSpace.countCCN();
    for(Seller s:sellerList){
    if(0<s.CCN){
    if(s.CCN>(1/tradeCostSpace.averTradeForEachASeller+1/tradeCostSpace.
    averTradeForEachBSeller)/2&&s.CCN<1)a2++;
    }
```

```
}
    return a2;
}

    public int CCN3(){
    tradeCostSpace.referenceAverageTradeCount();
    int a3=0;
    tradeCostSpace.countCCN();
    for(Seller s:sellerList){
    if(0<s.CCN){
    if(s.CCN>=1)a3++;
    }
}

    return a3;
}
```

10.5.9　平台的无监管条件

```
    public void regulate(){
    Regulator r=new Regulator();
    r.regulateMesures();
}

    public void regulator(){
    if((Globals.env.getCurrentTime()%1==0)){
    if(getAverageBConsumerContent()<0.4){
    for(Consumer s:consumerList){
    if(s.belongToPlatform=='B')s.consumerTradeCost
    =s.consumerTradeCost--;
        }
    }
}

    if(getAverageAConsumerContent()<0.4){
    for(Consumer s: consumerList){
    if(s.belongToPlatform=='A')s.consumerTradeCost
    =s.consumerTradeCost--;
        }
}

    if(getAverageBSellerContent()<0.4){
```

```
    for(Seller s:sellerList){
    if(s.belongToPlatform=='B')s.sellerTradeCost
    =s.sellerTradeCost--;
    }
}
    if(getAverageASellerContent()<0.5){
    for(Seller s:sellerList){
    if(s.belongToPlatform=='A')s.sellerTradeCost
    =s.sellerTradeCost--;
    }
}
    public void clearOlist(){
    tradeCostSpace.oList.clear();
}
    public void setConsumerAndSellerTradeState(){
    for(Consumer c:consumerList){
    c.ifTrade=false;

    for(Seller s:sellerList){
    s.ifTrade=false;
    }
}
    public Grid2dImpl getAgentSpace(){
    return agentSpace;
}
    public AgentMarketInformation getTradeCostSpace(){
    return tradeCostSpace;
}
    public List<Consumer>getConsumerList(){
    return consumerList;
}
    public List<Seller>getSellerList(){
    return sellerList;
}
    public void checkTime(){
    int g=Globals.env.getCurrentTime();
```

```
    if(g>=endTime){
    getActivity().terminate();
    }
}
    public Activity activateIn(Swarm swarmContext){
    super.activateIn(swarmContext);
    modelSchedule.activateIn(this);
    return getActivity();
}
    public void syncUpdateOrder(){
    if(actionForEach!=null)actionForEach.setDefaultOrder
    (randomizeUpdateOrder?Globals.env.Randomized:
    Globals.env.Sequential);
    }
}
```

第 11 章　平台 Agent 的程序代码设计

平台交易结构的主体包括平台交易方、消费者、销售者。主体 Agent 设计的内容包含代表平台交易方的平台 Agent 的属性信息和行为规则；消费者 Agent 的属性信息和行为规则；销售者 Agent 的属性信息和行为规则。

11.1　平台 Agent 的基本假设

假设平台 Agent 在每个单位时间周期所确定的总的交易费用为 10～20 的随机数，即交易中的价格水平为 10～20。平台 Agent 为了增大其双边的销售者和消费者的总体拥有量，在竞争初期针对消费者采用不收费或者收低费的交易模式，将销售者的交易费用按照不同的类型比例进行的收费。假设，交易费用分布在[0,5]、[6,10]、[10,20]三个区间。其中，在区间[0,5]的情况下，消费者所占比例不够高，平台 Agent 的目的是为了吸引更多的销售者来进行交易；在区间[6,10]的情况下，消费者的比例比较高，交易平台则是为了从销售者收取一定的交易费用来获得营业收入；在区间[10,20]的情况下，消费者比例和销售者比例都较高，达到双边垄断，其他的交易平台失去竞争力，平台 Agent 获得价格垄断权，此时交易平台可能对消费者也有一定比例的收费。

（1）平台 Agent 分别判断其自身双边用户的规模，若任何一边的用户规模占据市场的 90%的规模，则认为该平台取得该边用户(消费者或者销售者)的垄断势力。同时，平台 Agent 则在未垄断的一边采取相应的策略，以取得另一边的垄断权，并采取不同的价格结构策略，调整相应的双边交易费用。

（2）在仿真系统的二维空间中规律地分布不同大小的交易费用，其中一条默认的交易机制为交易费用高的，对应的交易匹配可能性也越大。

（3）假设平台 Agent 拥有的双边用户比例 50%、60%、90%作为判断交易平台竞争力强弱的条件，将根据用户的期望交易价格，分别按照交易平台周期目标依据一定的交易匹配规则，确定并提供给用户与其期望交易价格接近的销售者集合可行域，让消费者自行进行交易对象的选择，并再次初始化设置对应的交易折扣系数和交易费用。比如，若交易平台拥有的双边用户比例均占据市场的较高份额的条件下，为了获得更多的利益，则根据已知的用户的期望交易价格，优先选择定价较期望交易价格稍高并且交易折扣系数较大的销售者集合，然后让消费者自行进行交易对象的选择。

11.2　平台 Agent 的规则设计

平台 Agent 主要包含平台的属性信息、平台交易的行为规则。对应变量设计如表 11.1 所示；行为规则设计如表 11.2 所示。

表 11.1　平台 Agent 的变量

属性变量	属性类型	属性描述
tradeCostForAConsumer	int	A 交易平台的消费者交易费用
tradeCostForBConsumer	int	B 交易平台的消费者交易费用
tradeCostForASeller	int	A 交易平台的销售者交易费用
tradeCostForBSeller	int	B 交易平台的销售者交易费用
aTradeDiscountIndex	double	A 交易平台的销售者交易折扣系数
bTradeDiscountIndex	double	B 交易平台的销售者交易折扣系数
aSellerNumber	int	A 交易平台的销售者规模
bSellerNumber	int	B 交易平台的销售者规模
aConsumerNumber	int	A 交易平台的消费者规模
bConsumerNumber	int	B 交易平台的消费者规模

利用 Java 程序的变量设计规则，分别确定交易平台 A、B 消费者交易费用、销售者交易费用、交易折扣系数、销售者规模以及消费者规模属性信息对应的变量名以及变量类型。

表 11.2　平台 Agent 的行为规则

方法名称	返回类型	描述
aTradeCostDistribution()	void	确定消费者所处市场位置
bTradeCostDistribution()	void	消费者的活动空间区域
aAdjustTradeCost()	void	A 交易平台调整交易费用
bAdjustTradeCost()	void	B 交易平台调整交易费用
aDecreaseTradeForConsumer()	void	A 交易平台降低消费者交易费用
bDecreaseTradeForConsumer()	void	B 交易平台降低消费者交易费用
aDecreaseTradeForSeller()	void	A 交易平台降低销售者交易费用
bDecreaseTradeForSeller()	void	B 交易平台降低销售者交易费用
aIncreaseTradeForConsumer()	void	A 交易平台升高消费者交易费用
bIncreaseTradeForConsumer()	void	B 交易平台升高消费者交易费用
aAdjustTradeDiscountIndex()	void	A 交易平台升高销售者交易费用
bAdjustTradeDiscountIndex()	void	B 交易平台升高销售者交易费用
tradeDecision()	char	交易匹配规则
setActualTradePrice()	void	设置达成交易的实际交易价格

续表

方法名称	返回类型	描述
getActualTradePrice()	int	获取达成交易的实际交易价格
saveOrder()	void	保存达成的交易订单
getOrder()	Order	获取订单信息
getAConsumerNumber()	double	获取 A 交易平台的消费者规模
getBConsumerNumber()	double	获取 B 交易平台的消费者规模
getASellerNumber()	double	获取 A 交易平台的销售者规模
getBSellerNumber()	double	获取 B 交易平台的销售者规模

利用 Java 程序的方法设计规则，结合市场环境信息中交易平台的行为规则，确定行为规则对应的方法名称并建立对应的方法体，根据仿真需要确定对应的并可以给其他类调用的方法返回类型以及统计信息流的方法的返回类型。

11.3　平台 Agent 的属性信息

平台 Agent 的属性信息，主要包括统计传递给消费者与销售者等的信息，以及平台 Agent 的行为规则，具体的设计如表 11.3 所示。

表 11.3　平台 Agent 的属性信息

属性信息	符号	变量取值范围
A 平台交易的消费者交易费用	x_{10}^A	[0,10]
B 平台交易的消费者交易费用	x_{10}^B	[0,10]
A 平台交易的销售者交易费用	y_{10}^A	[0,20]
B 平台交易的销售者交易费用	y_{10}^B	[0,20]
A 平台交易的销售者交易折扣系数	y_6^A	(0,1)
B 平台交易的销售者交易折扣系数	y_6^B	(0,1)
A 平台交易的销售者规模	$S_A(t)$	[0,200]
B 平台交易的销售者规模	$S_B(t)$	[0,200]
A 平台交易的消费者规模	$C_A(t)$	[0,1000]
B 平台交易的消费者规模	$C_B(t)$	[0,1000]

用 A 平台 Agent 的消费者交易费用、B 平台交易的消费者交易费用、A 平台 Agent 的销售者交易费用、B 平台 Agent 的销售者交易费用、A 平台 Agent 的销售者交易折扣系数、B 平台 Agent 的销售者交易折扣系数、A 平台 Agent 的销售者规模、B 交易平台的销售者规模、A 交易平台的消费者规模、B 交易平台的消费者规模属性信息来描述处于不同状态的市场。

平台 Agent 作为市场环境信息的一部分，可以接受来自消费者与销售者

的单独作用以及二者之间的交互作用，并将其中的部分信息反馈给消费者与
销售者。

在平台交易环境中，平台 Agent 作为一个独立的市场参与者主体，处于在线
状态，可以根据当前的销售者规模与消费者规模的分布，调整交易费用以及调整
交易折扣系数来吸引更多的销售者与消费者。其行为规则表现相对简单。每间隔
一定的周期判断市场用户份额，确定价格结构，决定降价或升高对消费者或者销
售者的交易费用以及交易折扣系数。

11.4　平台 Agent 的 AgentMarketInformation.java 类

```
import java.util.ArrayList;
import java.util.LinkedList;
import java.util.List;
import swarm.Globals;
import swarm.defobj.Zone;
import swarm.space.Diffuse2dImpl;
import swarm.space.Discrete2dImpl;
import swarm.space.Grid2dImpl;
```

11.4.1　公共信息类

```
public class AgentMarketInformation extends Diffuse2dImpl{
public static int tradeCostForAConsumer;
public static int tradeCostForBConsumer;
public static int tradeCostForASeller;
public static int tradeCostForBSeller;
public double averTradeForEachASeller;
public double averTradeForEachBSeller;
public static double aTradeDiscountIndex;
public static double bTradeDiscountIndex;
public static double lastATradeDiscountIndex;
public  static double lastBTradeDiscountIndex;
public static double aConsumerNumber=0,bConsumerNumber=0;
public static double LastACustomer=0,LastBCustomer=0;
public static double LLastACustomer=0,LLastBCustomer=0;
public static int QuitAC=0,QuitBC=0;
public static double aSellerNumber=0,bSellerNumber=0;
public static double LastASeller=0,LastBSeller=0;
```

```java
public static double LLastASeller=0,LLastBSeller=0;
public static int QuitAS=0,QuitBS=0;
public static double topTradeDiscount=0.3;
public double actualTradePrice;
public static boolean aPlatformOut;
public static boolean bPlatformOut;
public List<Order> oList;
public List<Seller> betterSellerCollection;
public AgentMarketInformation(Zone aZone,int xSize,int ySize){
super(aZone,xSize,ySize);
fastFillWithValue(0);
aPlatformOut=false;
bPlatformOut=false;
aTradeDiscountIndex=0.1;
bTradeDiscountIndex=0.1;
oList=new LinkedList();
}
```

11.4.2　交易成本分布

```java
public void aTradeCostDistribution(){
int x1,y1;
for(x1=6;x1<105;x1++){
int tradeCostForSeller=Globals.env.uniformIntRand.
getIntegerWithMin$withMax(10,20);
putValue$atX$Y(tradeCostForSeller,x1,7);
}
    for(x1=6;x1<105;x1++){
    for(y1=15;y1<=104;y1++){
    int tradeCostForConsumer=Globals.env.uniformIntRand.
    getIntegerWithMin$withMax(0,10);
    putValue$atX$Y(tradeCostForConsumer,x1,y1);
        }
    }
}

    public void bTradeCostDistribution(){
    int x2,y2;
    for(x2=6;x2<105;x2++){
    int tradeCostForSeller
```

```
=Globals.env.uniformIntRand.getIntegerWithMin$withMax(10,20);
putValue$atX$Y(tradeCostForSeller,x2,7);
}

for(x2=111;x2<209;x2++){
for(y2=15;y2<=104;y2++){
int tradeCostForConsumer
=Globals.env.uniformIntRand.getIntegerWithMin$withMax(0,10);
putValue$atX$Y(tradeCostForConsumer,x2,y2);
    }
  }
}
```

11.4.3　交易成本调整 a

```
public void aAdjustTradeCost(){
int lastTradeCostForSeller;
if(aSellerNumber>=10&&aSellerNumber<16){
if(aConsumerNumber<100){
int x1,y1;
for(x1=6;x1<105;x1++){
for(y1=15;y1<105;y1++){
lastTradeCostForSeller=getValueAtX$Y(x1,7);
 tradeCostForASeller=lastTradeCostForSeller;
putValue$atX$Y(tradeCostForASeller,x1,6);
aDecreaseTradeForConsumer(x1,y1);
    }
  }
}

else if(aConsumerNumber>=100&&aConsumerNumber<180){
int x1,y1;
for(x1=6;x1<105;x1++){
for(y1=15;y1<105;y1++){
aDecreaseTradeForConsumer(x1, y1);
    }
  }
}

else if(aConsumerNumber>=180){
int x1,y1;
for(x1=6;x1<105;x1++){
```

```
for(y1=15;y1<105;y1++){
int tradeCostForSeller
=Globals.env.uniformIntRand.getIntegerWithMin$withMax(11,20);
putValue$atX$Y(tradeCostForSeller,x1,6);
aIncreaseTradeForSeller(x1,7);
aIncreaseTradeForConsumer(x1,y1);
        }
    }
}
}
```

11.4.4　交易者数量

```
else if(aSellerNumber>=16){
if(aConsumerNumber<100){
int x1,y1;
for(x1=6;x1<105;x1++){
for(y1=15;y1<105;y1++){
aDecreaseTradeForConsumer(x1,y1);
        }
    }
}
}
    else if(aConsumerNumber>=100&&aConsumerNumber<180){
int x1,y1;
for(x1=6;x1<105;x1++){
for(y1=15;y1<105;y1++){
aIncreaseTradeForSeller(x1,7);
    }
}
}
else if(aConsumerNumber>=180){
int x1,y1;
for(x1=6;x1<105;x1++){
for(y1=15;y1<105;y1++){
aIncreaseTradeForSeller(x1,7);
aIncreaseTradeForConsumer(x1,y1);
        }
    }
}
}
    else if(aSellerNumber<10){
```

```
if(aConsumerNumber<100){
int x1,y1;
for(x1=6;x1<105;x1++){
for(y1=15;y1<105;y1++){
aDecreaseTradeForConsumer(x1,7);
aDecreaseTradeForConsumer(x1,y1);
    }
  }
}
    else if(aConsumerNumber>=100&&aConsumerNumber<180){
int x1,y1;
for(x1=6;x1<105;x1++){
for(y1=15;y1<105;y1++){
aDecreaseTradeForSeller(x1,7);
    }
  }
}
    else if(aConsumerNumber>=180){
int x1,y1;
for(x1=6;x1<105;x1++){
for(y1=15;y1<105;y1++){
aDecreaseTradeForSeller(x1,7);
        }
      }
    }
  }
}
```

11.4.5　交易成本调整 b

```
public void bAdjustTradeCost(){
int lastTradeCostForSeller;
if(bSellerNumber>=10&&bSellerNumber 16){
if(bConsumerNumber<100){
int x1,y1;
for(x1=6;x1<105;x1++){
for(y1=15;y1<105;y1++){
lastTradeCostForSeller=getValueAtX$Y(x1,7);
tradeCostForBSeller=lastTradeCostForSeller;
putValue$atX$Y(tradeCostForBSeller,x1,6);
bDecreaseTradeForConsumer(x1,y1);
    }
  }
```

```
}
    else if(bConsumerNumber>=100&&bConsumerNumber<180){
    int x1,y1;
    for(x1=6;x1<105;x1++){
    for(y1=15;y1<105;y1++){
    bDecreaseTradeForConsumer(x1,y1);
        }
    }
}
    else if(bConsumerNumber>=180){
    int x1,y1;
    for(x1=6;x1<105;x1++){
    for(y1=15;y1<105;y1++){
    int tradeCostForSeller
    =Globals.env.uniformIntRand.getIntegerWithMin$withMax(11,20);
    putValue$atX$Y(tradeCostForSeller,x1,6);
    bIncreaseTradeForSeller(x1,7);
    bIncreaseTradeForConsumer(x1,y1);
            }
        }
    }
}
    else if(bSellerNumber>=16){
    if(bConsumerNumber<100){
    int x1,y1;
    for(x1=6;x1<105;x1++){
    for(y1=15;y1<105;y1++){
    bDecreaseTradeForConsumer(x1, y1);
        }
    }
}
    else if(bConsumerNumber>=100&&bConsumerNumber<180){
    int x1,y1;
    for(x1=6;x1<105;x1++){
    for(y1=15;y1<105;y1++){
    aIncreaseTradeForSeller(x1,7);
        }
    }
}
    else if(bConsumerNumber>=180){
    int x1,y1;
    for(x1=6;x1<105;x1++){
```

```
        for(y1=15;y1<105;y1++){
        bIncreaseTradeForSeller(x1,7);
        bIncreaseTradeForConsumer(x1,y1);
                }
            }
        }
    }
        else if(bSellerNumber<10){
        if(bConsumerNumber<100){
        int x1,y1;
        for(x1=6;x1<105;x1++){
        for(y1=15;y1<105;y1++){
        aDecreaseTradeForConsumer(x1,7);
        aDecreaseTradeForConsumer(x1,y1);
                }
            }
    }
        else if(bConsumerNumber>=100&&bConsumerNumber<180){
        Int x1,y1;
        for(x1=6;x1<105;x1++){
        for(y1=15;y1<105;y1++){
        bDecreaseTradeForSeller(x1,7);
                }
            }
    }
        else if(bConsumerNumber>=180){
        Int x1,y1;
        for(x1=6;x1<105;x1++){
        for(y1=15;y1<105;y1++){
        bDecreaseTradeForSeller(x1,7);
                    }
                }
            }
    }
```

11.4.6　交易减少

```
    public void aDecreaseTradeForConsumer(int x,int y){
    int lastTradeCostForAConsumer;
    int temp=getValueAtX$Y(x,y);
    lastTradeCostForAConsumer=temp;
    if(temp>=5){
    tradeCostForAConsumer=lastTradeCostForAConsumer-Globals.
```

```
        env.uniformIntRand.getIntegerWithMin$withMax(1,5);
}
        else if(0<temp&&temp<5){
        tradeCostForAConsumer=lastTradeCostForAConsumer--;
}
        else if(temp==0){
        tradeCostForAConsumer=0;
}
        putValue$atX$Y(tradeCostForAConsumer,x,y);
}
        public void aDecreaseTradeForSeller(int x,int y){
        int temp=getValueAtX$Y(x,y);
        int lastTradeCostForASeller=temp;
        if(temp>=10){
        tradeCostForASeller=lastTradeCostForASeller-Globals.
        env.uniformIntRand.getIntegerWithMin$withMax(1,10);
}
        else if(0<temp&&temp<10){
        tradeCostForASeller=lastTradeCostForASeller--;
}
        else if(temp==0){
        tradeCostForASeller=0;
}
        putValue$atX$Y(tradeCostForASeller,x,y);
}
        public void bDecreaseTradeForSeller(int x2,int y2){
        int temp=getValueAtX$Y(x2,y2);
        int lastTradeCostForBSeller=temp;
        if(temp>=10){
        tradeCostForBSeller=lastTradeCostForBSeller-Globals.
        env.uniformIntRand.getIntegerWithMin$withMax(1,10);
}
        else if(0<temp&&temp<10){
        tradeCostForBSeller=lastTradeCostForBSeller--;
}
        else if(temp==0){
        tradeCostForBSeller=0;
}
        putValue$atX$Y(tradeCostForBSeller,x2,y2);
}
        public void bDecreaseTradeForConsumer(int x2,int y2){
        int lastTradeCostForBConsumer;
```

```
int temp=getValueAtX$Y(x2,y2);
lastTradeCostForBConsumer=temp;
if(temp>=5){
tradeCostForBConsumer=lastTradeCostForBConsumer-Globals.
env.uniformIntRand.getIntegerWithMin$withMax(1,5);
}
else if(0<temp&&temp<5){
tradeCostForBConsumer=lastTradeCostForBConsumer--;
}
else if(temp==0){
tradeCostForBConsumer=0;
}
putValue$atX$Y(tradeCostForBConsumer,x2,y2);
}
```

11.4.7　交易增加

```
public void aIncreaseTradeForConsumer(int x,int y){
int x1,y1;
int lastTradeCostForAConsumer;
int temp=getValueAtX$Y(x,y);
lastTradeCostForAConsumer=temp;
if(lastTradeCostForAConsumer>=5){
tradeCostForAConsumer=lastTradeCostForAConsumer++;
}
else if(lastTradeCostForAConsumer<5){
tradeCostForAConsumer=lastTradeCostForAConsumer+
Globals.env.uniformIntRand.getIntegerWithMin$withMax(1,5);
}
putValue$atX$Y(tradeCostForAConsumer,x,y);
}
public void aIncreaseTradeForSeller(int x,int y){
int lastTradeCostForASeller;
int temp=getValueAtX$Y(x,y);
lastTradeCostForASeller=temp;
if(lastTradeCostForASeller>=15){
tradeCostForASeller=lastTradeCostForASeller++;
}
else if(lastTradeCostForASeller<15){
tradeCostForASeller=lastTradeCostForASeller+ Globals.
env.uniformIntRand.getIntegerWithMin$withMax(1,10);
}
putValue$atX$Y(tradeCostForASeller,x,y);
```

```
}
    public void bIncreaseTradeForSeller(int x2,int y2){
    int lastTradeCostForBSeller;
    int temp=getValueAtX$Y(x2,y2);
    lastTradeCostForBSeller=temp;
    if(lastTradeCostForBSeller>=15){
    tradeCostForASeller=lastTradeCostForBSeller++;
}
    else if(lastTradeCostForBSeller<15){
    tradeCostForASeller=lastTradeCostForBSeller+ Globals.
    env.uniformIntRand.getIntegerWithMin$withMax(1,10);
}
    putValue$atX$Y(tradeCostForASeller,x2,y2);
}
    public void bIncreaseTradeForConsumer(int x2,int y2){
    int lastTradeCostForBConsumer;
    int temp=getValueAtX$Y(x2,y2);
    lastTradeCostForBConsumer=temp;
    if(lastTradeCostForBConsumer>=5){
    tradeCostForAConsumer=lastTradeCostForBConsumer++;
}
    else if(lastTradeCostForBConsumer<5){
    tradeCostForAConsumer=lastTradeCostForBConsumer+Globals.
    env.uniformIntRand.getIntegerWithMin$withMax(1,5);
}
    putValue$atX$Y(tradeCostForBConsumer,x2,y2);
}
```

11.4.8　交易折扣调整

```
    public static void aAdjustTradeDiscountIndex(){
    //竞争获利方法
    double temp;
    double temp1;
    for(Seller s:MarketModelSwarm.sellerList){
    if(s.belongToPlatform=='A'){
    s.lastTradeDiscountIndex=s.tradeDiscountIndex;
    temp=topTradeDiscount-s.tradeDiscountIndex;
    if(s.ifDeal==1){
    if(s.sellerContent>150){
    if(temp==0){
    s.tradeDiscountIndex=0.8;
```

```
}
    else{
    s.tradeDiscountIndex=s.tradeDiscountIndex+Math.random()*temp;
    }
}
    else if(s.sellerContent>90&&s.seller-Content<=150){
    if(temp==0){
    s.tradeDiscountIndex=0.8;
}
    else{
    temp1=Globals.env.uniformDblRand.getDoubleWithMin$withMax(0.1,0.5)
    s.tradeDiscountIndex=s.tradeDiscountIndex+temp1*temp;
    }
}
    else{
    if(Math.random()>0.7)s.tradeDiscountIndex
    =s.tradeDiscountIndex+0.005;
    else{
    s.tradeDiscountIndex=Globals.env.uniformDblRand.
    getDoubleWithMin$withMax(0,s.tradeDiscountIndex);
        }
    }
}
    else if(s.ifDeal==3){
    if(s.sellerContent>150){
    if(temp==0){
    s.tradeDiscountIndex=0.8;
}
    else{
    s.tradeDiscountIndex=s.tradeDiscountIndex+Globals.env.uniformDblRand.
    getDoubleWithMin$withMax(0,Math.random()*temp);
    }
}
    else if(s.sellerContent>90&&s.sellerContent<=150){
    if(temp==0){
    s.tradeDiscountIndex=0.8;
}
    else{
    temp1=Globals.env.uniformDblRand.getDoubleWithMin$withMax(0.1,0.5);
```

```
        s.tradeDiscountIndex=s.tradeDiscountIndex+Globals.env.
        uniformDblRand.getDoubleWithMin$withMax(0,temp1*temp);}
}
    else{
    if(Math.random()>0.8)
    s.tradeDiscountIndex=s.tradeDiscountIndex+0.002;
    else{
    s.tradeDiscountIndex=Globals.env.uniformDblRand.
    getDoubleWithMin$withMax(0,s.tradeDiscountIndex);
        }
    }
}
    else{
    if(Math.random()>0.5){
    s.tradeDiscountIndex=s.tradeDiscountIndex+Globals.env.
    uniformDblRand.getDoubleWithMin$withMax(0,temp);
}
    s.tradeDiscountIndex=s.tradeDiscountIndex-Globals.env.
    uniformDblRand.getDoubleWithMin$withMax(0,s.tradeDiscountIndex);
        }
        }
    }
}
    public static void bAdjustTradeDiscountIndex(){
    double temp;
    double temp1;
    for(Seller s:MarketModelSwarm.sellerList){
    s.lastTradeDiscountIndex=s.tradeDiscountIndex;
    temp=topTradeDiscount-s.tradeDiscountIndex;
    s.lastTradeDiscountIndex=s.tradeDiscountIndex;
    temp=topTradeDiscount-s.tradeDiscountIndex;
    if(s.ifDeal==2){
    if(s.sellerContent>150){
    if(temp==0){
    s.tradeDiscountIndex=0.8;
}
    else{
    s.tradeDiscountIndex=s.tradeDiscountIndex+Math.random()*temp;
        }
}
    else if(s.sellerContent>90&&s.sellerContent<=150){
    if(temp==0){
```

```
    s.tradeDiscountIndex=0.8;
}
    else{
    temp1=Globals.env.uniformDblRand.getDoubleWithMin$withMax(0.1,0.5);
    s.tradeDiscountIndex=s.tradeDiscountIndex+temp1*temp;}
}
    else{
    if(Math.random()>0.7)
    s.tradeDiscountIndex=s.tradeDiscountIndex+0.005;
    else{
    s.tradeDiscountIndex=Globals.env.uniformDblRand.
    getDoubleWithMin$withMax(0,s.tradeDiscountIndex);
        }
    }
}
    else if(s.ifDeal==3){
    if(s.sellerContent>150){
    if(temp==0){
    s.tradeDiscountIndex=0.8;
}
    else{
    s.tradeDiscountIndex=s.tradeDiscountIndex+Globals.
    env.uniformDblRand.getDoubleWithMin$withMax(0,Math.random()*temp);
    }
}
    else if(s.sellerContent>90&&s.seller-Content<=150){
    if(temp==0){
    s.tradeDiscountIndex=0.8;
}
    else{
    temp1=Globals.env.uniformDblRand.getDoubleWithMin$withMax(0.1,0.5)
    s.tradeDiscountIndex=s.tradeDiscountIndex+Globals.
    env.uniformDblRand.getDoubleWithMin$withMax(0,temp1*temp);
    }
}
    else{
    if(Math.random()>0.8)
    s.tradeDiscountIndex=s.tradeDiscountIndex+0.002;
    else{
    s.tradeDiscountIndex=Globals.env.uniformDblRand.getDouble-
    WithMin$withMax(0,s.tradeDiscountIndex);
        }
```

```
        }
    }
    else{
    if(Math.random()>0.5){
    s.tradeDiscountIndex=s.tradeDiscountIndex+Globals.env.
    uniformDblRand.getDoubleWithMin$withMax(0,temp);

        s.tradeDiscountIndex=s.tradeDiscountIndex-Globals.env.unifor
        mDblRand.getDoubleWithMin$withMax(0,s.tradeDiscountIndex);
            }
        }
    }
```

11.5 平台交易决策

```
    public boolean tradeDecision(Consumer c){
    int i=0;
    int t=0;
    int j=0;
    int k=0;
    int betterSellerId=0;
    betterSellerCollection=new LinkedList();
    double minAbs=100;
    char temp=c.getBelongToPlatform();
    for(Seller s:MarketModelSwarm.sellerList){
    k++;
    if(s.getBelongToPlatform()==temp)
    if(temp=='A'){
    if(aConsumerNumber>=0.6*MarketModelSwarm.consumerTotalPeople&&a
    SellerNumber>=0.6*MarketModelSwarm.consumerTotalPeople){
    if(s.tradeDiscountIndex>=0.3){
    if(Math.abs(s.getTradePrice()-c.expected-TradePrice)<=10){
    if(s.getTradePrice()<c.topPriceAccept){
    betterSellerCollection.add(s);
            }
        }
    }
    }
    else{
    if(Math.abs(s.getTradePrice()-c.expected-TradePrice)<=10){
    if(s.getTradePrice()<c.topPriceAccept){
```

```
betterSellerCollection.add(s);
        }
    }
}
else{
if(bConsumerNumber>=0.6*MarketModelSwarm.consumerTotalPeople &&
bSellerNumber>=0.6*MarketModelSwarm.sellerTotalPeople){
if(s.tradeDiscountIndex>=0.3){
if(Math.abs(s.getTradePrice()-c.expectedTrade-Price)<=10){
if(s.getTradePrice()<c.topPrice-Accept){
betterSellerCollection.add(s);
        }
    }
}
}
else{
 if(Math.abs(s.getTradePrice()-c.expected-TradePrice)<=10){
if(s.getTradePrice()<c.topPriceAccept){
betterSellerCollection.add(s);
        }
    }
 }
}
if(betterSellerCollection.isEmpty()==false){
if(Math.random()>=1-MarketModelSwarm.CNEForConsumer){
betteSellerId(betterSellerCollection);
}
else{
int temp1=Globals.env.uniformIntRand.getIntegerWithMin$
withMax(0,betterSellerCollection.size()-1);
betterSellerId=betterSellerCollection.Get(temp1).sellerNumber;
    }
}
else{
betterSellerId=1000;
}
if(betterSellerId<=19){
```

```
    int zz=(int)Math.random()*10;
    if(MarketModelSwarm.sellerList.get(betterSellerId).
    getTradePrice()>c.expectedTradePrice){
    c.consumerContent=c.consumerContent-Globals.env.uniformIntRand.
    getIntegerWithMin$withMax(1,5);
    if(MarketModelSwarm.sellerList.get(betterSellerId).
    sellerQuality=='Y'){
    if(c.getQualityNeed()=='Y'){
    c.consumerContent=c.consumerContent+Globals.env.uniformIntRand.
    getIntegerWithMin$withMax(1,5);
}
    else{
    c.consumerContent=c.consumerContent+Globals.env.uniformIntRand.
    getIntegerWithMin$withMax(6,10);
    }
}
    else{
    c.consumerContent=c.consumerContent-Globals.env.uniformIntRand.
    getIntegerWithMin$withMax(6,10);
}
    c.setIfTrade(true);
    MarketModelSwarm.sellerList.get(betterSellerId).setIfTrade(true);
}
    else if(MarketModelSwarm.sellerList.get(betterSellerId).
    getTradePrice()<=c.expectedTradePrice+zz){
    c.consumerContent=c.consumerContent+Globals.env.uniformIntRand.
    getIntegerWithMin$withMax(1,5);
    if(MarketModelSwarm.sellerList.get(betterSellerId).
    sellerQuality=='Y'){
    if(c.getQualityNeed()=='Y'){
    c.consumerContent=c.consumerContent+Globals.env.
    uniformIntRand.getIntegerWithMin$withMax(1,5);
}
    else{
    c.consumerContent=c.consumerContent+Globals.env.uniformIntRand.
    getIntegerWithMin$withMax(6,10);
    }
}
    else{
```

```
    if(c.getQualityNeed()=='Y'){
    c.consumerContent=c.consumerContent-Globals.env.
    uniformIntRand.getIntegerWithMin$withMax(3,6);
}
    else{
    c.consumerContent=c.consumerContent-1;
    }
}
    c.setIfTrade(true);
    MarketModelSwarm.sellerList.get(betterSellerId).setIfTrade(true);
}
    else{
    c.setIfTrade(false);
    MarketModelSwarm.sellerList.get(betterSellerId).setIfTrade(false);
    c.consumerContent=c.consumerContent-Globals.env.uniformIntRand.
    getIntegerWithMin$withMax(5,10);
    }
}
    else{
    c.setIfTrade(false);
    c.consumerContent=c.consumerContent-Globals.env.uniformIntRand.
    getIntegerWithMin$withMax(5,10);
}
    if(betterSellerId<=19){
    if(MarketModelSwarm.sellerList.get(betterSellerId).isIfTrade())
    MarketModelSwarm.sellerList.get(betterSellerId).sellerContent
    =MarketModelSwarm.sellerList.get(betterSellerId).sellerContent+
    Globals.env.uniformIntRand.getIntegerWithMin$withMax(5,10);
    if(c.belongToPlatform=='A'){
    for(Seller s:MarketModelSwarm.sellerList){
    if(s.sellerNumber!=betterSellerId&&s.getBelong-ToPlatform()=='A'){
    s.sellerContent--;
        }
    }
}
    else{
    for(Seller s:MarketModelSwarm.sellerList){
    if(s.sellerNumber!=betterSellerId&&s.getBelong-ToPlatform()=='B'){
    s.sellerContent=s.sellerContent-1;
```

```
                }
            }
        }
}
    else{
    for(Seller s:MarketModelSwarm.sellerList)s.sellerContent--;
}
    if(betterSellerId<=19&&MarketModelSwarm.sellerList.
    get(betterSellerId).ifTrade){
    saveOrder(c,MarketModelSwarm.sellerList.get(betterSellerId));
}
    return c.getIfTrade();
}
    public int betteSellerId(List<Seller> betterSellerCollection){
    int i=0,j=0;
    int betterSellerId=0;
    int a=betterSellerCollection.get(0).tradeCount;
    double b=betterSellerCollection.get(0).tradePrice;
    for(Seller s:betterSellerCollection){
    i++;
    if(betterSellerCollection.get(i-1).tradeCount>a){
    a=betterSellerCollection.get(i-1).tradeCount;
    b=betterSellerCollection.get(i-1).tradePrice;
    betterSellerId=betterSellerCollection.get(i-1).sellerNumber;
    j=i-1;
}
    else if(betterSellerCollection.get(i-1).trade-Count==a){
    if(Math.random()>0.5){
    a=betterSellerCollection.get(1-1).tradeCount;
    b=betterSellerCollection.get(i-1).tradePrice;
    betterSellerId=betterSellerCollection.get(i-1).sellerNumber;
}
    else{
    a=betterSellerCollection.get(j).tradeCount;
    b=betterSellerCollection.get(j).tradePrice;
    betterSellerId=betterSellerCollection.get(j).sellerNumber;
    }
```

```
}
    else if(betterSellerCollection.get(i-1).tradeCount<a){
    a=betterSellerCollection.get(j).tradeCount;
    b=betterSellerCollection.get(j).tradePrice;
    betterSellerId=betterSellerCollection.get(j).sellerNumber;
    }
}
    return betterSellerId;
}
    public boolean getIfBreakDown(char c){
    if(getAConsumerNumber()<=MarketModelSwarm.consumerTotalPeople*0.2&&
    getASellerNumber()<=MarketModelSwarm.sellerTotalPeople*0.2)
    aPlatformOut=true;
    else if(getAConsumerNumber()<=MarketModelSwarm.consumer-
    TotalPeople*0.2&&getBSellerNumber()<=MarketModelSwarm.
    sellerTotalPeople*0.2) bPlatformOut=true;
    if(c=='A')return aPlatformOut=true;
    else return bPlatformOut=true;
}
    public double getTradeDiscountIndex(char c){
    if(c=='A') return aTradeDiscountIndex;
    else return bTradeDiscountIndex;
}
    public int aTradeCostForConsumer(){
    return tradeCostForAConsumer;
}
```

11.5.1　平台交易达成

```
    class Order{
    int cId;
    public int getcId(){
    return cId;
}
    public void setcId(int cId){
    this.cId=cId;
}
    int sId;
```

```
    public int getsId(){
    return sId;
}

    public void setsId(int sId){
    this.sId=sId;
}

    public double getActualTradePrice(){
    return actualTradePrice;
}

    public void setActualTradePrice(double tradePrice){
    actualTradePrice=tradePrice;
    }
}

    public void checkOrder(){
    for(Seller s:MarketModelSwarm.sellerList)s.tradeCount=0;
    for(Order o:oList){
    for(Seller s:MarketModelSwarm.sellerList)
    if(s.sellerNumber==o.getsId()){
    s.tradeCount++;
        }
    }
}

    public void referenceAverageTradeCount(){
    averTradeForEachASeller
    =getAConsumerNumber()/getASeller-Number();
    averTradeForEachBSeller
    =getBConsumerNumber()/getBSellerNumber();
}

    public void countCCN(){
    checkOrder();
    for(Seller s:MarketModelSwarm.sellerList)
    if(s.belongToPlatform=='A'){
    s.CCN=s.tradeCount/getAConsumerNumber();
}

    else{
    s.CCN=s.tradeCount/getBConsumerNumber();
```

```
        }
}
    public Order getOrder(Consumer c,Seller s){
    Order order=new Order();
    order.setcId(c.consumerNumber);
    order.setsId(s.sellerNumber);
    order.setActualTradePrice(s.tradePrice);
    return order;
}
    public void saveOrder(Consumer c, Seller s){
    oList.add(getOrder(c,s));
}
    public double getAConsumerNumber(){
    aConsumerNumber=0;
    for(Consumer c:MarketModelSwarm.consumerList){
    if(c.belongToPlatform=='A')
    aConsumerNumber++;
}
    return aConsumerNumber;
}
    public double getBConsumerNumber(){
    bConsumerNumber=0;
    for(Consumer c:MarketModelSwarm.consumerList){
    if(c.belongToPlatform=='B')
    bConsumerNumber++;
}
    return bConsumerNumber;
}
```

11.5.2　平台交易达成数量

```
    public double getASellerNumber(){
    aSellerNumber=0;
    for(Seller s:MarketModelSwarm.sellerList){
    if(s.getBelongToPlatform()=='A')
    aSellerNumber++;
}
```

```
    return aSellerNumber;
}

    public double getBSellerNumber(){
    bSellerNumber=0;
    for(Seller s:MarketModelSwarm.sellerList){
    if(s.getBelongToPlatform()=='B')
    if(bPlatformOut==false)
    bSellerNumber++;
}

    return bSellerNumber;
    }

}
```

第 12 章　消费者 Agent 的程序代码设计

12.1　消费者 Agent 的属性信息

消费者 Agent 的属性信息是消费者本身特征以及状态的表述，具体的消费者 Agent 的属性信息如表 12.1 所示。

表 12.1　消费者 Agent 的属性信息

属性信息	符号	变量取值范围
期望交易价格	x_1	$(0,100)$
期望交易费用	x_2	$(0,10)$
质量期望	x_3	Yes/No
所属交易平台	x_4	A/B
最高承受价格	x_5	$f(x_2, x_{11})$
满意水平	x_6	$x_7 > 0$
是否转移交易平台	x_7	Yes/No
消费者交易与否信息	x_8	Yes/No
实际交易费用	x_9	$(0,10)$
价格敏感性	x_{10}	$(0,1)$

用价格敏感性、期望交易价格、最高承受价格、满意水平、期望交易费用、实际交易费用、质量期望、所属交易平台、消费者交易与否信息、是否转移交易平台属性信息来描述处于不同状态的异质性消费者。

12.2　消费者 Agent 的行为规则

模型中消费者的规则简单，但是规模较大，从价格敏感性维度划分可以分为三类不同类型的消费倾向群体：价格敏感性低的群体、价格敏感性一般群体、价格敏感性较高群体，对应的价格敏感性系数 priceSensitivityIndex～Uniform$(0,1)$ 服从均匀分布，作为 Swarm 仿真系统中生成价格敏感性系数的依据。

价格敏感性系数越大，表示消费者受到价格波动的影响越大，导致在条件一样的情况下，消费者产生的行为策略倾向不同。他们根据自己对平台上销售者数量的判断，平台商的交易费用、获得的交易满意度来决定自己的行为规则。具体的行为规则如下。

(1)最初，由消费随机地选择某一平台作为交易平台，即初始化消费者所属平台，通过 Swarm 程序获得每一个消费者的价格敏感系数属性信息以及对应的质量期望属性信息。

(2)在 Swarm 仿真系统中，系统根据生成的具有随机性的消费者价格敏感系数及其与期望交易价格的线性关系，生成对应的期望交易价格，进而以此确定并初始化消费者的最高承受价格等属性信息。

(3)假设消费者最初的满意值是一个 90～120 区间内的随机数。每个单位时间周期，消费者在市场中搜寻交易对象之前，消费者会向平台商支付一次一定的交易费用。假设系统运行期间，总接入交易费用是 10～20 的随机数，由消费者所负担的交易费用由交易平台决定，假设消费者的理想交易费用是 0～10 的随机数。若消费者所处位置的交易接入费用大于其理想交易费用，则消费者满意值随机降低若干单位；反之，则满意值增加若干单位。

(4)每个单位时间周期，消费者都会考虑交易销售者给出的交易价格与期望交易价格的差距，并针对交易价格与商品质量进行一次满意度的评价。实际交易价格小于期望交易价格并且符合质量期望的情况下，则交易满意，同时满意值增加随机的若干个单位；反之，交易不满意，则根据实际交易价格与实际获得的商品质量的情况，消费者满意度降低相应的若干个单位。经过多个单位时间周期，当消费者交易满意度水平处于一定的区间的情况下，则会对自身属性以及环境状况进行判断，决定是否转移交易平台。

(5)每个周期都有对消费者满意水平的判断，当消费者交易满意水平在区间[90,120]时，消费者通过观察交易平台另一边的销售者数目，判断是否转移交易平台，判断依赖于交叉网络外部性强度、交易平台另一边的销售者规模，根据自身需求利益最大化，确定是否转移交易平台的决策。

12.3　消费者 Agent 的 Consumer.java 类

消费者程序设计文件是仿真程序运行的主要文件之一，主要包括消费者共有的一些属性变量和行为规则，包含消费者的固定属性变量和行为规则以及每个周期更新的属性变量，对应变量设计如表 12.2 所示；行为规则设计如表 12.3 所示。

表 12.2　消费者 Agent 的变量

属性变量	属性类型	属性描述
xPos1、yPos1	int	确定消费者所处市场位置
worldXSize、worldYSize	int	消费者的活动空间区域
qualityNeed	char	消费者对商品的品质诉求
consumerNumber	int	代表消费者身份的编号
consumerColor	byte	消费者在仿真界面中的颜色
belongToPlatform	char	消费者所属平台
priceElasticityIndex	double	消费者的价格敏感性系数
consumerTradeCost	int	消费者实际交易费用
expectedTradeCost	int	消费者期望交易费用
topPriceAccept	int	消费者能承受的最高交易价格
expectedTradePrice	int	消费者的理想交易价格
ifTrade	boolean	消费者是否交易
consumerContent	int	消费者的满意水平
ifTransferPlatform	boolean	消费者是否转移交易平台

　　利用 Java 程序的变量设计规则，分别确定消费者所处市场位置、消费者的活动空间区域、消费者对商品的品质诉求、代表消费者身份的编号、消费者在仿真界面中的颜色、消费者所属平台、消费者的价格敏感性系数、消费者实际交易费用、消费者能承受的最高交易价格、消费者的理想交易价格、消费者是否交易、消费者的满意水平、消费者是否转移交易平台对应的属性信息的变量名以及变量类型。

表 12.3　消费者 Agent 的行为规则

方法名称	返回类型	描述
Consumer()	—	创建消费者对象的构造函数，初始化消费者基本信息
consumerStep()	void	消费者的游走规则
setConsumerColor()	Object	设置代表消费者的颜色
setBelongToPlatform()	char	设置消费者的所属平台
getExpectedTradePrice()	int	获取消费者的期望交易价格
setQualityNeed()	char	设置消费者对商品的品质诉求
getQualityNeed()	char	获取消费者对商品的品质诉求

　　利用 Java 程序的方法设计规则，结合消费者的行为规则，确定行为规则对应的方法名称并建立对应的方法体，根据仿真需要确定对应的并可以给其他类调用的方法返回类型，其中 Consumer() 方法是 Consumer.java 类的构造函数，是对部分变量的初始化，初始化消费者的基本信息，没有返回值。

```
import swarm.Globals;
import swarm.gui.Raster;
import swarm.random.NormalDistImpl;
import swarm.space.Grid2dImpl;
```

12.3.1　消费者 Agent 的公共信息

```
public class Consumer{
public int xPos1;
public int yPos1;
private int worldXSize;
private int worldYSize;
private Grid2dImpl consumerSpace;
public AgentMarketInformation consumerMarket;
private char qualityNeed;
public char getQualityNeed(){
return qualityNeed;
}
}
public void setQualityNeed(char qualityNeed){
this.qualityNeed=qualityNeed;
}
}
public int consumerNumber;
public byte consumerColor;
public double randomMoveProbability;
public int tradeHope;
public char belongToPlatform;
public double priceElasticityIndex;
public int consumerTradeCost;
public int expectedTradeCost;
public int topPriceAccept;
public int expectedTradePrice;
public int consumerIdealTradeCost;
public boolean ifTrade;
public double consumerContent;
boolean ifTransferPlatform;
```

12.3.2　构造消费者函数

```
public Consumer(AgentMarketInformation tradeCostInformation,
Grid2dImpl g2I,int x,int y,int id){
```

```
//构造函数，Grid2dImpl 描述二维空间位置的普通容器类
consumerMarket=tradeCostInformation;
consumerSpace=g2I;
consumerNumber=id;
worldXSize=consumerSpace.getSizeX();
worldYSize=consumerSpace.getSizeY();
xPos1=x;
yPos1=y;
```

12.3.3 消费者 Agent 的交易成本

```
consumerTradeCost=consumerMarket.getValueAtX$Y(xPos1, yPos1);
consumerIdealTradeCost=Globals.env.uniformIntRand.
getIntegerWithMin$withMax(0,5);
consumerContent=Globals.env.uniformIntRand.
getIntegerWithMin$withMax(90,120);
ifTransferPlatform=false;
ifTrade=false;
priceElasticityIndex=Globals.env.uniformDblRand.
getDoubleWithMin$withMax(0,1);
if(priceElasticityIndex>0&&priceElasticityIndex<0.3){
expectedTradePrice=Globals.env.uniformIntRand.
getIntegerWithMin$withMax(0,30);
topPriceAccept=expectedTradePrice*2;
if(Math.random()>0.6){
qualityNeed='Y';
}
else{
qualityNeed='N';
}
}
else if(0.3<=priceElasticityIndex && priceElasticityIndex<0.8){
expectedTradePrice=Globals.env.uniformIntRand.
getIntegerWithMin$withMax(30,60);
topPriceAccept=expectedTradePrice*2;
if(Math.random()>0.3){
qualityNeed='Y';
}
else{
qualityNeed='N';
```

```
    }
}
    else if(0.8<priceElasticityIndex){
    expectedTradePrice=Globals.env.uniformIntRand.
    getIntegerWithMin$withMax(60,100);
    topPriceAccept=expectedTradePrice*2;
    qualityNeed='Y';
}
```

12.3.4　消费者 Agent 的交易选择

```
    if(xPos1<105&&xPos1>5&yPos1>=15&&yPos1<105){
    belongToPlatform='A';
}
    else if(xPos1>111&&xPos1<210&yPos1>=15&&yPos1<105){
    belongToPlatform='B';
    }
}
    public void consumerStep(){
    int newX1=xPos1,newY1=yPos1;
    if(consumerTradeCost>consumerIdealTradeCost){
    consumerContent=consumerContent-Globals.env.uniformIntRand.
    getIntegerWithMin$withMax(2,8);
}
    else if(consumerTradeCost<=consumerIdealTradeCost){
    consumerContent=consumerContent+Globals.env.uniformIntRand.
    getIntegerWithMin$withMax(2,8);
}
    ifTrade=consumerMarket.tradeDecision(this);
    if(consumerContent>90&&consumerContent<=120){
    ifTransferPlatform=ifShiftPlatform();
}
    else if(consumerContent<=90){
    if(ifTrade){
    ifTransferPlatform=false;
}
    else{
    ifTransferPlatform=ifShiftPlatform();
    }
}
    else if(consumerContent>120&&consumerContent<=180){
    if(ifTrade==false){
```

```
if(Math.random()>0.8){
ifTransferPlatform=true;
}
else{
ifTransferPlatform=false;
}
}
else{
ifTransferPlatform=false;
}
}
```

12.3.5　消费者 Agent 的交易转换

```
if(ifTransferPlatform){
ifTransferPlatform=true;
consumerContent=100;
if(belongToPlatform=='A'){
while((consumerSpace.getObjectAtX$Y(newX1,newY1)!=null)&&
consumerMarket.getValueAtX$Y(newX1,newY1)<=consumerMarket.
getValueAtX$Y(xPos1, yPos1)){
newX1=Globals.env.uniformIntRand.getIntegerWithMin$withMax(111,208);
newY1=Globals.env.uniformIntRand.getIntegerWithMin$withMax(15,103);
}
belongToPlatform='B';
consumerSpace.putObject$atX$Y(null,xPos1,yPos1);
Pos1=newX1;
yPos1=newY1;
consumerSpace.putObject$atX$Y(this,xPos1,yPos1);
consumerTradeCost=consumerMarket.getValueAtX$Y(xPos1,yPos1);
}
else{
while((consumerSpace.getObjectAtX$Y(newX1,newY1)!=null)){
newX1=Globals.env.uniformIntRand.getIntegerWithMin$withMax(6,103);
newY1=Globals.env.uniformIntRand.getIntegerWithMin$withMax(15,103);
}
```

12.3.6　消费者 Agent 的交易空间

```
consumerSpace.putObject$atX$Y(null,xPos1,yPos1);
xPos1=newX1;
```

```
    yPos1=newY1;
    consumerSpace.putObject$atX$Y(this,xPos1,yPos1);
    belongToPlatform='A';
    consumerTradeCost=consumerMarket.getValueAtX$Y(xPos1,yPos1);
    }
}
    else{
    ifTransferPlatform=false;
    if(belongToPlatform=='A'){
    while((consumerSpace.getObjectAtX$Y(newX1,newY1)!=null)&&
    consumerMarket.getValueAtX$Y(newX1,newY1)<=consumerMarket.
    getValueAtX$Y(xPos1,yPos1)){
    newX1=Globals.env.uniformIntRand.getIntegerWithMin$withMax(6,103);
    newY1=Globals.env.uniformIntRand.getIntegerWithMin$withMax(15,103);
}
    consumerSpace.putObject$atX$Y(null,xPos1,yPos1);
    xPos1=newX1;
    yPos1=newY1;
    consumerSpace.putObject$atX$Y(this,xPos1,yPos1);
    consumerTradeCost=consumerMarket.getValueAtX$Y(xPos1,yPos1);
}
    else{
    while((consumerSpace.getObjectAtX$Y(newX1,newY1)!=null)&&
    consumerMarket.getValueAtX$Y(newX1,newY1)<=consumerMarket.
    getValueAtX$Y(xPos1,yPos1)){
    newX1=Globals.env.uniformIntRand.getIntegerWithMin$withMax(111,208);
    newY1=Globals.env.uniformIntRand.getIntegerWithMin$withMax(15,103);
}
    consumerSpace.putObject$atX$Y(null,xPos1,yPos1);
    xPos1=newX1;
    yPos1=newY1;
    consumerSpace.putObject$atX$Y(this,xPos1,yPos1);
    consumerTradeCost=consumerMarket.getValueAtX$Y(xPos1,yPos1);
    }
}
}
    public boolean getIfTrade(){
    return ifTrade;
}
```

```
    public boolean setIfTrade(boolean b){
    ifTrade=b;
    return ifTrade;
}

    public boolean ifShiftPlatform(){
    double temp=1-MarketModelSwarm.CNEForConsumer;
    if(ifTrade==false){
    if(belongToPlatform=='A'){
    if(Math.random()>temp){
    if(consumerMarket.getASellerNumber()/Market-ModelSwarm.
    sellerTotalPeople>=0.6){
     if(Math.random()>0.4)ifTransferPlatform=false;
    else ifTransferPlatform=true;
}
    else if(consumerMarket.getASellerNumber()/MarketModelSwarm.
    sellerTotalPeople>=0.2&&consumerMarket.getASellerNumber()/
    MarketModelSwarm.sellerTotalPeople<0.6){
    if(Math.random()>0.6)
    ifTransfer-Platform=false;
    else ifTransferPlatform=true;
}
    else{
    if(Math.random()>0.8)
    ifTransferPlatform=false;
    else ifTransferPlatform=true;
    }
}
    else{
    if(Math.random()>0.5){
    ifTransferPlatform=false;
}
    else ifTransferPlatform=true;
    }
}
    else{
    if(Math.random()>temp){
    if(consumerMarket.getBSellerNumber()/MarketModelSwarm.
    sellerTotalPeople>=0.6){
    if(Math.random()>0.4)ifTransferPlatform=false;
```

```
        else ifTransferPlatform=true;
}

    else if(consumerMarket.getBSellerNumber()
    /MarketModelSwarm.sellerTotal-People>=0.2&&consumerMarket.
    getBSellerNumber()/MarketModelSwarm.sellerTotal-People<0.6){
    if(Math.random()>0.6)
    ifTransferPlatform=false;
    else ifTransferPlatform=true;
}

    else{
    if(Math.random()>0.8)
    ifTransferPlatform=false;
    else ifTransferPlatform=true;}
}

    else{
    if(Math.random()>0.5){
    if TransferPlatform=false;
}

    else if TransferPlatform=true;
        }
    }
}

    else{
    ifTransferPlatform=false;
}

    return ifTransferPlatform;
}

    public Object setConsumerColor(byte b){
    consumerColor=b;
    return this;
}

    public char setBelongToPlatform(char c){
    belongToPlatform=c;
    return belongToPlatform;
}

    public int getExpectedTradePrice(){
    return expectedTradePrice;
}

    Public char getBelongToPlatform(){
```

```
    return belongToPlatform;
}
    public Object setRandomMoveProbability(double p){
    randomMoveProbability=p;
    return this;
}
    public Object drawSelfOn(Raster r){
    r.drawPointX$Y$Color(xPos1,yPos1,consumerColor);
    return this;
}
    public void setIfContentTrade(boolean b){
    boolean ifContentTrade=b;
    }
}
```

第 13 章 销售者 Agent 的程序代码设计

13.1 销售者 Agent 的属性信息

销售者作为与消费者的交易活动关系紧密的交易参与者，部分销售者的属性信息是消费者与交易平台可直接获取到的信息，描述的是销售者本身特征以及交易状态，销售者 Agent 的属性信息如表 13.1 所示。

表 13.1 销售者 Agent 的属性信息

属性信息	符号	变量取值范围
销售者交易价格	y_1	$f(y_3, y_{12})$
期望交易费用	y_2	$[0, 20]$
商品质量水平	y_3	$y_4 > 0$
所属交易平台	y_4	A/B
交易折扣系数	y_5	$(0,1)$
满意水平	y_6	$y_7 > 0$
是否转移交易平台	y_7	Y/N
交易与否信息	y_8	Y/N
实际交易费用	y_9	$[10,20]$
与平台的协议选择	y_{10}	1（与 A 有协议）/2（与 B 有协议）/3（无协议）
商品成本	y_{11}	$[10,50]$
销售者交易量	y_m^i	$y_m^i \geqslant 0$

用销售者交易价格、期望交易费用、商品质量水平、所属交易平台、交易折扣系数、满意水平、是否转移交易平台、交易与否信息、实际交易费用、与平台的协议选择、商品成本、销售者交易量属性信息米描述处于不同状态的异质性销售者。

13.2 销售者 Agent 的行为规则

销售者作为双边市场的交易参与者之一，期望通过平台的作用接触到更多的消费者，获取更多的交易量，从而获得更多的收益，因此销售者与销售者之间存在内部竞争关系，同时销售者对平台的依赖黏性更为显著。销售者参照市场中的信息：交易平台另一边的消费者数量、实际交易费用、交易折扣费系数、市场平均交易价格等市场信息进行策略选择，具体的行为规则如下。

（1）初始化销售者的所属交易平台。

（2）假设销售者提供的商品和服务是一致的，但是成本费用上存在差异，假设成本费用是由系统自动生成的 10~50 的随机数，当生成成本费用位于区间[10，30)时，则认为销售者属于低成本的销售者类型；当生成成本费用位于区间[30，50]时，则认为销售者属于高成本的销售者类型。

（3）由于平台在确定交易接入费用和交易折扣系数的时候不会考虑到销售者的成本费用的高低，故销售者为了获得正的效益必须根据平台给定的交易接入费用、成本费用属性信息，初始化所提供的交易价格，利用 Swarm 以及 Java 语句以及变量之间的关系设计如下程序代码：

```
cost=Globals.env.uniformIntRand.getIntegerWithMin$withMax(10,50);
tradePrice=sellerTradeCost+cost+Math.random()*30;
```

其中，　tradePrice $\rightarrow y_2$，　cost $\rightarrow y_{12}$。

（4）若销售者在上一周期达成的交易数量小于期望交易数量，为了追求利益最大化，则销售者在下一周期可以有两个选择：第一，选择在上一期价格的基础上提高价格，第二，价格保持不变，在下一周期则降低质量水平。若销售者在上一周期达成的交易数量大于期望交易数量，销售者会在此基础上继续判断交易价格和市场平均交易价格的关系；若交易价格小于平均交易价格，则相应地提高交易价格至平均价格水平，质量水平不变；若交易价格大于平均交易价格，则选择价格不变，降低一定的质量水平。

（5）假设所有销售者初始化满意值是一个 90~120 区间内的随机数。首先，当销售者的交易费用高于自身期望交易费用的情况下，降低若干个单位的销售者满意值，反之，则增加若干单位的交易满意值；销售者根据自身满意值大小，结合交叉网络外部性强度以及交易平台另一边的消费者规模判断是否转移交易平台。另外，如果系统中的销售者与所在交易平台具有协议，则以低于正常概率大小转移交易平台。

（6）销售者会在每个周期根据自身属性信息的变化，针对所提供产品或服务的质量水平做出决策，即在何时决定提高质量水平，在何时决定降低质量水平。

13.3　销售者 Agent 的 Seller.java 类

销售者 Agent 程序设计文件也是仿真程序运行的主要文件之一，根据销售者

的属性信息的相应的程序成员变量如表 13.2 所示, 行为规则对应的方法如表 13.3
所示。

表 13.2　销售者 Agent 的变量

属性变量	属性类型	属性描述
xPos2、yPos2	int	确定销售者所处市场位置
worldXSize、worldYSize	int	销售者的活动空间区域
cost	int	销售者单位商品成本
sellerNumber	int	代表销售者身份的编号
sellerColor	byte	销售者在仿真界面中的颜色
belongToPlatform	char	销售者所属的交易平台
tradePrice	int	销售者制定的交易价格
sellerQuality	char	销售者提供的产品质量
lastTradeDiscountIndex	double	上一期交易折扣系数
tradeDiscountIndex	double	当期交易折扣系数
sellerTradeCost	int	销售者实际交易费用
sellerIdealTradeCost	int	销售者理想交易费用
sellerContent	int	销售者满意水平
ifTransffer	boolean	销售者是否转移交易平台
ifTrade	boolean	销售者是否交易
tradeCount	int	销售者累计交易次数
quality	int	销售者所提供的商品质量水平

利用 Java 程序的变量设计规则, 分别确定销售者所处市场位置、销售者的活
动空间区域、销售者单位商品成本、代表销售者身份的编号、销售者在仿真界面
中的颜色、销售者所属的交易平台、销售者制定的交易价格、销售者提供的产品
质量、上一期交易折扣系数、当期交易折扣系数、销售者实际交易费用、销售者
理想交易费用、销售者满意水平、销售者是否转移交易平台、销售者是否交易、
销售者累计交易次数、销售者所提供的商品质量水平对应的属性信息的变量名以
及变量类型。

表 13.3　销售者 Agent 的行为规则

方法名称	返回类型	描述
Seller()	—	创建销售者对象的构造函数, 初始化销售者基本信息
ifTransfferPlatform()	boolean	判断销售者是否转移交易平台
increasePrice()	void	销售者提高交易价格的策略
decreasePrice()	void	销售者降低交易价格的策略
decreaseQuality()	void	销售者降低商品品质的策略
increaseQuality()	void	销售者提高商品品质的策略
tradeCount()	int	获取销售者的累计交易量

方法名称	返回类型	描述
getCost()	int	获取销售者的单位商品成本
setTradePrice()	void	销售者设置交易价格
getTradePrice()	double	获取销售者交易价格
getTradeCost()	int	获取销售者实际交易费用
getSellerContent()	int	获取销售者的满意水平
setBelongToPlatform()	void	设置销售者所属平台

利用 Java 程序的方法设计规则，结合销售者的行为规则，确定行为规则对应的方法名称并建立对应的方法体，根据仿真需要确定对应的并可以给其他类调用的方法返回类型，其中 Seller() 方法 Seller.java 类的构造函数，是对部分变量的初始化，初始化销售者的基本信息，没有返回值。

13.3.1　构造销售者 Agent 函数

```
import swarm.Globals;
import swarm.gui.Raster;
import swarm.space.Grid2dImpl;
public class Seller{
private byte sellerColor;
int sellerNumber;
int xPos2;
int yPos2;
char belongToPlatform;
private int cost;
public double tradePrice;
public char sellerQuality;
private char costType;
public double lastTradeDiscountIndex;
public double tradeDiscountIndex;
private int sellerIdealTradeCost;
public double sellerTradeCost;
public int sellerContent;
public AgentMarketInformation sellerMarket;
private Grid2dImpl sellerSpace;
private int unQualityProfit=6,QualityProfit=3;
public boolean ifTrade;
public boolean ifTransffer;
public int tradeCount;
```

```
public double quality;
public double CCN;
public int ifDeal;
}
```

13.3.2　销售者 Agent 的交易成本

```
public Seller(AgentMarketInformation tradeCostInformation,
Grid2dImpl G2I,int x,int y,int id){
//构造函数
sellerMarket=tradeCostInformation;
sellerNumber=id;
sellerSpace=G2I;
xPos2=x;
yPos2=y;
cost=Globals.env.uniformIntRand.getIntegerWithMin$withMax(10,50);
//不会再发生变化
sellerContent=Globals.env.uniformIntRand.getInteger-
WithMin$withMax(90,120);
if(cost>=10&&cost<=25){
costType='L';
}
else{
costType='H';
}
sellerIdealTradeCost=Globals.env.uniformIntRand.
getIntegerWithMin$withMax(0,20);
sellerTradeCost=sellerSpace.getValueAtX$Y(xPos2,yPos2);
if(5<xPos2&&xPos2<105){
setBelongToPlatform('A');
}
else if(110<xPos2&&xPos2<210){
setBelongToPlatform('B');
}
tradePrice=sellerTradeCost+cost+Math.random()*30;
ifTrade=false;
ifTransffer=false;
tradeCount=0;
int temp=Globals.env.uniformIntRand.getIntegerWithMin$ withMax(0,10);
if(temp>7)
ifDeal=1;
else if(temp>=6&&temp<=7)
```

```
        ifDeal=2;
        else if(temp<5)
        ifDeal=3;
}
    public void sellerStep(){
    int newX=xPos2,newY=yPos2;
    if(sellerTradeCost>sellerIdealTradeCost){
    sellerContent=sellerContent-Globals.env.uniformIntRand.
    getIntegerWithMin$withMax(2,8);
}
        else if(sellerTradeCost<=sellerIdealTradeCost){
        sellerContent=sellerContent+Globals.env.uniformIntRand.
        getIntegerWithMin$withMax(2,8);
}
        if(sellerContent>90&&sellerContent<=120){
        ifTransffer=ifTransfferPlatform();
}
        else if(sellerContent<=90){
        if(ifTrade)ifTransffer=false;
        else{
        ifTransffer=ifTransfferPlatform();
        }
}
        else if(sellerContent>120&&sellerContent<=180){
        if(ifTrade==false){
        if(Math.random()>0.8)ifTransffer=true;
        else ifTransffer=false;
}
        else{
        ifTransffer=false;
        }
}
        if(ifTransffer==true){
        if(belongToPlatform=='A'){
        if(ifDeal==1){
        int temp=Globals.env.uniformIntRand.getIntegerWithMin$ withMax(0,10);
        if(temp>=4){
        ifTransffer=false;
}
        else ifTransffer=true;
}
        else if(ifDeal==2)
```

```
    ifTransffer=true;
    else{
    ifTransffer=true;
     }
}
    else{
    if(ifDeal==2){
    int temp=Globals.env.uniformIntRand.getIntegerWithMin$withMax
    (0,10);
    if(temp>=4){
    ifTransffer=false;
}
    else ifTransffer=true;
}
    else if(ifDeal==1)
    ifTransffer=true;
    else{
    ifTransffer=true;
        }
    }
}
    if(ifTransffer==false){
    if(belongToPlatform=='B'){
    while(sellerSpace.getObjectAtX$Y(newX,newY)!=null){
    newX=Globals.env.uniformIntRand.getIntegerWithMin$withMax
    (111,208);
    newY=7;
}
```

13.3.3　销售者 Agent 的交易空间

```
    sellerSpace.putObject$atX$Y(null,xPos2,yPos2);
    xPos2=newX;
    yPos2=newY;
    sellerSpace.putObject$atX$Y(this,xPos2,yPos2);
    sellerTradeCost=sellerMarket.getValueAtX$Y(xPos2,yPos2);
    ifTransffer=false;
}
    else{
    while(sellerSpace.getObjectAtX$Y(newX,newY)!=null){
    newX=Globals.env.uniformIntRand.getIntegerWithMin$withMax
    (6,103);
    newY=7;
```

```
}
    sellerSpace.putObject$atX$Y(null,xPos2,yPos2);
    xPos2=newX;
    yPos2=newY;
    sellerSpace.putObject$atX$Y(this,xPos2,yPos2);
    sellerTradeCost=sellerMarket.getValueAtX$Y(xPos2,yPos2);
    ifTransffer=false;
    }
}
    else{
    ifTransffer=true;
    sellerContent=90;
    if(belongToPlatform=='B'){
    while(sellerSpace.getObjectAtX$Y(newX,newY)!=null){
    newX=Globals.env.uniformIntRand.getIntegerWithMin$withMax(6,103);
    newY=7;
}
    sellerSpace.putObject$atX$Y(null,xPos2,yPos2);
    xPos2=newX;
    yPos2=newY;
    belongToPlatform='A';
    sellerSpace.putObject$atX$Y(this,xPos2,yPos2);
    sellerTradeCost=sellerMarket.getValueAtX$Y(xPos2,yPos2);
}
    else{
    while(sellerSpace.getObjectAtX$Y(newX,newY)!=null){
    newX=Globals.env.uniformIntRand.getIntegerWithMin$ withMax(111,208);
    newY=7;
}
    sellerSpace.putObject$atX$Y(null,xPos2,yPos2);
    xPos2=newX;
    yPos2=newY;
    sellerSpace.putObject$atX$Y(this,xPos2,yPos2);
    belongToPlatform='B';
    sellerTradeCost=sellerMarket.getValueAtX$Y(xPos2,yPos2);
    }
    }
}
```

13.3.4　销售者 Agent 的交易转换

```
public boolean ifTransfferPlatform(){
```

```
double temp=1-MarketModelSwarm.CNEForSeller;
if(belongToPlatform=='A'){
if(ifTrade==false){
if(Math.random()>temp){
if(sellerMarket.getAConsumerNumber()/MarketModelSwarm.
consumerTotalPeople>=0.6){
if(Math.random()>=0.6)
ifTransffer=false;
else ifTransffer=true;
}
    else if(sellerMarket.getAConsumerNumber()/
MarketModelSwarm.consumerTotalPeople>=0.2&&sellerMarket.
getAConsumerNumber()/Market-ModelSwarm.consumerTotalPeople
<0.6){
if(sellerMarket.getASellerNumber()/MarketModelSwarm.
sellerTotalPeople>=0.8){
ifTransffer=true;
}
    else if(sellerMarket.getASellerNumber()/MarketModelSwarm.
sellerTotalPeople>=0.5&&sellerMarket.getASellerNumber()/
MarketModelSwarm.sellerTotalPeople<0.8){
if(Math.random()>0.3)
ifTransffer=true;
else ifTransffer=false;
}
    else if(sellerMarket.getASellerNumber()/MarketModelSwarm.
sellerTotalPeople<0.5){
if(Math.random()>0.5)
ifTransffer=false;
else ifTransffer=true;
    }
}
    else if(sellerMarket.getAConsumerNumber()/MarketModelSwarm.
consumerTotalPeople<0.2){
ifTransffer=true;
    }
}
    else{
if(Math.random()>0.5)
```

```
    ifTransffer=true;
    else ifTransffer=false;
    }
}
    else{ifTransffer=false;
    }
}
    else{
    if(ifTrade==false){
    if(Math.random()>temp){
    if(sellerMarket.getBConsumerNumber()/MarketModelSwarm.
consumerTotalPeople>=0.6){
    if(Math.random()>=0.6)
    ifTransffer=false;
    else ifTransffer=true;
}
    else if(sellerMarket.getBConsumerNumber()/MarketModelSwarm.
consumerTotalPeople>=0.2&&sellerMarket.getBConsumerNumber()/
MarketModelSwarm.consumerTotalPeople<0.6){
    if(sellerMarket.getBSellerNumber()/MarketModelSwarm.
sellerTotalPeople>=0.8){
    ifTransffer=true;
}
    else if(sellerMarket.getBSellerNumber()/MarketModelSwarm.
sellerTotalPeople>=0.5&&sellerMarket.getBSellerNumber()/
MarketModelSwarm.sellerTotalPeople<0.8){
    if(Math.random()>0.3)
    ifTransffer=true;
    else ifTransffer=false;
}
    else if(sellerMarket.getBSellerNumber()/MarketModelSwarm.
sellerTotalPeople<0.5){
    if(Math.random()>0.5)
    ifTransffer=false;
    else ifTransffer=true;
    }
}
    else if(sellerMarket.getBConsumerNumber()/MarketModelSwarm.
consumerTotalPeople<0.2){
```

```
    ifTransffer=true;
    }
}
    else{
    if(Math.random()>0.5)
    ifTransffer=true;
    else ifTransffer=false;
    }
}
    else ifTransffer=false;
}
    return ifTransffer;
}
    public void increasePrice(){
    double increasePrice;
    double temp=tradeDiscountIndex-lastTradeDiscountIndex;
    double temp1=sellerTradeCost-sellerIdealTradeCost;
    if(temp>0||temp1>0){
    increasePrice=Globals.env.uniformDblRand.
    getDoubleWithMin$withMax(temp*tradePrice,temp*tradePrice+Math.
    random()*5);
}
    else if(temp==0||temp1==0){
    increasePrice=Globals.env.uniformDblRand.getDoubleWithMin$with
    Max(0,5);
}
    else{
    increasePrice=Globals.env.uniformDblRand.getDoubleWithMin$with
    Max(0,1);
}
    tradePrice=tradePrice+increasePrice;
    setTradePrice(tradePrice);
}
    public  void decreasePrice(){
    double temp=tradeDiscountIndex-lastTradeDiscountIndex;
    double temp1=sellerTradeCost-sellerIdealTradeCost;
    double decreasePrice;
    if(temp>0||temp1>0){
    decreasePrice=Globals.env.uniformDblRand.getDoubleWithMin$with
```

```
      Max(1,5);
}
      else if(temp==0||temp1==0){
      decreasePrice=Globals.env.uniformDblRand.getDoubleWithMin$with
      Max(2,6);
}
      else{
      decreasePrice=Globals.env.uniformDblRand.getDoubleWithMin$with
      Max(3,8);
}
      tradePrice=tradePrice-decreasePrice;
      setTradePrice(tradePrice);
}
      public void decreaseQuality(){
      if(quality >0)
      quality=quality-1;
      else quality=0;
}
      public void increaseQuality(){
      if(quality<100)
      quality=quality+1;
}
      int getCost(){
      return cost;
}
      public void setTradePrice(double p){
      this.tradePrice=p;
}
      double getTradePrice(){
      return tradePrice;
}
      public int getSellerContent(){
      return sellerContent;
}
      public void setBelongToPlatform(char c){
      belongToPlatform=c;
}
      public  char getBelongToPlatform(){
      return belongToPlatform;
```

```
}
    public boolean isIfTrade(){
    return ifTrade;
}
    public void setIfTrade(boolean ifTrade){
    this.ifTrade=ifTrade;
}
    public boolean isIfTransffer(){
    return ifTransffer;
}
    public void setIfTransffer(boolean ifTransffer){
    this.ifTransffer=ifTransffer;
}
    public Object drawSelfOn(Raster r){
    r.drawPointX$Y$Color(xPos2,yPos2,sellerColor);
    return this;
}
    public Object setSellerColor(byte b){
    sellerColor=b;
    return this;
}
    public char getSellerQuality(){
    return sellerQuality;
    }
}
```

第14章 结　　论

14.1　主　要　工　作

本书构建考虑交叉网络外部性强度的双边市场交易概念模型。交易平台通过连接双边用户形成双边市场，一边用户是寻找需求的消费者，另一边用户则是提供需求的销售者，消费者的效用会受到另一边销售者规模的影响，销售者会受到另一边消费者规模的影响，这种交叉网络外部性强度会影响消费者与销售者的交易决策，消费者与销售者的交易决策反过来作用于市场，影响双边市场的交易结构的发展方向。因此，从微观角度，通过了解消费者与销售者的属性信息比如消费者的价格偏好或者销售者的产品(服务)成本等、行为规则、双方之间的交互作用以及这种交互作用对交易平台的影响，构建双边市场交易的概念模型。

建立考虑交叉网络外部性强度的双边市场交易 Swarm 模型。结合 Java 程序语言，通过分析系统主体关系以及从 Agent 角度详细阐述双边市场交易涉及的相关主体属性信息描述和行为规则描述，建立主体对应的程序文件，包括MarketObseaverSwarm.java、MarketModelSwarm.java、AgentMarketInformation.java、Consumer.java、Seller.java、MarketStart.java 五个文件，建立考虑交叉网络外部性强度的双边市场交易 Swarm 模型结构。

利用 Swarm 仿真平台，结合 Java 程序设计，确定相关主体属性信息对应的变量以及行为规则对应的方法，将导致双边市场交易异化问题的原因从复杂化转换为系统化以及简单化，从交叉网络外部性强度的强度属性以及对称性角度，进行双边市场交易模型仿真，并对结果进行总结对比分析。

对考虑交叉网络外部性强度的双边市场交易调控进行仿真。从双边市场交易模型仿真的结果出发，结合理论基础以及相关研究内容，通过不同调控变量的组合进行实验仿真，最终得出有效解决双边市场异化，优化双边市场交易结构的调控变量组合，对双边市场交易调控方法的确定具有参考价值。

14.2 工 作 展 望

本书工作单纯考虑到交叉网络外部性强度影响交易结构与交易结果，忽略价格结构对交易结构和交易结果的影响分析，并且没有考虑到双边用户的多重归属属性的影响。下一步工作应从价格结构或者用户多重归属属性角度去分析双边市场交易结构的演化规律。

参 考 文 献

[1]   Wang Y, Tang J, Jin Q, et al. On studying business models in mobile social networks based on two-sided market (TSM)[J]. Journal of Supercomputing, 2014, 70(3):1297-1317.

[2]   Stoikov S, Waeber R. Reducing transaction costs with low-latency trading algorithms[J]. Quantitative Finance, 2016, 16(9): 1445-1451.

[3]   Roger G, Vasconcelos L. Platform pricing structure and moral hazard[J]. Journal of Economics & Management Strategy, 2014, 23(3): 527-547.

[4]   Chu J, Manchanda P. Quantifying cross and direct network effects in online consumer-to-consumer platforms[J]. Marketing Science, 2016, 35(6): 870-893.

[5]   Sidak J G, Willig R D. Two-sided market definition and competitive effects for credit cards after United States American Express[J]. Criterion Journal on Innovation, 2016, 1: 1301.

[6]   Motta M, Vasconcelos H. Exclusionary pricing in a two-sided market[J]. CEPR Discussion Papers, 2012, 40: 1-10.

[7]   Armstrong M, Wright J. Two-sided markets, competitive bottlenecks and exclusive contracts[J]. Economic Theory, 2007, 32(2): 353-380.

[8]   Kim S. How can we make a socially optimal large-scale media platform? Analysis of a monopolistic Internet media platform using two-sided market theory[J]. Telecommunications Policy, 2016, 40(9): 899-918.

[9]   Filistrucchi L, Klein T J, Michielsen T O. Assessing unilateral merger effects in a two-sided market: an application to the Dutch daily newspaper market[J]. Journal of Competition Law and Economics, 2012, 8(2): 297-329.

[10] Jordana V D C. Competition and regulation of crowdfunding platforms: a two-sided market approach[J]. Communications & Strategies, 2015, 1.

[11] Rochet J C, Tirole J. Platform competition in two-sided markets[J]. Journal of the European Economic Association, 2003, 1(4): 990-1029.

[12] Rysman M. The economics of two-sided markets[J]. Journal of Economic Perspectives, 2009, 23(3): 125-143.

[13] Kumar R, Lifshits Y, Tomkins A. Evolution of two-sided markets[C]// Proceedings of the ACM International Conference on Web Search and Data Mining, 2010: 311-320.

[14] Rochet J C, Jeon. D S. The pricing of academic journals: a two-sided market perspective[J]. American Economic Journal Microeconomics, 2010, 2(2):222-255.

[15] Filistrucchi L, Geradin D, Damme E V, et al. Market definition in two-sided markets: theory and practice[J]. Working Papers: Economics, 2014, 10(2): 293-339.

[16] Hagiu A, Wright J. Multi-sided platforms[J]. International Journal of Industrial Organization, 2015, 43:162-174.

[17] Muzellec L, Ronteau S, Lambkin M. Two-sided Internet platforms: a business model lifecycle perspective[J]. Industrial Marketing Management, 2015, 45(1):139-150.

[18] Armstrong M. Competition in two-sided markets[J]. Rand Journal of Economics, 2006, 37(3):668-691.

[19] Ambrus A, Argenziano R. Asymmetric networks in two-sided markets[J]. American Economic Journal Microeconomics, 2009, 1(1):17-52.

[20] 胥莉, 陈宏民, 潘小军. 具有双边市场特征的产业中厂商定价策略研究[J]. 管理科学学报, 2009, 12(5):10-17.

[21] Li S, Liu Y, Bandyopadhyay S. Network effects in online two-sided market platforms: a research note[J]. Decision Support Systems, 2010, 49(2): 245-249.

[22] Cennamo C, Santalo J. Platform competition: strategic trade-offs in platform markets[J]. Strategic Management Journal, 2013, 34(11): 1331-1350.

[23] 孙武军, 陆璐. 交叉网络外部性与双边市场的倾斜式定价[J]. 中国经济问题, 2013, (6): 83-90.

[24] Volodymyr B, Nicholas G R. Buyer subsidies in two-sided markets: evidence from online travel agents[J]. Social Science Electronic Publishing, 2014, 4:339-374.

[25] Lai I K W. The cross-impact of network externalities on relationship quality in exhibition sector[J]. International Journal of Hospitality Management, 2015, 48:52-67.

[26] Evans D S. The antitrust economics of multi-sided platform markets[J]. Yale Journal on Regulation, 2003, 20(2): 125-143.

[27] Rochet J C, Tirole J. Two-sided markets: a progress report[J]. The RAND Journal of Economics, 2006, 37(3): 645-667.

[28] Hagiu A. Two-sided platforms: product variety and pricing structures[J]. Journal of Economics & Management Strategy, 2009, 18(4): 1011-1043.

[29] Koh T K, Fichman M. Multi-homing users'preferences for two-sided exchange networks[J]. Mis Quarterly, 2014, 38(4): 977-996.

[30] 阎冬媛, 钱燕云. 基于双边市场理论的我国团购市场规模影响因素实证分析[J]. 上海理工大学学报, 2015, (5): 485-492.

[31] 张振华, 汪定伟. 电子中介在旧房市场中的交易模型研究[J]. 系统仿真学报, 2006, 18(2):492-495.

[32] Choi J P. Tying in two-sided markets with multi-homing[J]. The Journal of Industrial Economics, 2010, 58(3): 607-626.

[33] Genakos C, Valletti T. Regulating prices in two-sided markets: the water-bed experience in mobile telephone[J]. Telecommunications Policy, 2012, 36(5): 360-368.

[34] 宫汝凯, 孙宁, 王大中. 基于双边交易环境的中间商拍卖机制设计[J]. 经济研究, 2015, (11): 120-132.

[35] 邱甲贤, 聂富强, 童牧, 等. 第三方电子交易平台的双边市场特征——基于在线个人借贷市场的实证分析[J]. 管理科学学报, 2016, 19(1):47-59.

[36] Pongou R, Serrano R. Volume of trade and dynamic network formation in two-sided economies[J]. Journal of Mathematical Economics, 2016, 63: 147-163.

[37] Nelson D B. Conditional heteroskedasticity in asset returns: a new approach[J]. Econometrica,1991, 59: 347-370.

[38] Zakoian J M. Threshold heteroskedastic models[J]. Journal of Economic Dynamics and Control, 1994, 18: 931-955.

[39] Sentana E, Wadhwani S. Feedback traders and stock return auto-correlations:evidence from a century of daily data[J]. Economic Journal, 1992, (102): 415-425.

[40] Iori G, Mantegna R N, Marotta L, et al. Networked relationships in the e-MID interbank market: a trading model with memory[J]. Journal of Economic Dynamics & Control, 2015, 50: 98-116.

[41] Hideo H Y, Takahiko S T. Three bodies trading model in financial markets and its numerical simulation methodology with genetic algorithms[J].Empirical Science of Financial Fluctuations, 2002, (10): 159-170.

[42] Hui Y T, Chin T L. The cutoff transaction size and Gauss cost functions to the information value applying to the newsboy model[J]. Expert Systems with Applications, 2010, (12): 8365-8370.

[43] Jarosław S, Paweł B. CO_2 emission trading model with trading prices[J]. Greenhouse Gas Inventories,2011, (103): 291-301.

[44] 刘圣欢. 对住宅交易成本的分析[J]. 城市问题, 2001, (6): 13-16.

[45] 罗慧, 李良序, 王梅华, 等.水权准市场交易模型及市场均衡分析[J].水利学报,2006, (4): 492-498.

[46] 李晓军, 侯建朝, 华栋. 基于政府定价和市场竞价机制的发电侧电力市场交易模型[J].华东电力, 2010, (2): 155-159.

[47] Erhan B, Andreas E K, Kazutoshi Y. Optimal dividends in the dual model under transaction costs[J]. Insurance: Mathematics and Economics, 2014, (54): 133-143.

[48] 蒋丽丽, 梅妹娥, 仲伟俊. 抽成比例对移动网络运营商定价策略的影响[J]. 系统工程学报, 2013, 28(3): 297-306.

[49] 孙洁, 舒华英. 社会福利最大化条件下的 C2C 电子商务网站定价模型研究[J]. 中国管理信息化, 2014, (6): 92-93.

[50] 吴诚, 高丙团, 汤奕, 等. 基于主从博弈的发电商与大用户双边合同交易模型[J]. 电力系统自动化, 2016, 40(22): 56-62.

[51] 李华琛, 刘维奇. 双边市场中用户满意度与平台战略的选择[J]. 管理科学学报, 2017, 20(6): 42-63.

[52] 李小玲, 李新建. 双边市场中平台企业的运作机制研究评述[J]. 中南财经政法大学学报, 2013, (1): 31-37.

[53] Nicholas E, Joacim T. Network neutrality on the Internet: a two-sided market analysis[J]. Information Economics & Policy, 2012, 24(2): 91-104.

[54] 蹇洁, 陈华, 耿博伟. 基于委托代理博弈的政府监管部门与第三方网络交易平台关系研究[J]. 商业研究, 2014, 56(3): 1-9.

[55] Wang Z. Price cap regulation in a two-sided market: intended and unintended consequences[J]. International Journal of Industrial Organization, 2016, 45: 28-37.

[56] Chang H, Evans D S, Daniel D, et al. The effect of regulatory intervention in two-sided markets: an assessment of interchange-fee capping in Australia[J]. Review of Network Economics, 2005, 4(4): 328-358.

[57] Filistrucchi L. A SSNIP test for two-sided markets: the case of media[J]. Social Science Electronic Publishing, 2008, http: ssrn.com/abstract=1287442, 2008.

[58] 宋申栋. 基于双边市场视角的通道费问题及其规制研究[J]. 经济视角, 2013, (18): 73-75.

[59] 王镭, 李一军, 张凯. 基于双边市场理论的金融超市竞争定价策略研究[J]. 运筹与管理, 2014, (3): 157-162.

[60] Canón C. Regulation effects on investment decisions in two-sided market industries: the net neutrality debate[J]. SSRN Electronic Journal, 2009, (5): 385-389.

[61] 陆伟刚, 张昕竹. 双边市场中垄断认定问题与改进方法:以南北电信宽带垄断案为例[J]. 中国工业经济, 2014, (2): 122-134.

[62] Song P, Xue L, Rai A, et al. The ecosystem of Software platform: a study of asymmetric cross-side network effects and platform governance[J]. Social Science Electronic Publishing, 2015, 42(1): 121-142.

[63] Evans D S, Schmalensee R. The industrial organization of markets with two-sided platforms[R]. National Bureau of Economic Research, 2005.

[64] Eisenmann T, Parker G, van Alstyne M W. Strategies for two-sided markets[J]. Harvard Business Review, 2006, 84(10): 92.

[65] Parker G G, van Alstyne M W. Two-sided network effects: a theory of information product design[J]. Management Science, 2005, 51(10): 1494-1504.

[66] Spulber D F. Firms and networks in two-sided markets[J]. Handbooks in Information Systems, 2006, 1(1): 137-200.

[67] Muzellec L, Ronteau S, Lambkin M. Two-sided Internet platforms: a business model lifecycle perspective[J]. Industrial Marketing Management, 2015, 45(1): 139-150.

[68] Alexandrov A, Deltas G, Spulber D F. Antitrust and competition in two-sided markets[J]. Journal of Competition Law and Economics, 2011, 7(4): 775-812.

[69] Iullien B. Two-sided B to B Platform[M]// The Oxford Handbook of the Digital Economy, Oxford: Oxford University Press, 2012: 161.

[70] Bolt W, Tieman A F. Heavily skewed pricing in two-sided markets[J]. International Journal of Industrial Organization, 2008, 26(5): 1250-1255.

[71] Reisinger M. Two-part tariff competition between two-sided platforms[J]. European Economic Review, 2014, 68: 168-180.

[72] Preis T, Moat H S, Stanley H E. Quantifying trading behavior in financial markets using Google trends[J]. Scientific Reports, 2013, 3: srep01684.

[73] Yu C. Complex adaptive system theory and its application: foundation, contents and implication[J]. Journal of Systemic Dialectics, 2001, 4(9), 35-39.

[74] Holland J H. Studying complex adaptive systems[J]. Journal of Systems Science and Complexity, 2006, 19(1): 1-8.

[75] Nolfi S. Behaviour as a complex adaptive system: on the role of self-organization in the development of individual and collective behaviour[J]. Complexus, 2004, 2(3-4): 195-203.

[76] Liao S, Dai J. Study on complex adaptive system and agent-based modeling & simulation[J]. Acta Simulata Systematica Sinica, 2004, 1: 32-38.

[77] 霍兰. 隐秩序[M]. 上海: 上海科技教育出版社, 2000.

[78] Nan N. Capturing bottom-up information technology use processes: a complex adaptive systems model[J]. Mis Quarterly, 2011: 505-532.

[79] Markose S M. Computability and evolutionary complexity: markets as complex adaptive systems (CAS)[J]. The Economic Journal, 2005, 115(504): 159-192.

[80] 汪小帆. 复杂网络理论及其应用[M]. 北京: 清华大学出版社, 2006.

[81] 狄增如. 系统科学视角下的复杂网络研究[J]. 上海理工大学学报, 2011, 33(2):111-116.

[82] 蒋正峰, 贺寿南. 博弈论中的理性问题分析[J]. 华南师范大学学报(社会科学版), 2009, (1): 49-52.

[83] 易余胤, 刘汉民. 经济研究中的演化博弈理论[J]. 商业经济与管理, 2005, (8): 8-13.

[84] 黄凯南. 演化博弈与演化经济学[J]. 经济研究, 2009, (2): 154-158.

[85] 王先甲, 全吉, 刘伟兵. 有限理性下的演化博弈与合作机制研究[J]. 系统工程理论与实践, 2011, (s1): 82-93.

[86] 冯庆华, 陈菊红, 刘通. 基于广义解的双合作博弈收益分配模型[J]. 控制与决策, 2016, 31(4): 656-660.

[87] Harkema S. A complex adaptive perspective on learning within innovation projects[J]. The Learning Organization, 2003, 10(6): 340-346.

[88] Menezes F M, Quiggin J. More competitors or more competition? Market concentration and the intensity of competition[J]. Economics Letters, 2015, (117): 712-714.

[89] Nilsson F, Darley V. On complex adaptive systems and agent-based modelling for improving decision-making in manufacturing and logistics settings: experiences from a packaging company[J]. International Journal of Operations & Production Management, 2006, 26(12): 1351-1373.

[90] 宣慧玉. 复杂系统仿真及应用[M]. 北京: 清华大学出版社, 2008.

[91] 陶倩, 徐福缘. 基于机制的复杂适应系统建模[J]. 计算机应用研究, 2008, 25(5): 1396-1399.

[92] Levin S, Xepapadeas T, Crépin A S, et al. Social-ecological systems as complex adaptive systems: modeling and policy implications[J]. Environment and Development Economics, 2013, 18(2): 111-132.

[93] North M J, Collier N T, Ozik J, et al. Complex adaptive systems modeling with repast simphony[J]. Complex Adaptive Systems Modeling, 2013, 1(1): 3.

[94] Macal C, North M. Introductory tutorial: agent-based modeling and simulation[C]// Proceedings of the 2014 Winter Simulation Conference, 2014: 6-20.

[95] Stefansson B, Luna F. Economic simulations in swarm: agent-based modelling and object oriented programming[J]. Advances in Computational Economics, 2000, 4(6):941-942.

[96] Ding H, Yang X. Swarm: an object-oriented platform to construct artificial life model [J]. Acta Simulata Systematica Sinica, 2002, 5: 8.

[97] 卢纳. SWARM 中的经济仿真[M]. 北京: 社会科学文献出版社, 2004.

彩 图

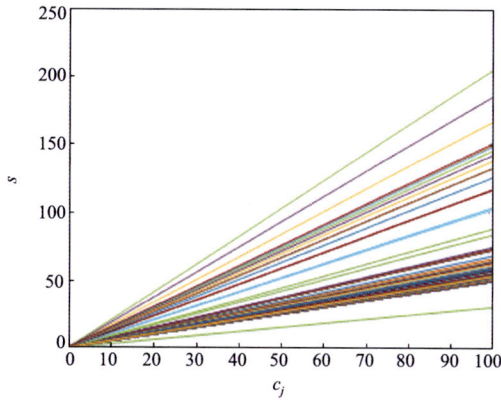

图 4.1 成交量与交易成本的关系图

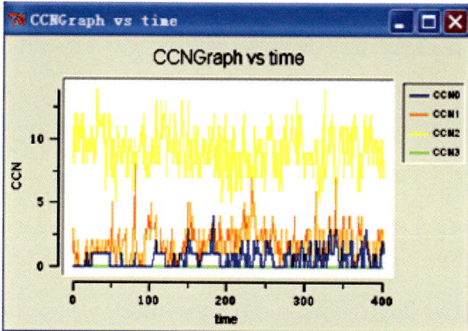

(a)销售者交易集中度变化

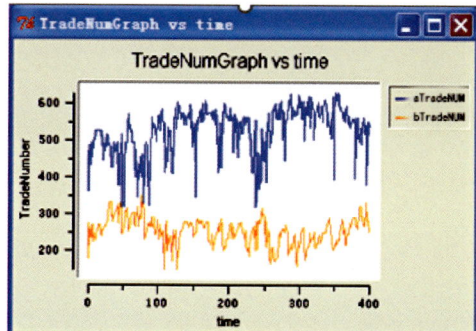

(b)交易平台 A 与交易平台 B 的交易量变化

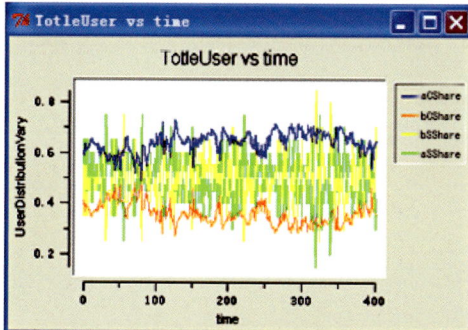

(c)消费者与销售者的分布变化

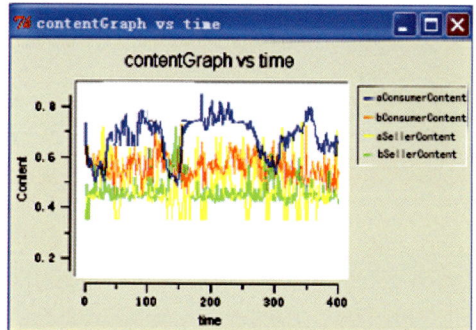

(d)消费者与销售者平均满意率变化

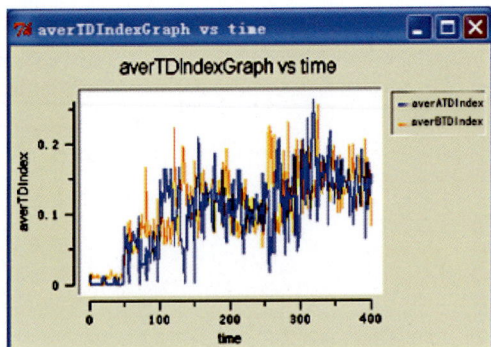

(e)销售者的平均交易折扣系数变化

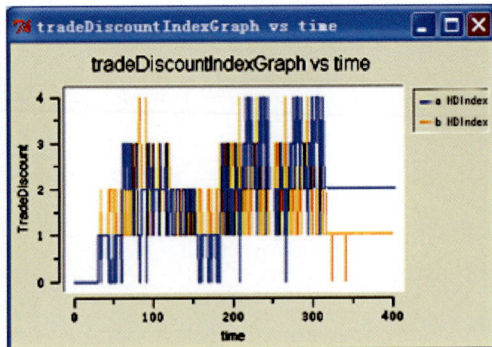

(f)高交易折扣系数的销售者人数变化

图 6.1 α^c =0.1, α^s =0.1 的仿真图

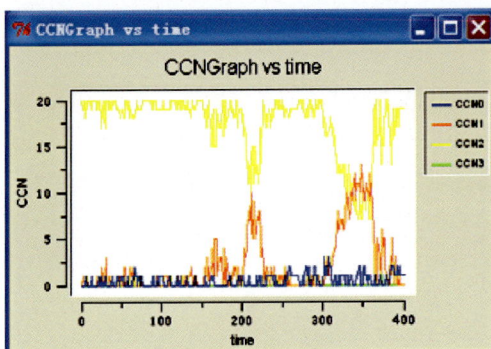

(a)销售者交易集中度变化

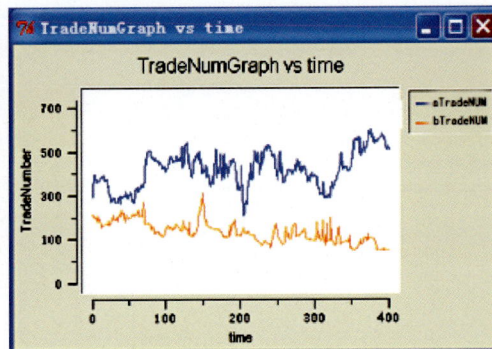

(b)交易平台 A 与交易平台 B 的交易量变化

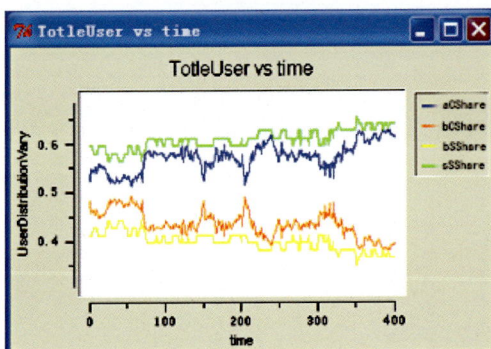

(c)消费者与销售者的分布变化

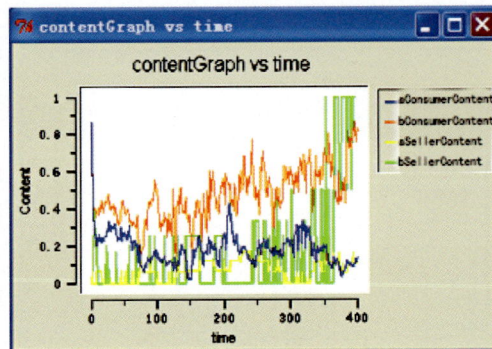

(d)消费者与销售者平均满意率变化

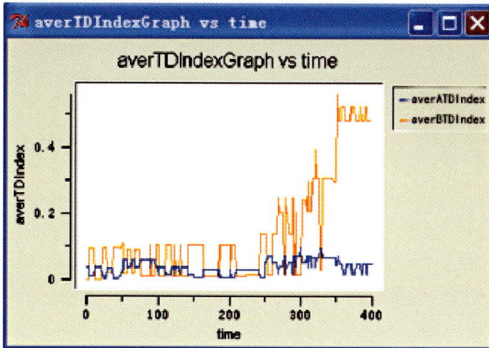

(e)销售者的平均交易折扣系数变化

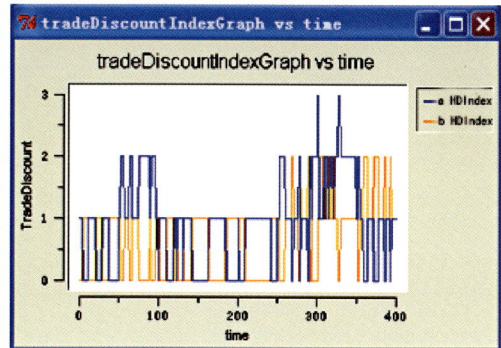

(f)高交易折扣系数的销售者人数变化

图 6.2　$\alpha^c =0.1, \alpha^s =0.5$ 的仿真图

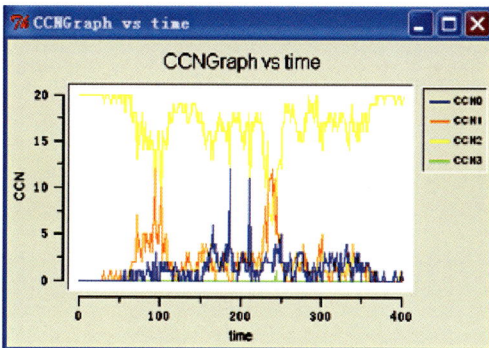

(a)销售者交易集中度变化

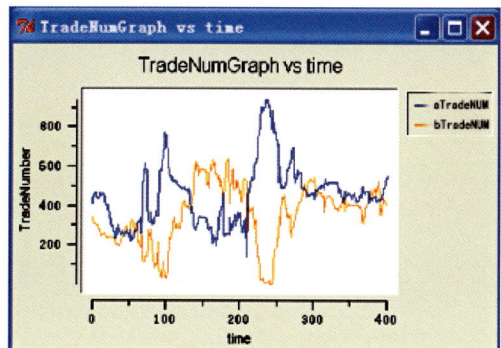

(b)交易平台 A 与交易平台 B 的交易量变化

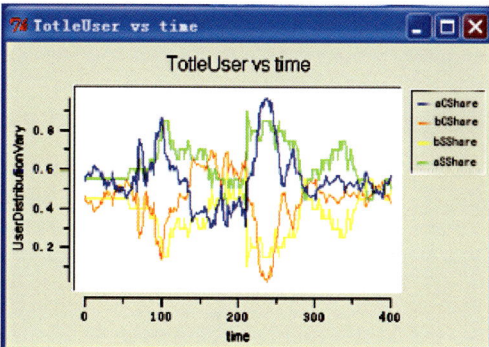

(c)消费者与销售者的分布变化

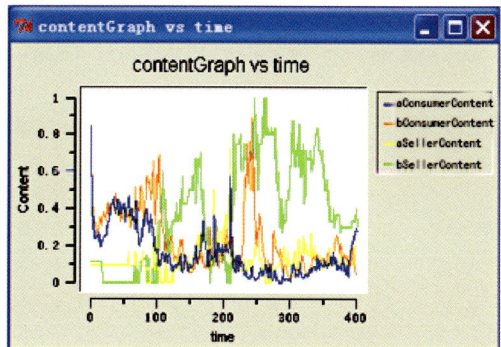

(d)消费者与销售者平均满意率变化

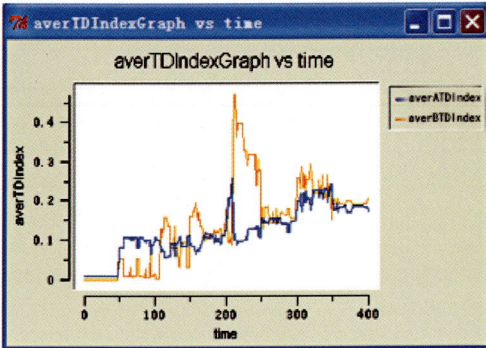

(e)销售者的平均交易折扣系数变化

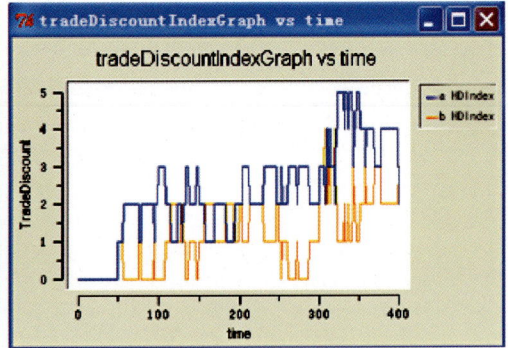

(f)高交易折扣系数的销售者人数变化

图 6.3 $\alpha^c = 0.1, \alpha^s = 0.9$ 的仿真图

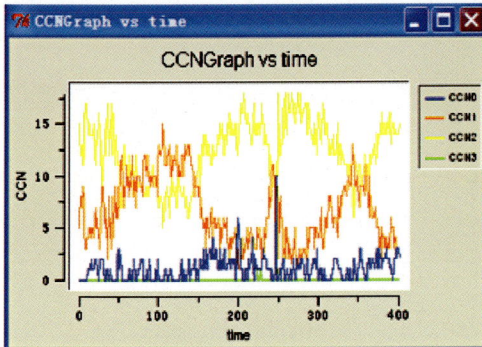

(a)销售者交易集中度变化

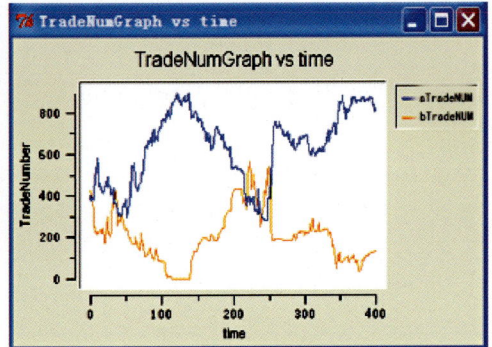

(b)交易平台 A 与交易平台 B 的交易量变化

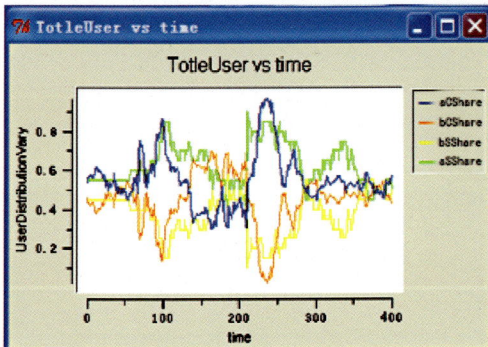

(c)消费者与销售者的分布变化

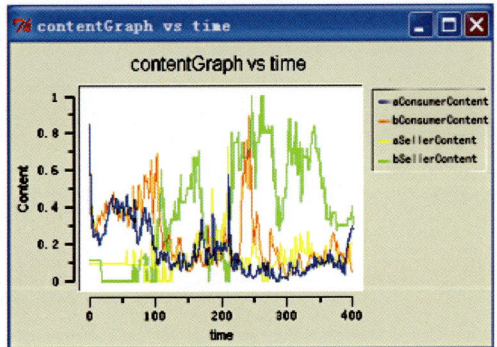

(d)消费者与销售者平均满意率变化

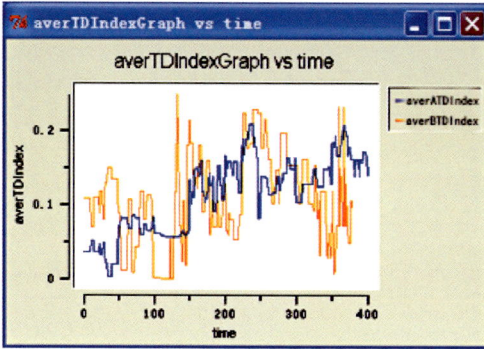

(e)销售者的平均交易折扣系数变化

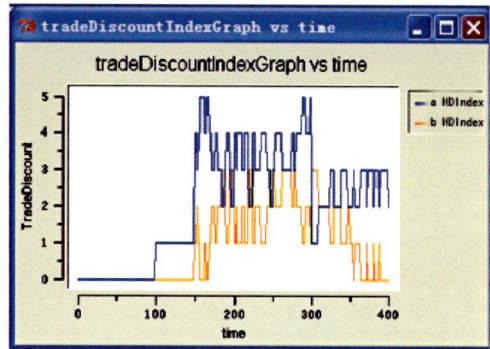

(f)高交易折扣系数的销售者人数变化

图 6.4　α^c=0.5, α^s=0.1 的仿真图

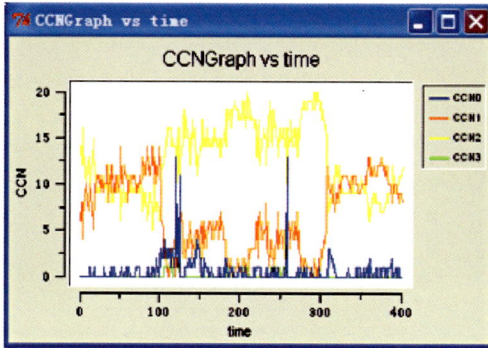

(a)销售者交易集中度变化

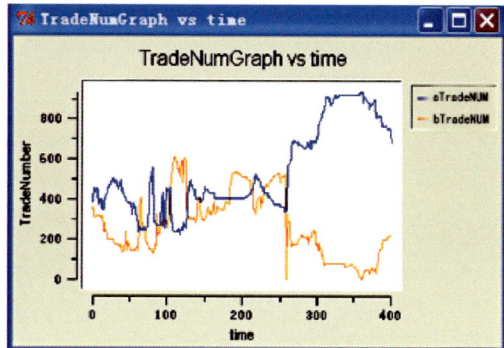

(b)交易平台 A 与交易平台 B 的交易量变化

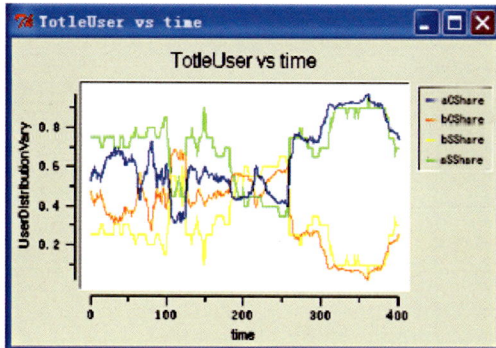

(c)消费者与销售者的分布变化

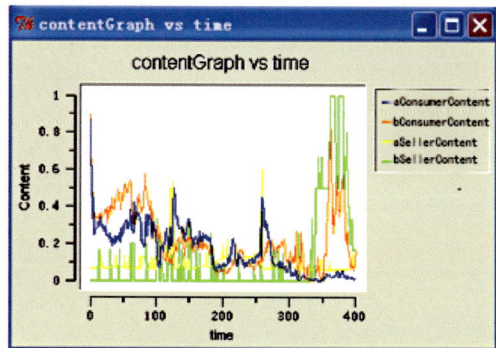

(d)消费者与销售者平均满意率变化

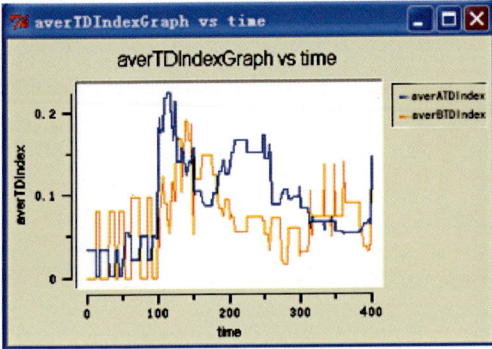

(e)销售者的平均交易折扣系数变化

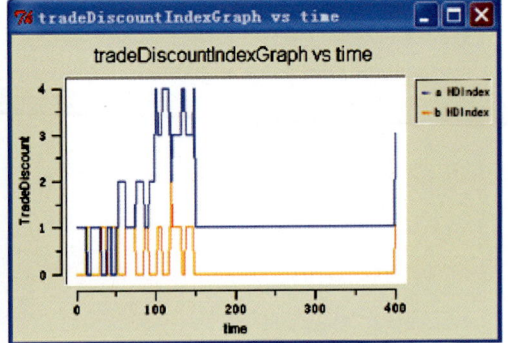

(f)高交易折扣系数的销售者人数变化

图 6.5 α^c =0.5, α^s =0.5 的仿真图

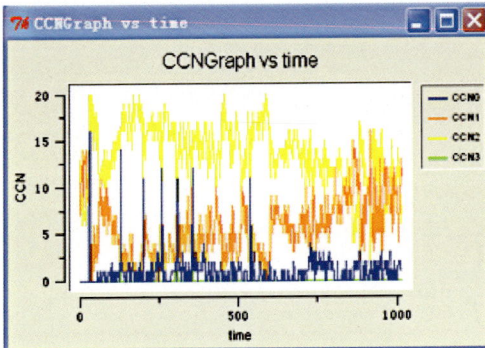

(a)销售者交易集中度变化

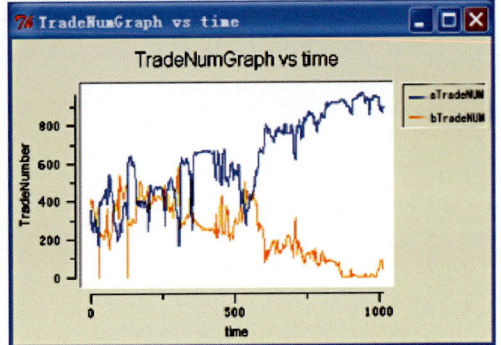

(b)交易平台 A 与交易平台 B 的交易量变化

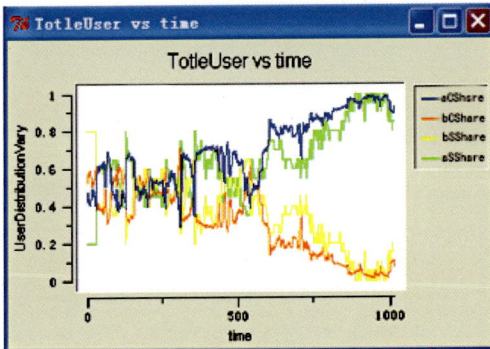

(c)消费者与销售者的分布变化

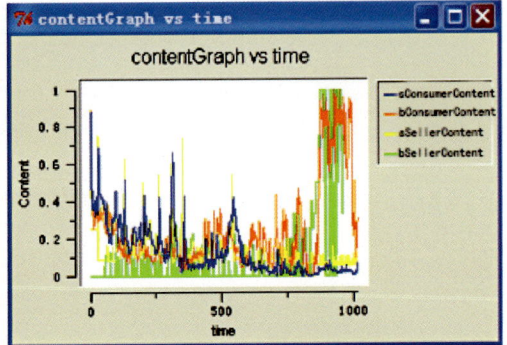

(d)消费者与销售者平均满意率变化

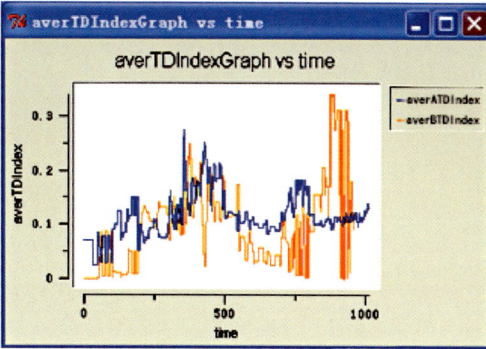

(e)销售者的平均交易折扣系数变化

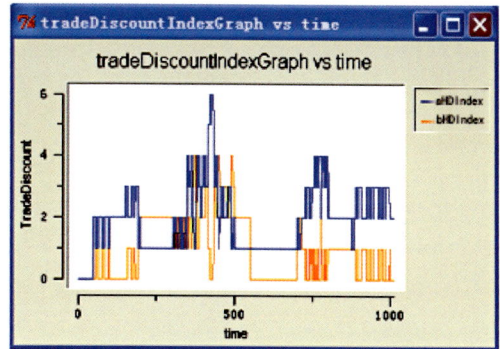

(f)高交易折扣系数的销售者人数变化

图 6.6　$\alpha^c = 0.5$, $\alpha^s = 0.9$ 的仿真图

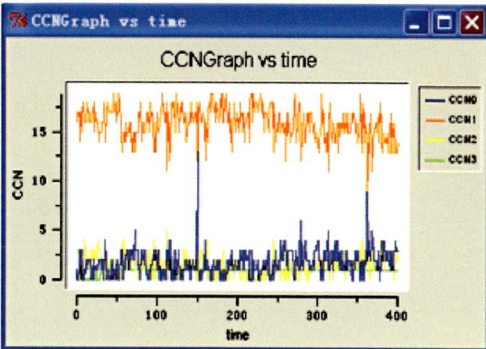

(a)销售者交易集中度变化

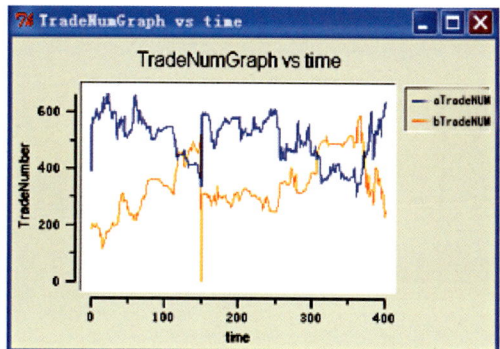

(b)交易平台 A 与交易平台 B 的交易量变化

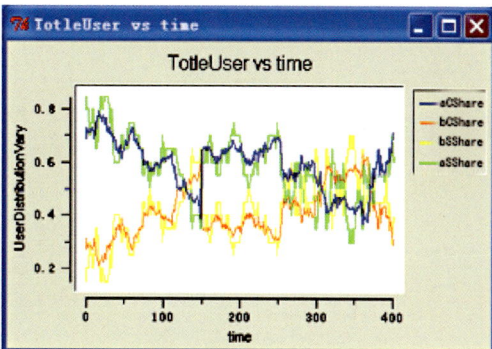

(c)消费者与销售者的分布变化

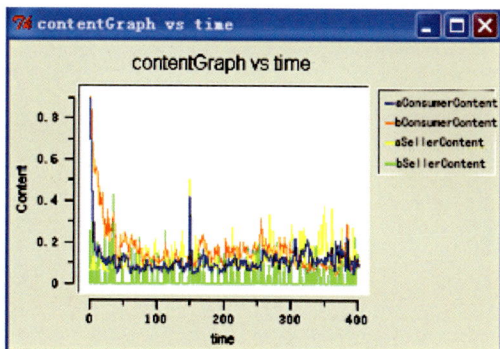

(d)消费者与销售者平均满意率变化

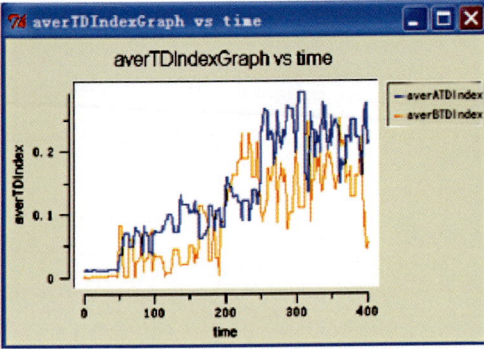

(e) 销售者的平均交易折扣系数变化

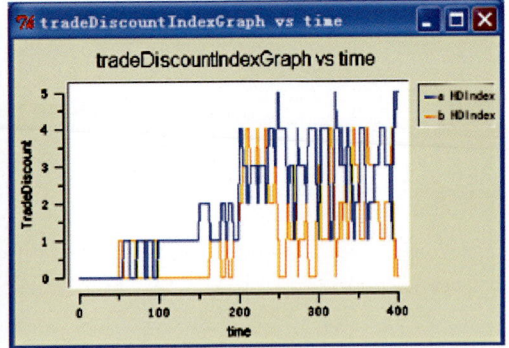

(f) 高交易折扣系数的销售者人数变化

图 6.7 α^c =0.9, α^s =0.1 的仿真图

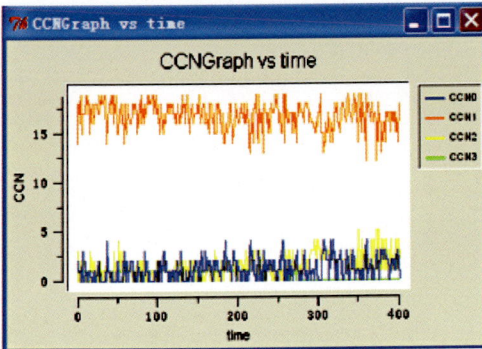

(a) 销售者交易集中度变化

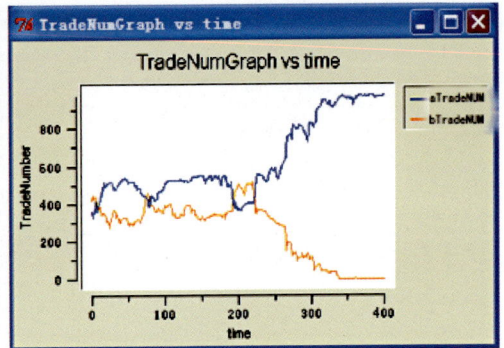

(b) 交易平台 A 与交易平台 B 的交易量变化

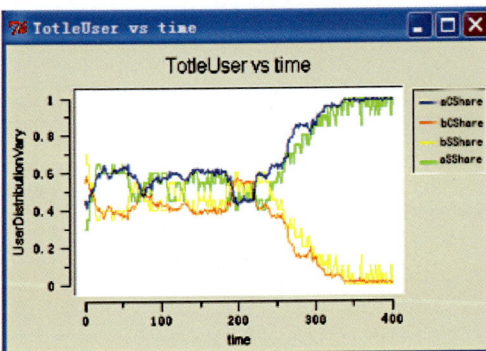

(c) 消费者与销售者的分布变化

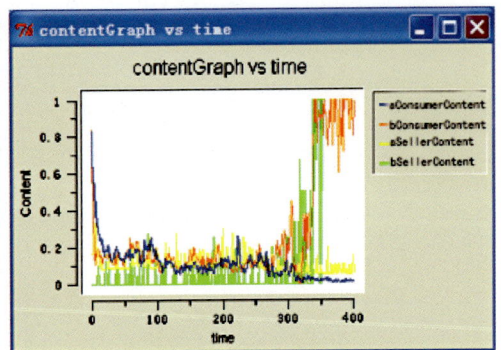

(d) 消费者与销售者平均满意率变化

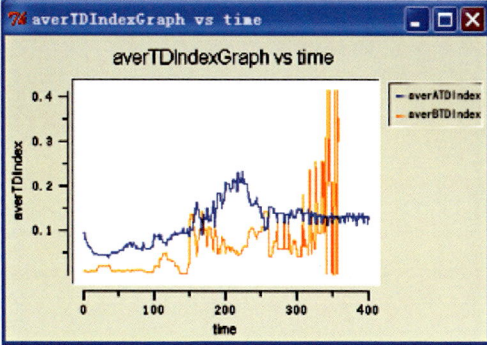

(e)销售者的平均交易折扣系数变化

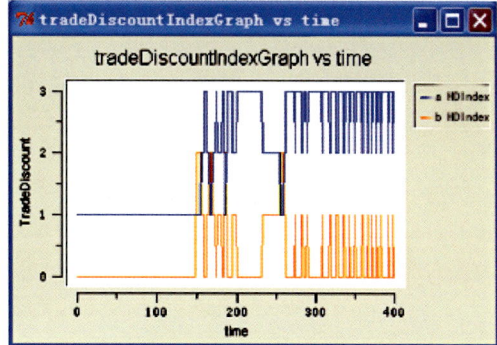

(f)高交易折扣系数的销售者人数变化

图 6.8 α^c =0.9, α^s =0.5 的仿真图

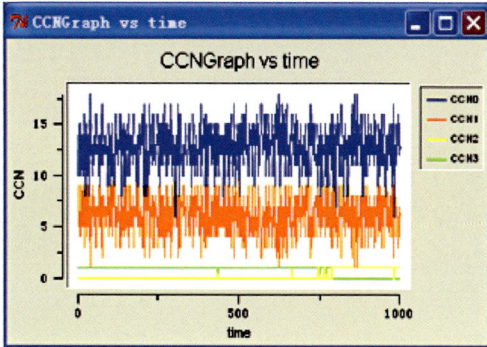

(a)销售者交易集中度变化

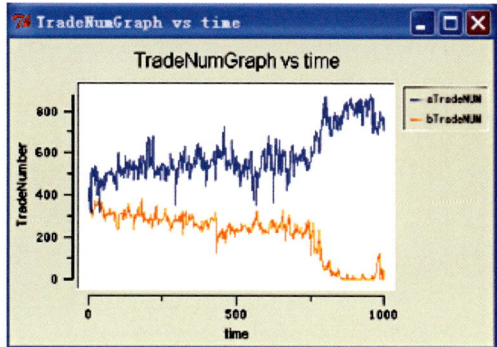

(b)交易平台 A 与交易平台 B 的交易量变化

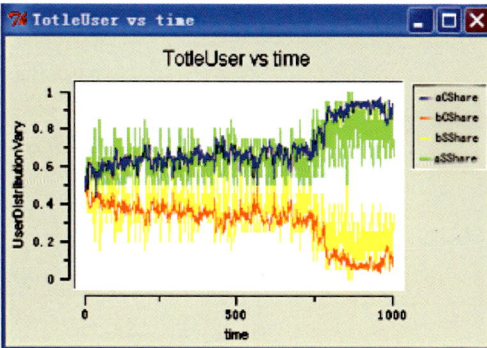

(c)消费者与销售者的分布变化

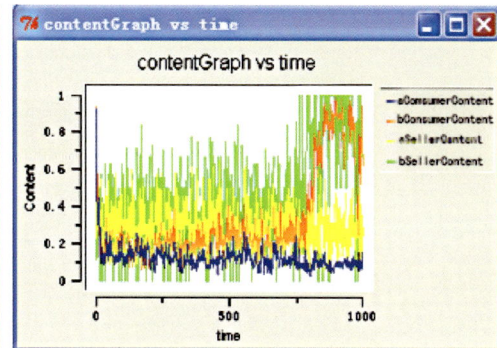

(d)消费者与销售者平均满意率变化

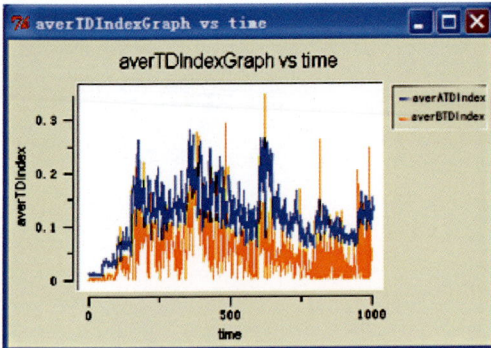

(e)销售者的平均交易折扣系数变化

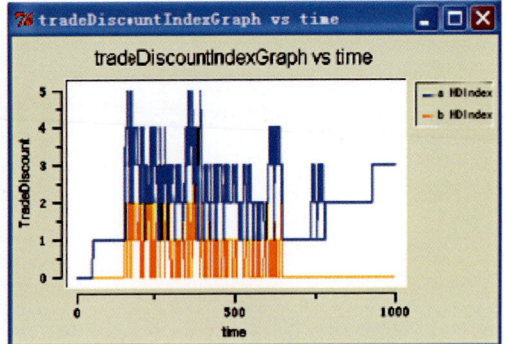

(f)高交易折扣系数的销售者人数变化

图 6.9 α^c =0.9, α^s =0.9 的仿真图

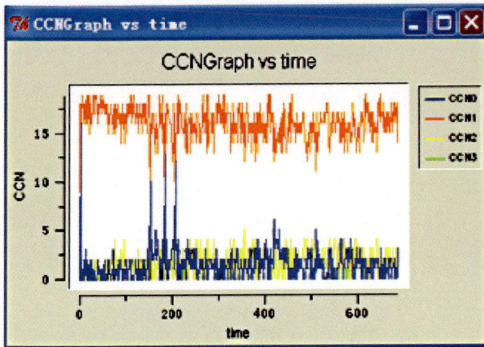

(a)销售者交易集中度变化

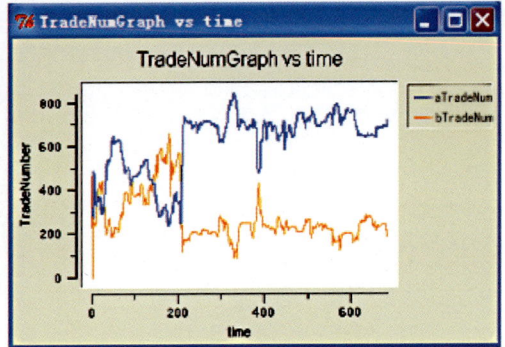

(b)交易平台 A 与交易平台 B 的交易量变化

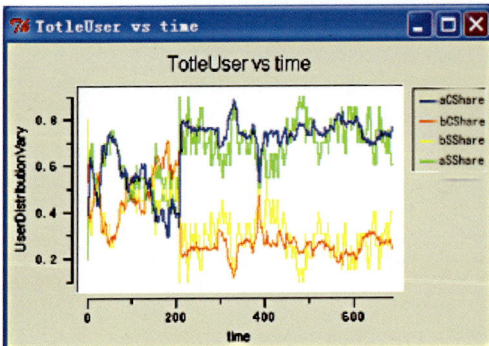

(c)消费者与销售者的分布变化

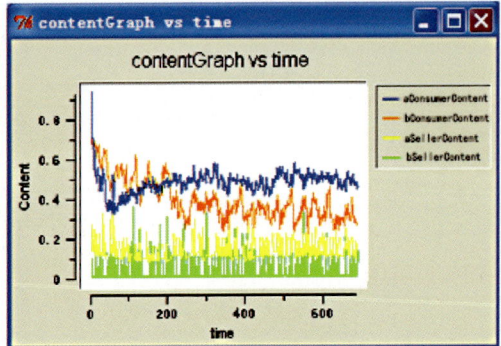

(d)消费者与销售者平均满意率变化

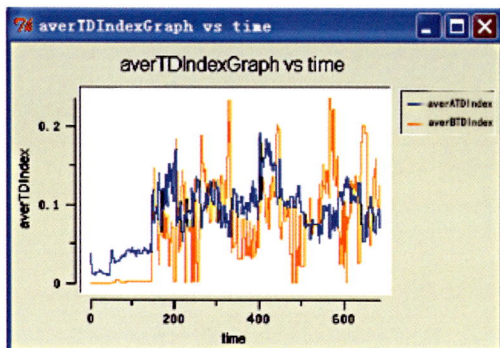

(e)销售者的平均交易折扣系数变化

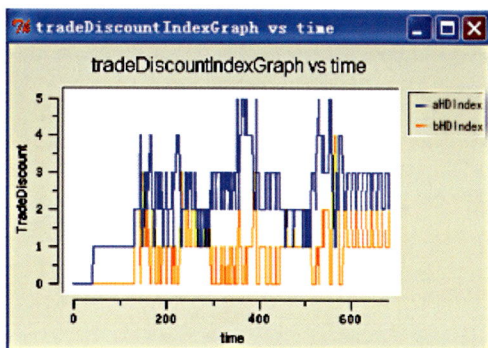

(f)高交易折扣系数的销售者人数变化

图 7.2 调控变量 x_9 的仿真结果

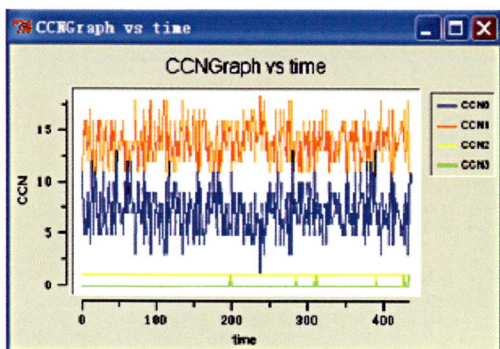

(a)销售者交易集中度变化

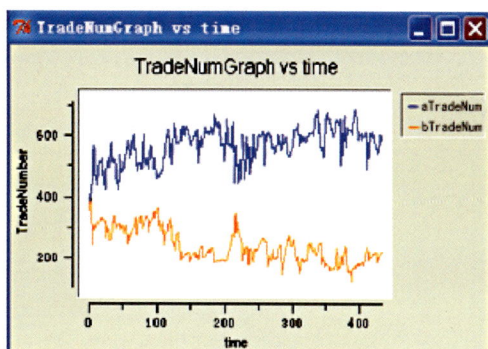

(b)交易平台 A 与交易平台 B 的交易量变化

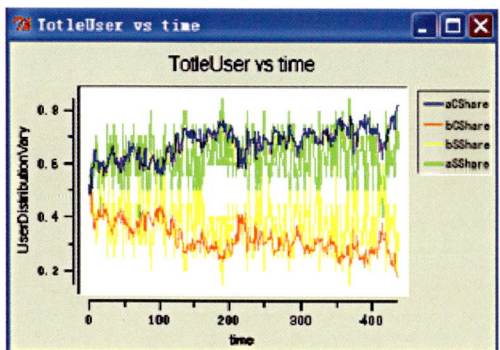

(c)消费者与销售者的分布变化

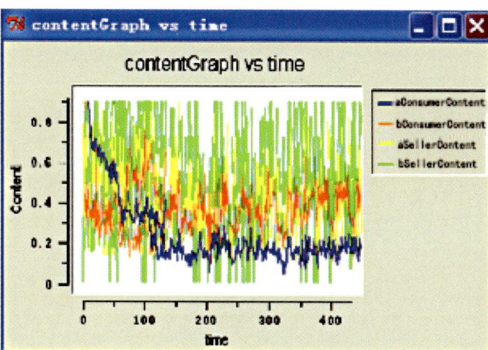

(d)消费者与销售者平均满意率变化

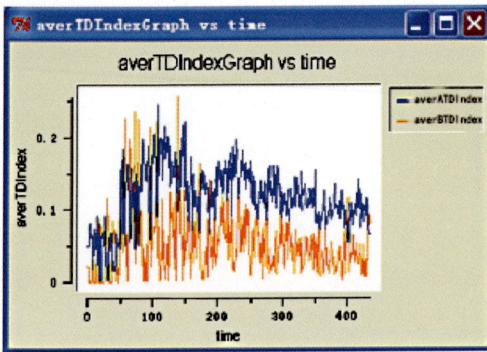

(e) 销售者的平均交易折扣系数变化

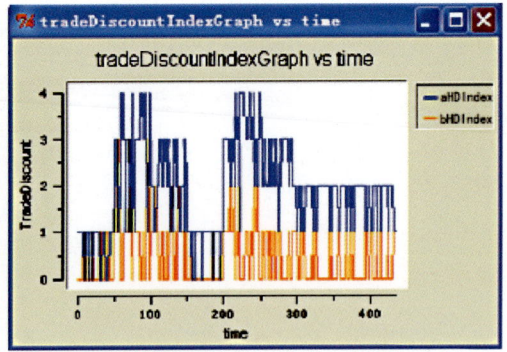

(f) 高交易折扣系数的销售者人数变化

图 7.3   调控变量 y_9 的仿真结果

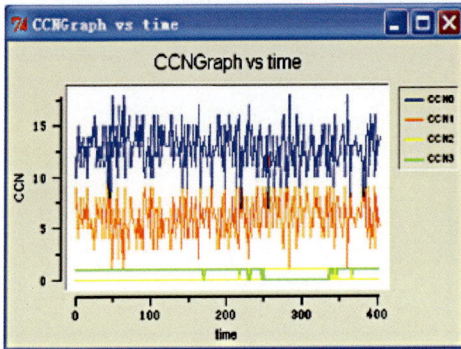

(a) 销售者交易集中度变化

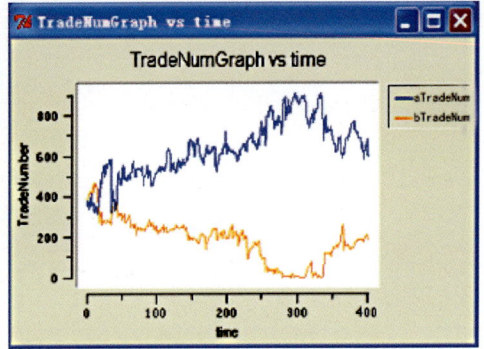

(b) 交易平台 A 与交易平台 B 的交易量变化

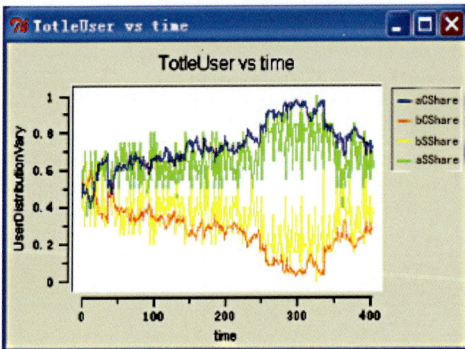

(c) 消费者与销售者的分布变化

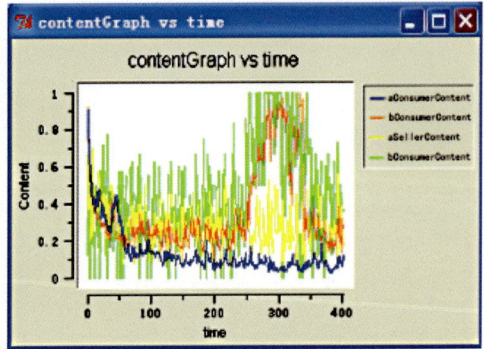

(d) 消费者与销售者平均满意率变化

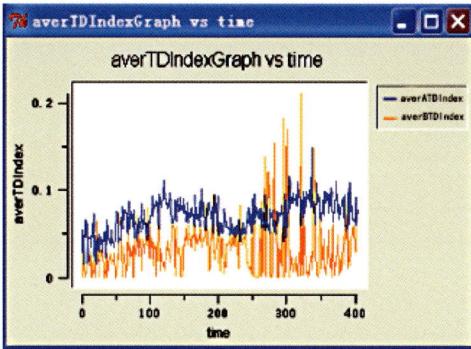

(e)销售者的平均交易折扣系数变化

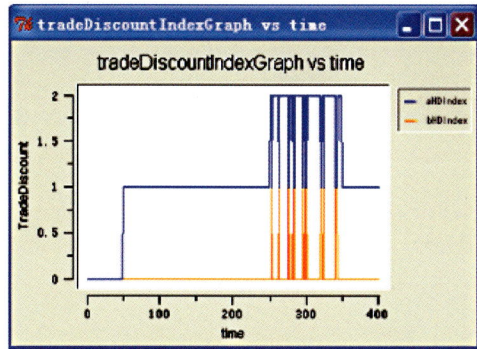

(f)高交易折扣系数的销售者人数变化

图 7.4　调控变量 y_5 的仿真结果

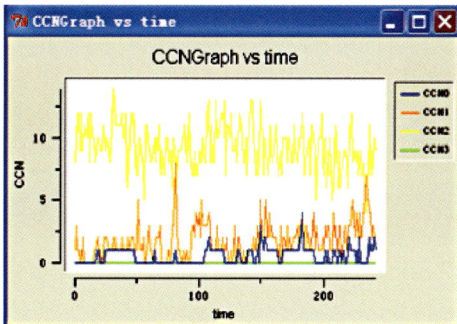

(a)销售者交易集中度变化

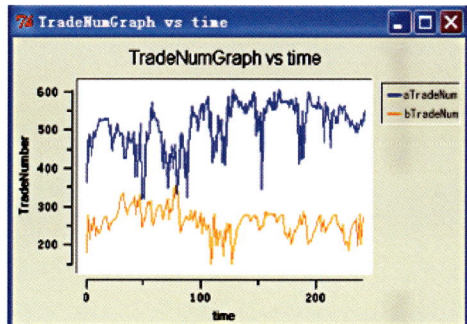

(b)交易平台 A 与交易平台 B 的交易量变化

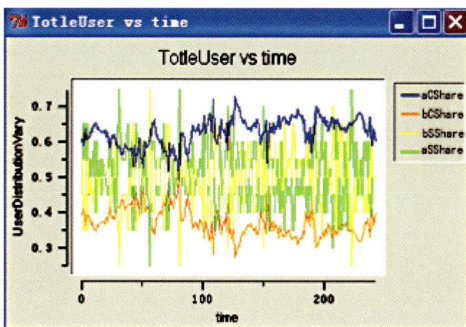

(c)消费者与销售者的分布变化

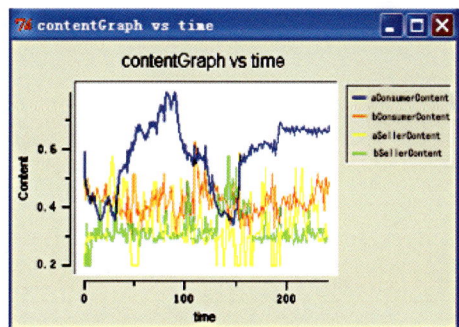

(d)消费者与销售者平均满意率变化

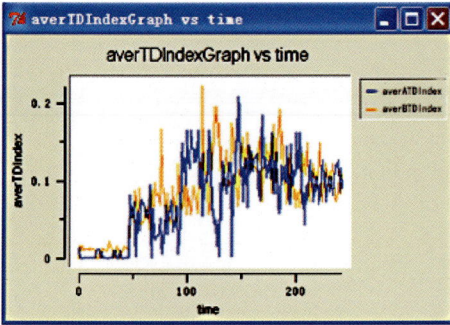

(e) 销售者的平均交易折扣系数变化

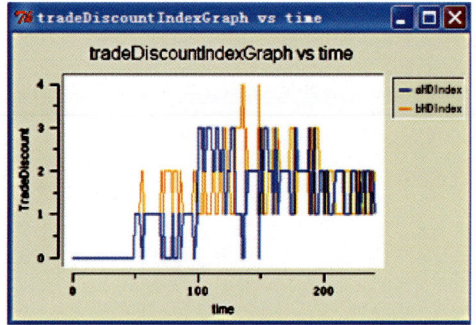

(f) 高交易折扣系数的销售者人数变化

图 7.5 调控 (x_9, y_9) 的仿真结果

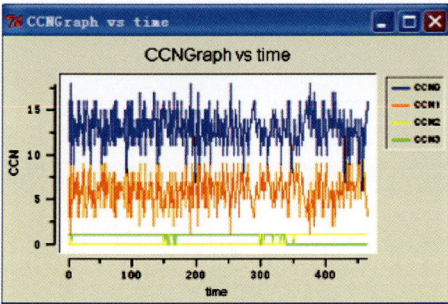

(a) 销售者交易集中度变化

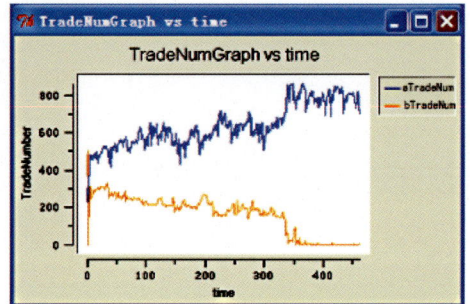

(b) 交易平台 A 与交易平台 B 的交易量变化

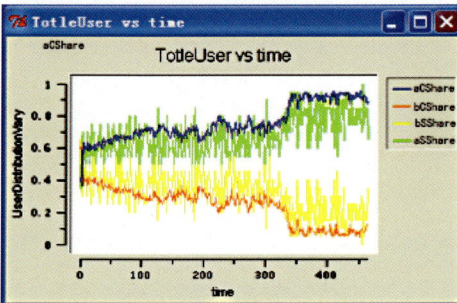

(c) 消费者与销售者的分布变化

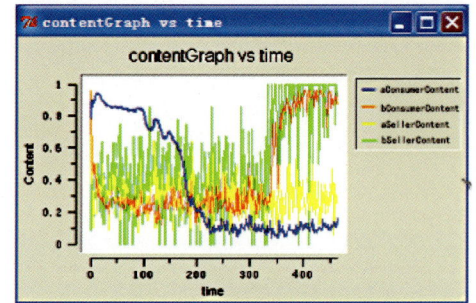

(d) 消费者与销售者平均满意率变化

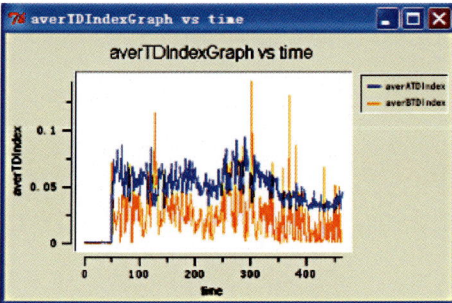

(e) 销售者的平均交易折扣系数变化

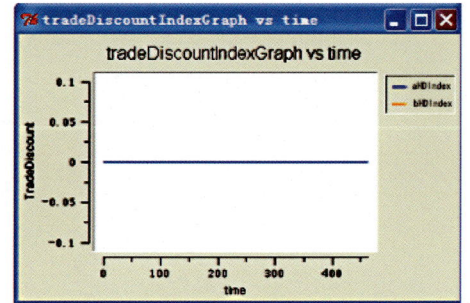

(f) 高交易折扣系数的销售者人数变化

图 7.6 调控 (x_9, y_5) 的仿真结果

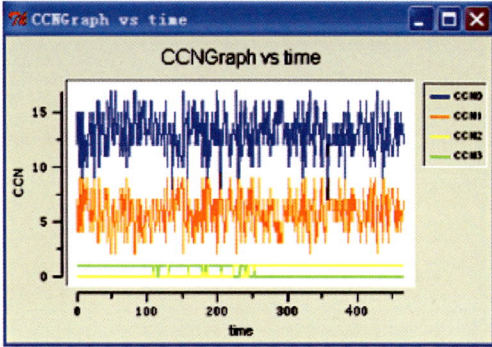

(a)销售者交易集中度变化

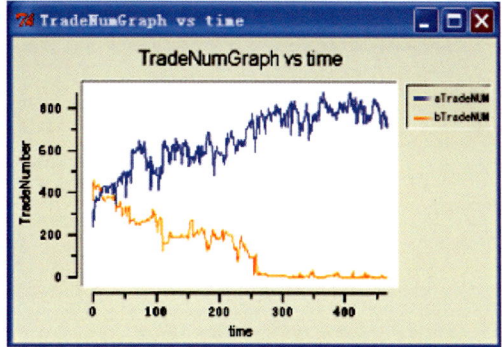

(b)交易平台 A 与交易平台 B 的交易量变化

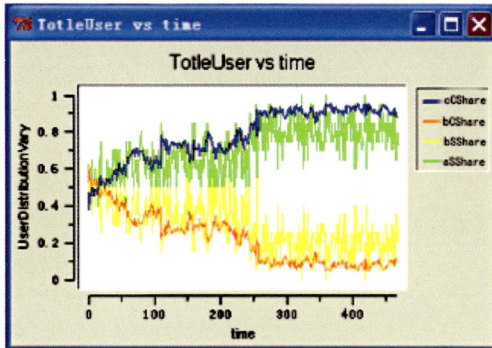

(c)消费者与销售者的分布变化

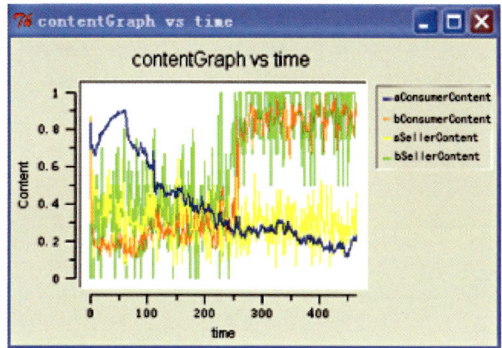

(d)消费者与销售者平均满意率变化

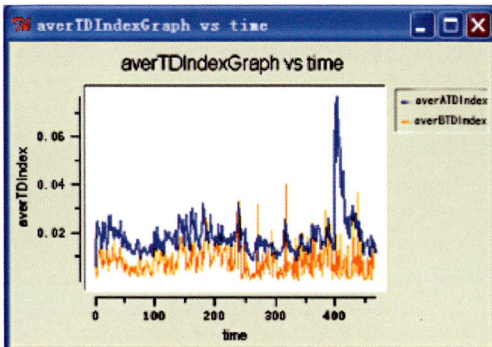

(e)销售者的平均交易折扣系数变化

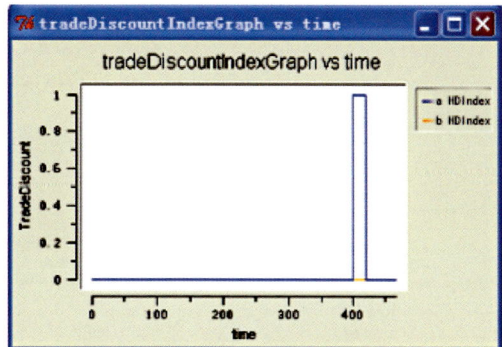

(f)高交易折扣系数的销售者人数变化

图 7.7　调控(y_9, y_5)的仿真结果

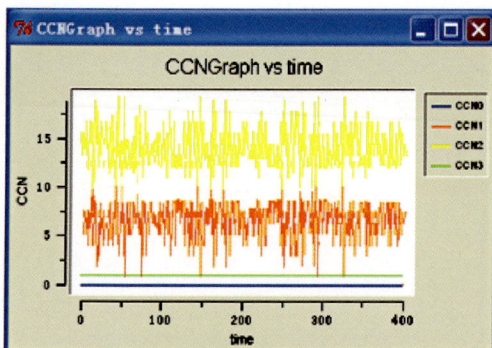

(a)销售者交易集中度变化

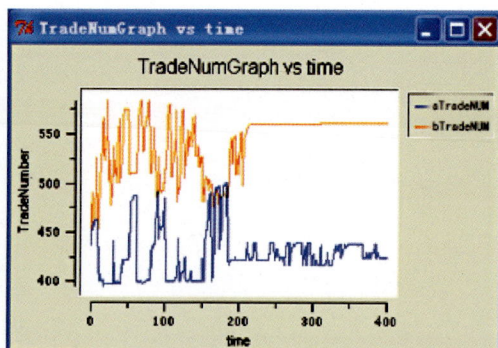

(b)交易平台 A 与交易平台 B 的交易量变化

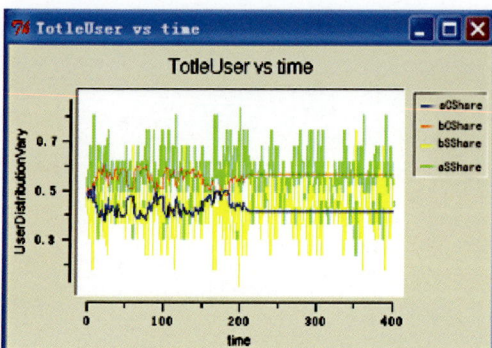

(c)消费者与销售者的分布变化

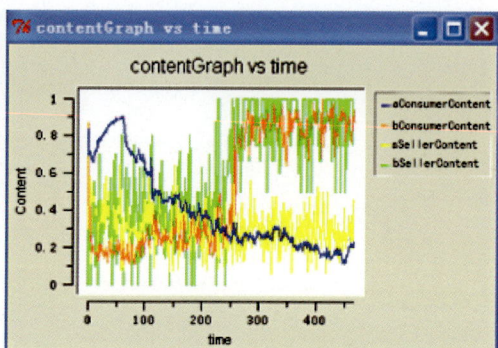

(d)消费者与销售者平均满意率变化

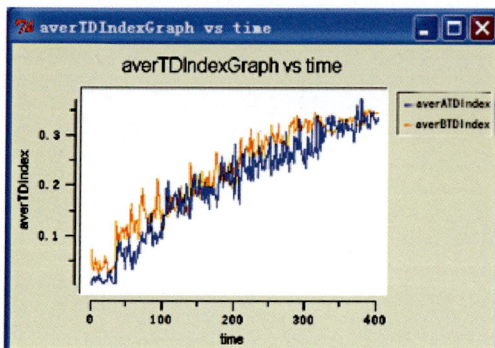

(e)销售者的平均交易折扣系数变化

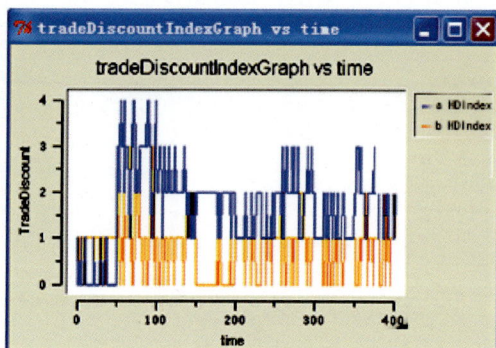

(f)高交易折扣系数的销售者人数变化

图 7.8　多变量调控(x_9, y_9, y_5)的仿真结果